Idea

Erwin Panofsky, crítico e historiador de arte, nasceu em Hannover, Alemanha, em 1892. Foi professor na Universidade de Hamburgo. Em 1933, abandonou a Alemanha e se instalou nos Estados Unidos, indo lecionar na Universidade de Princeton. Faleceu em 1968. Escreveu, entre outros livros, *Arquitetura gótica e escolástica* e *Significado nas artes visuais*.

Erwin Panofsky

Idea

História de um conceito na teoria da arte

wmf martinsfontes

Título original: IDEA.
Traduzido do francês IDEA: contribution à l'histoire du concept de l'ancienne theorie de l'art.

1.ª edição *1994*
3.ª edição *2021*

Tradução
PAULO NEVES

Revisão da tradução
Monica Stahel
Preparação do original
Marise Simões Leal
Revisões
Maurício Balthazar Leal
Fábio Maximiliano Alberti
Produção gráfica
Geraldo Alves
Composição
Antonio José Cruz Pereira
Capa
Katia Harumi Terasaka Aniya

Dados Internacionais de Catalogação na Publicação (CIP)
(Câmara Brasileira do Livro, SP, Brasil)

Panofsky, Erwin, 1892-1968.
Idea : história de um conceito na teoria da arte / Erwin Panofsky ; [tradução Paulo Neves]. – 3.ª ed. – São Paulo : Editora WMF Martins Fontes, 2021. (Biblioteca do pensamento moderno)

Título original: Idea: contribution à L'historie du concept de l'ancienne theorie de l'art
ISBN 978-65-86016-75-8

1. Arte – História 2. Estética – História 3. Idealismo I. Título. II. Série.

21-69306 CDD-111.85

Índices para catálogo sistemático:
1. Estética : Filosofi 111.85

Aline Graziele Benitez - Bibliotecaria - CRB-1/3129

Editora WMF Martins Fontes Ltda.
Rua Prof. Laerte Ramos de Carvalho, 133 01325.030 São Paulo SP Brasil
Tel. (11) 3293.8150 e-mail: info@wmfmartinsfontes.com.br
http://www.wmfmartinsfontes.com.br

ÍNDICE

PREFÁCIO À PRIMEIRA EDIÇÃO

O presente estudo está em estreita relação com uma conferência dada pelo professor E. Cassirer na Biblioteca Warburg, "A idéia do Belo nos diálogos de Platão" (*Die Idee des Schönen in Platos Dialoguen*), que se encontra publicada no tomo II das *Conferências da Biblioteca Warburg* (*Vorträge der Bibliothek Warburg*); nossa pesquisa propõe-se seguir a evolução histórica desse conceito, cuja significação sistemática foi precisamente elucidada pela conferência de Cassirer. A intenção dos dois autores era exprimir essa conexão pela própria publicação; mas o presente estudo — sobretudo em razão das notas, aumentadas em parte por curtas digressões, bem como pelas citações das fontes, dificilmente evitáveis em nosso caso — tornou-se demasiado volumoso para poder figurar nas *Conferências da Biblioteca Warburg*. O abaixo assinado deve portanto limitar-se a remeter o leitor à conferência mencionada anteriormente e a agradecer profundamente ao professor Cassirer suas múltiplas sugestões e sua ajuda sempre benevolente.

Hamburgo, março de 1924 E. PANOFSKY

PREFÁCIO À SEGUNDA EDIÇÃO

O projeto de reeditar um livro publicado há trinta e cinco anos e há muito esgotado representa para seu autor algo de excepcionalmente lisonjeiro. Mas, simultaneamente, essa reedição coloca-lhe uma questão de consciência. É óbvio que nesse meio tempo não apenas a própria pesquisa avançou, como também as intenções do autor, ainda que permaneçam inalteradas quanto ao essencial, modificaram-se em numerosos detalhes.

Levar em conta essa evolução só teria sido possível se o autor se dispusesse a redigir um livro inteiramente novo e, provavelmente, três a quatro vezes mais volumoso; mas para isso faltam-lhe tempo, forças e — "para falar claramente"[d] — vontade. A outra solução consiste numa reimpressão sem o acréscimo de nenhuma mudança, limitando-se à correção de um certo número de falhas e erros tipográficos. Em particular, o parágrafo final do capítulo "O 'Maneirismo'", bem como a nota 239 que fazia parte dele, foram suprimidos, pois revelou-se que o relato por Giulio Clovio de um encontro com El Greco, publicado por Hugo Kehrer e por nós utilizado, era uma falsificação de caráter "patriótico". Deixamos portanto ao leitor a tarefa de completar e corrigir o antigo texto — "essa antiga composição"[c], para citar um colega italiano — à luz de recentes publicações, tarefa que talvez lhe seja facilitada por algumas breves indicações.

A propósito do capítulo "A Antiguidade", dentre os inúmeros e recentes trabalhos consagrados às relações de Platão com a arte, e cujo conhecimento devemos sobretudo ao professor Harold F. Cherniss, conviria consultar: P. M. Schuhl, *Platon et l'art de son temps*, primeira edição, Paris, 1933 (segunda edição, Paris, 1952); H. J. M. Broos, *Plato's Beschouwing van Kunst en schoonheid*, Leiden, 1948; E. Huber-Abrahamowicz, *Das Problem der Kunst bei Platon*, Winterthur, 1954; B. Schweitzer, *Plato und die bildende Kunst der Griechen*, Tübingen, 1954; E. Wind, *Theios Phobos: untersuchungen über die platonische Kunstphilosophie*, Zeitschrift für Aesthetik und Allgemeine Kunstwissenschaft, XXVI, 1932, pp. 349 ss.; A. W. Bijvank, *Platon et l'art grec*, Bulletin van de Vereeniging tot Bevordering der Kennis van de Antieke Beschaving, XXX, Leiden, 1955, pp. 35 ss.; do mesmo autor, *De beeldende Kunst in den tijd van Plato*, Mededelingen der K. Nederlandse Akad. van Wetenschappen, Afd. Letterkunde, N. R., XVIII, 1955, pp. 429 ss. (acompanhado de um resumo em francês); H. F. Bouchery, *Plato en de beeldende kunst*, Gentse, Bijdragen tot de Kunstgeschiedenis, XI, 1954, pp. 125 ss.; H. J. M. Broos, *Platon en de kunst*, Bulletin van de Vereeniging tot Bevordering der Kennis van de Antieke Beschaving, XXIII, 1948, pp. 1 ss.; R. Bianchi-Bandinelli, *Osservazioni storicho-artistiche a un passo del sophista Platonico*, Studi in onore di Ugo Enrico Paoli, Florença, 1956, pp. 81 ss.; T. B. L. Webster, *Plato and Aristotle as Critics of Greek Art*, Symbolae Osloenses, XXIX, 1952, pp. 8 ss.; e ainda: B. Schweitzer, *Xenokrates von Athen* (Schriften der Königsberger Gelehrten-Gesellschaft, Geisteswissenschaftliche Klasse, IX, 1), Halle sur Saale, 1832; H. Jucker, *Vom Verhältnis der Römer zur bildenden Kunst der Griechen*, Frankfurt, 1950, principalmente pp. 126-140.

O capítulo dedicado à Idade Média deveria ser completado sobretudo com os monumentais *Études d'esthétique médiévale* de E. de Bruyn, Bruges, 1946, e com o breve mas esclarecedor artigo de M. Schapiro, *On the Aesthetic Attitude of the Romanesque Age*, Art and Thought, Londres, 1948, pp. 130 ss.

Quanto aos capítulos "O Renascimento", "O 'Maneirismo' " e "O Neoclassicismo", conviria acrescentar-lhes: A. Blunt, *Artistic Theory in Italy*, Oxford, 1940; do mesmo autor, *Poussin's Notes on Painting*, Journal of the Warburg Institute, I, 1938, pp. 344 ss.; e R. W. Lee, *Ut Pictura Poesis: The Humanistic Theory of Painting*, Art Bulletin, XXII, 1940, pp. 197 ss. Mas o mais importante é que a *Magna Carta* da concepção clássica da arte, que considera o estilo "idealista" dos Carracci e de Domenichino como a solução definitiva do conflito entre o Maneirismo "alheio à natureza" e o "grosseiro" Naturalismo — a *Idea del pittore, dello schultore, e dell'architetto* de Giovanni Pietro Bellori, publicada pela primeira vez em 1672 —, mostrou ser a recapitulação e a codificação de modos de pensar correntes no círculo desse pintor e que, entre 1607 e 1615, já haviam recebido uma primeira formulação das notas manuscritas de seu compatriota, amigo e mecenas, o erudito monsenhor Giovanni Battista Agucchi (ou Agucchia): D. Mahon, *Studies in Seicento Art and Theory* (Studies of the Warburg Institute, XVI), Londres, 1947. (A respeito de um estudo de Agucchi sobre a teoria da arte e sobre as convicções estéticas de seu amigo Galileu, ver E. Panofski, *Galileo as a Critic of the Arts*, Utrecht, 1954.)

No que concerne ao capítulo "Miguel Ângelo e Dürer", o autor permite-se igualmente remeter a duas de suas obras: *Studies in Iconology: Humanistic Themes in the Art of the Renaissance*, Nova York, 1939, pp. 242 ss.; e *Albrecht Dürer*, 3ª edição, Princeton, 1948, pp. 279 ss.

Em suma, o leitor desta reimpressão deverá ter sempre presente que este texto foi redigido há mais de uma geração e que não foi em absoluto "atualizado". Se os livros fossem sujeitos às mesmas normas legais que os produtos farmacêuticos, cada exemplar deveria conter na capa a inscrição: "Utilizar com prudência"* — ou, como diziam os antigos frascos medicinais: *CAVTIVS*.

Princeton, outubro de 1959 *E. PANOFSKY*

* A mesma prudência deve ser recomendada a propósito de uma tradução italiana, publicada em Florença em 1952: *Idea, Contributo alla storia dell'estetica*, introdução e tradução de E. Cione.

INTRODUÇÃO

Platão, que conferiu ao sentido e ao valor metafísicos da Beleza fundamentos universais, e cuja teoria das Idéias adquiriu para a estética das artes plásticas uma significação cada vez maior, não foi capaz, no entanto, de julgar equanimemente essas mesmas artes plásticas. Seria ir longe demais, seguramente, querer caracterizar e definir a filosofia platônica como uma "inimiga pura e simples das artes", que de uma maneira muito geral teria contestado ao pintor e ao escultor o poder de contemplar as Idéias[1]; pois, assim como em todos os domínios da vida — e isso vale também ou sobretudo para a própria atividade filosófica — Platão separa nitidamente as atividades profissionais segundo os critérios do verdadeiro e do falso, do justo e do injusto, do mesmo modo ele opõe, quando se trata das artes plásticas, aos representantes desacreditados da "arte mimética"[b], que sabem apenas imitar a aparência sensível do mundo dos corpos, aqueles artistas que — na medida em que isso é possível na sua atividade, que se exerce no plano da realidade empírica — procuram em suas obras valorizar a Idéia e cujo trabalho pode servir de "paradigma"[d] ao do legislador. "Eles passam depois (isto é, depois de terem limpado a superfície do quadro e esboçado as linhas principais) à execução propriamente dita" — trata-se aqui certamente dos pintores que, em termos platônicos, podemos qualificar como "poéticos" ou "heurísticos". "Então eles deixam seu olhar demorarse ora de um lado, ora de outro, voltados primeiro para o que é verdadeiramente justo, belo, sóbrio e pertence à mesma ordem, depois para o que os homens consideram como tal; misturando e combinando suas cores, eles fazem assim o retrato do homem e deixam-se guiar nessa composição por aquilo que Homero chamava de divino ou semelhante aos deuses, toda vez que isso aparecia aos homens."[2]

Mas, a despeito dessas afirmações e de outras semelhantes[3], não deixa de ser legítimo designar a filosofia de Platão, se não como inimiga declarada da arte[a], ao menos como uma filosofia estranha à arte[a]; isso se compreende a partir do fato de que quase toda a posteridade — é o caso particularmente de Plotino — reteve de seus numerosos ataques contra as artes "miméticas" a lição de uma condenação geral da arte plástica enquanto tal. Com efeito, a partir do momento em que Platão avalia o valor das produções da escultura e da pintura em função do conceito de um conhecimento verdadeiro, isto é, de uma conformidade com a Idéia — conceito que lhes é fundamentalmente alheio —, uma estética das artes plásticas não pode encontrar lugar em seu sistema filosófico a título de domínio específico do espírito (aliás, somente no século XVIII irá se instaurar uma separação, fundada em princípios, entre a esfera da estética e as da teorética e da ética); Platão acaba portanto necessariamente delimitando de maneira bastante estrita o círculo das produções artísticas que ele podia, de seu ponto de vista, aprovar; e, mesmo nessa perspectiva estritamente limitada, a arte só pode receber, a seus olhos, um valor condicional: se a arte tem por missão ser verdadeira no sentido "idealista", ou seja, se deve entrar numa espécie de concorrência com o conhecimento racional, seu objetivo deve consistir necessariamente então, ao preço de uma renúncia à individualidade e à originalidade em que vemos habitualmente a marca distintiva das produções da arte, em reduzir o mundo visível às Formas, que nunca mudam e que são universal e eternamente válidas. (Conseqüentemente dá prioridade, sobre a arte indisciplinada dos gregos, à arte "canonicamente fixada" dos egípcios, cujas obras, dez mil anos antes, não eram nem mais belas nem mais feias que as daquele tempo, e, mais ainda, eram executadas sempre segundo o mesmo estilo.)[4] E, mesmo quando esse objetivo, na medida das possibilidades humanas, é alcançado, nem por isso a obra de arte pode pretender uma categoria mais elevada que a da "imagem"[b]; ora, a imagem, apesar de sua aparente semelhança com a Idéia, sob muitos aspectos está em contradição com ela e tão afastada dela quanto o "nome''*, com a ajuda do qual o filósofo, submetido à necessidade (da linguagem), exprime suas reflexões[5].

Com isso, o valor de uma criação artística determina-se, para Platão, como valor de uma investigação científica, ou seja, em função da inteligência teorética e sobretudo matemática que nela se acha investida[6]; do mesmo modo, a maior parte do que se considerou e ainda se considera geralmente arte, mesmo a grande arte, inclui-se para ele no conceito de ''arte mimética''[b], contra a qual, no livro X da *República* e no *Sofista*, lança suas condenações bem conhecidas; há duas possibilidades: ou o artista — e é a melhor delas — produz escrupulosas imagens que, tomadas no sentido da ''imitação por cópia''[b], reproduzem os conteúdos da realidade que se oferece à percepção sensível, mas apenas esses conteúdos, e de acordo com as coisas (nesse caso o artista contenta-se em duplicar inutilmente o mundo sensível que, por sua vez, não é mais do que uma imitação das Idéias[7]); ou então engendra aparências incertas e enganosas que, no sentido em que entendemos ''imitação por simulacro''[b], diminuem o que é grande e aumentam o que é pequeno de modo a induzir em er-

---

* Sabemos que, especialmente no *Crátilo* (430e-432c), Platão elucida metaforicamente o nome (*ὄνομα*) como retrato (*γράμμα*) e como pintura ou quadro (*ζωγράφημα*) da coisa (*πρᾶγμα*), antes de defini-lo, mais conceitualmente, como sua imagem (*εἰκών*). Sabemos também que essa definição de certo modo ''iconográfica'' da linguagem institui entre os nomes e as coisas uma relação ''mimética'' ou de ''representação'', que significa referência e diferença, em todo caso ''afastamento'' do nome em relação à coisa. (Nota da tradução francesa — a partir daqui N.T.F.)

ro nosso olhar, ele próprio imperfeito[8]; daí resulta que a obra de arte aumenta ainda mais a confusão em nossa alma e constitui, em relação à verdade, e inclusive aquém do mundo sensível, “uma espécie de terceiro termo afastado da verdade”[b] [9]. Segundo uma poesia conhecida de João Tzetzes, Fídias, que enquanto “ótico”[b] e “geômetra”[b] levava em consideração a redução das coisas situadas a grande altura, acabou por conferir a uma estátua de Atena proporções objetivamente inexatas, e precisamente por isso triunfou sobre seu rival Alkamenes[10]; ora, essa obra poderia ter fornecido a Platão um exemplo típico dessa arte inferior — tem-se quase a impressão de que sua crítica visa explicitamente a escultura de Fídias — que é censurada por querer considerar as deformações de perspectiva e deste modo fazer valer não “as proporções efetivamente existentes”, mas “aquelas que dão a ilusão de serem belas”[b] [11]. Isso permite compreender também em que medida correspondiam ao ideal platônico as obras dos pintores e escultores egípcios, que não apenas pareciam manter-se imutavelmente fiéis a fórmulas solidamente estabelecidas, mas também rejeitavam a menor concessão à percepção ótica; afinal, para Platão, não era o artista, e sim o dialético, que tinha a missão de revelar o mundo das Idéias. Pois, enquanto a arte se instala na produção das imagens, a filosofia possui o supremo privilégio de utilizar as “palavras” apenas como primeiros degraus conduzindo ao caminho do conhecimento que permanece interdito ao artista, justamente porque este apenas produz uma “imagem”[b] [12].

Se, em contrapartida, interrogarmos agora um pensador do século XVI — isto é, pertencente a uma época em que se concebia geralmente a arte plástica como "imitação"[b], o que não quer dizer reprodução no sentido "realista" da época — sobre sua maneira de conceber a própria essência da Idéia platônica, eis o que lemos, por exemplo, em Melanchton: "É certo que Platão designa sempre sob o termo Idéias uma noção clara e perfeita, análoga à imagem incomparavelmente bela do corpo humano que se encontra encerrada no espírito de Apeles"[d 13]. Essa interpretação (que, de maneira implícita, procura reconciliar Platão e Aristóteles[14]) diferencia-se de uma concepção originariamente platônica sobretudo em dois pontos. Primeiro ponto: as Idéias já não são substâncias metafísicas que existem fora do mundo das aparências sensíveis, e nem mesmo fora do Intelecto, num "local supraceleste"[b]; são, ao contrário, representações ou intuições que residem no espírito do próprio homem. Segundo ponto: o pensador da época considera a partir de então perfeitamente natural que as Idéias sejam reveladas preferencialmente na atividade do artista. É sobretudo no pintor, e não mais no dialético, que se pensa agora quando se discute o conceito de *Idea*[15].

A opinião de Melanchton (que não era propriamente um teórico da arte e jamais demonstrou interesse especial pelas artes plásticas) parece significativa por um duplo aspecto. Por um lado, leva-nos a prever que doravante a teoria da arte propriamente dita se empenhará cada vez mais em anexar a doutrina das Idéias, ou melhor, será cada vez mais atraída para essa esfera de influência; por outro lado, ela coloca-nos a seguinte questão: de que maneira o conceito da Idéia, do qual o próprio Platão freqüentemente deduziu a inferioridade da atividade artística, pôde transformar-se, ou quase, por uma inversão de seu sentido, num conceito específico da teoria da arte? A resposta a essa questão nos é sugerida pelo próprio Melanchton; para justificar sua interpretação do conceito de Idéia, ele se baseia em Cícero[16] e nos dá a entender que já a Antiguidade, preparando assim o terreno para as concepções do Renascimento, havia invertido o sentido conceitual da Idéia platônica, a ponto de fazer dela uma arma contra a própria concepção platônica da arte.

I
A ANTIGUIDADE

O *Orador* de Cícero, essa apologia pessoal disfarçada sob forma de um escrito doutrinal e teórico[17], compara o orador perfeito com uma "idéia" que não podemos atingir na experiência, mas apenas representar-nos em espírito; ele a compara igualmente com o objeto da representação artística que, da mesma forma que a idéia, não pode ser apreendido pelo olhar em sua total perfeição, existindo antes como simples imagem mental na interioridade do artista. "Penso que não existe em parte alguma", afirma Cícero, "algo de tão belo cujo original de que foi copiado não seja ainda mais belo, como é o caso de um rosto em relação a seu retrato; mas não podemos apreender esse novo objeto nem pela visão, nem pela audição ou qualquer dos outros sentidos; ao contrário, é apenas em espírito e em pensamento que o conhecemos; por isso podemos imaginar esculturas mais belas que as do próprio Fídias que, no seu gênero, são o que há de mais perfeito, assim como para além das pinturas que já citei[18] podemos imaginar pinturas mais belas; e, quando esse artista trabalhava na criação de seu *Zeus* e de sua *Atena*, ele não considerava um homem qualquer, isto é, realmente existente, que teria podido imitar, mas em seu espírito é que residia a representação sublime da beleza; é ela que ele olhava, é nela que mergulhava, e tomando-a por modelo dirigia sua arte. Assim como o domínio das artes plásticas propõe algo de perfeito e de sublime, de que existe uma forma puramente pensada, e como a esta forma estão ligados, pela reprodução que deles nos oferece a arte, os objetos inacessíveis como tais à percepção sensível (ou seja, os seres divinos que devemos representar[19]), assim também é em espírito apenas que contemplamos a forma da perfeita eloqüência e é somente sua cópia que buscamos captar auditivamente. Platão, o professor e mestre que alia a potência do pensamento à da expressão, designa essas formas das coisas sob o termo idéias[b]; ele nega que sejam perecíveis, afirma que têm uma existência eterna e se acham contidas apenas na razão e no pensamento. Quanto ao resto das coisas, elas surgiriam e desapareceriam, passariam e deixariam de existir, em suma, não permaneceriam muito tempo num único e mesmo estado.''[20]

Através dessa descrição que a inspiração retórica nos oferece da criação de arte, o conceito platônico de Idéia na verdade contradiz a concepção platônica da arte: aqui o artista não é mais o imitador do mundo sensível no que tem de trivial e de enganador; também não é, em face de uma ''essência''[b] metafísica qualquer, um intérprete sujeito à rigidez de normas preexistentes, mas cujos esforços acabam sendo inúteis; o artista, ao contrário, é aquele cujo espírito encerra um modelo prestigioso de beleza para o qual ele pode, como verdadeiro criador, voltar seu olhar interior; e, embora a perfeição total desse modelo não possa passar para a obra no momento da criação, esta deve no entanto revelar uma beleza que é algo mais que a simples cópia de uma "realidade" encantadora; embora dada apenas à nossa sensibilidade enganosa, é não obstante algo mais que o puro reflexo de uma "verdade" que só é fundamentalmente cognoscível pelo intelecto. Ora, é claro que semelhante inversão das concepções platônicas (que só se realizou com dificuldade, e pela primeira vez, no pensamento de Cícero) só é possível graças a uma dupla condição: é necessário que as concepções relativas tanto à essência da própria arte quanto à essência da Idéia adquiram um sentido não platônico, e mesmo antiplatônico. A estima em que são tidos a arte e o artista, ainda que superficialmente no início, cresceu intensamente nos meios helenísticos e romanos: o pintor em primeiro lugar[21] e a seguir o escultor (cujo trabalho sujo e fatigante devia ser considerado, pelo pensamento grego na época de sua floração, como uma atividade particularmente "vulgar"[22]), passarão cada vez mais a figurar como personalidades superiores e protegidas dos deuses[23]; a acreditar em Plínio, a pintura contará expressamente entre as artes liberais[24] (o que significa dignas de um homem nascido livre). Os talentos do conhecedor de arte e do crítico de arte começam a se desenvolver; a mania de colecionar se manifesta e a liberalidade dos príncipes e dos ricos faz aumentar ainda mais o crédito de que as artes são objeto; e se as "artes miméticas", em nome da verdade, tiveram de ser expulsas por Platão de sua cidade[25], eis em contrapartida o que diz a introdução a *Imagens*[b] de Filóstrato (notavelmente de acordo com uma fórmula célebre de Leonardo da Vinci[26]): "Quem não tem amor pela pintura ofende a verdade, e ofende também a sabedoria."[27 b] Essa expressão já revela que, à reavaliação das artes praticada exteriormente, acrescenta-se uma reavaliação interna da arte. Revela também que aquilo que Platão tendia a negar completamente, ou que admitia apenas mediante o sacrifício da liberdade e da originalidade artísticas, era a cada dia mais universalmente reconhecido, a saber: a autonomia da arte em relação às aparências e às imperfeições da realidade. O pensamento da Antiguidade, na medida em que fazia da arte um objeto de sua reflexão, havia desde o início (exatamente como o faria mais tarde o do Renascimento) justaposto ingenuamente dois temas não obstante contraditórios: de um lado concebia-se que a obra de arte era inferior à natureza, uma vez que não fazia mais do que imitá-la, chegando, na melhor das hipóteses, a produzir sua ilusão; concebia-se, por outro lado, que a obra de arte era superior à natureza, uma vez que, corrigindo as falhas das produções naturais tomadas individualmente, ela lhe opunha, com plena independência, uma imagem renovada da beleza. Ao lado das anedotas, fontes de infinitas variações, sobre os cachos de uvas pintados que os pássaros vêm bicar, sobre as pinturas de cavalos diante das quais os cavalos reais relincham, sobre a cortina pintada capaz de proporcionar, mesmo ao olhar do pintor, a ilusão da realidade, juntamente com os incontáveis epigramas dedicados à vaca de Míron[28], que se assemelhava verdadeiramente a uma vaca real, afirma-se que as obras de um Policleto haviam dado à aparência humana "uma beleza mais verdadeira que o natural"[29]; desaprova-se, por outro lado, o pintor Demetrius, por exagerar a fidelidade à natureza e colocar a semelhança à frente da beleza[30]; mas há também as numerosas passagens da literatura poética em que, para celebrar a beleza quase sobrenatural de um homem, esta é comparada à das esculturas ou pinturas. Já Sócrates admitia como óbvio que a pintura, embora simples "cópia das coisas visíveis"[b], fosse ao mesmo tempo obrigada e capaz, "na ausência de um homem cujo 'físico' fosse irrepreensível sob todos os aspectos", de representar um corpo cuja aparência fosse bela, combinando, a partir de uma multiplicidade de corpos, o que de mais belo houvesse em cada um deles[31]; e, a propósito do mesmo Zêuxis que dizem ter pintado as tais uvas que enganavam os pássaros, conta-se e repete-se à saciedade (sobretudo durante o Renascimento) a seguinte história: tendo de representar Helena, ele requisitara as cinco virgens mais belas da cidade de Crotona, a fim de registrar em seu quadro o mais belo aspecto de cada uma delas[32]; até mesmo Platão, "inimigo da arte", chegou a comparar, numa passagem notável, o modelo de sua cidade perfeita, cujo correspondente exato é impossível encontrar na realidade, com a obra de um pintor que propusesse em sua tela um "paradigma" do homem canonicamente belo, e que passaria por um pintor realizado, não apesar de, mas precisamente por mostrar-se incapaz de indicar as condições em que se apresentara a ele empiricamente uma beleza tão perfeita[33]. Aristóteles, no estilo lapidar que lhe é próprio, formulou assim essa intuição fundamental: "Os grandes homens mantêm para com os homens comuns a mesma diferença que separa os homens belos dos que não o são, e o que é artisticamente pintado da simples realidade; essa diferença deve-se a que, nesse caso, reúne-se num único e mesmo objeto o que se achava disperso em vários[b] *."[34]

Assim, a despeito de seu apego muito forte à noção de "*mimese*"[b], o pensamento da Antiguidade grega de modo algum permaneceu alheio à concepção que considera o artista não apenas o humilde copista da natureza, mas também seu êmulo, corrigindo com plena independência, por seu poder livremente criador, as inevitáveis imperfeições dela. E, ao mesmo tempo em que se opera a transformação sempre mais acentuada da intuição em conceito, que caracteriza o desenvolvimento da filosofia na época helenística (basta lembrar as interpretações alegorizantes que as diatribes estóicas conferem aos mitos), difunde-se a convicção de que uma arte, quando culmina, pode subtrair-se completamente ao modelo sensível e libertar-se por completo da impressão deixada pela realidade percebida. Ora, o que marca o termo último dessa segunda trajetória em que evolui o pensamento helênico — pois, paralelamente, a primeira subsiste, inalterada —, são expressões, como a de Díon Crisóstomo, que precisamente, e não por acaso, referem-se ao *Zeus*

---

*τῷ συνῆχθαι τὰ διεσπαρμένα εἰς ἕν, literalmente, "pela redução da diversidade à unidade".

de Fídias[35]; ele diz, por exemplo, em seu discurso olímpico: "Nem mesmo um insensato poderia ter a impressão de que o *Zeus* de Fídias, em Olímpia, se assemelha a algum mortal por seu porte e sua beleza."[36] É este também o sentido de uma declaração de Filóstrato o Antigo; à questão sarcástica de um egípcio que lhe perguntava se Fídias e os outros artistas gregos tinham ido ao céu e nele contemplado os deuses em sua verdadeira forma, ele opõe, pela boca de Apolônio de Tiana, esta memorável resposta: "Foi a imaginação que criou esses deuses, e ela é mais artista do que a imitação, pois a imitação representa o que vê, a imaginação o que não vê."[37]

Com isso chegamos ao ponto de começar a compreender o sentido dessa identificação operada por Cícero entre a Idéia platônica e a "representação artística" interior ao espírito do pintor ou do escultor. Pois, se a crítica de arte — tomando apaixonadamente partido contra o movimento de hostilidade à imagem que se manifestara na Antiguidade pagã, e opondo-lhe os argumentos espiritualistas de que dispunha — havia conseguido elevar o objeto da produção artística de sua condição primeira, a de uma realidade exterior e perceptível, àquela de uma representação interior e mental, a filosofia, por seu lado, e por uma inversão análoga de seu sentido, mostrava-se igualmente disposta a reconduzir cada vez mais o princípio do conhecimento, a Idéia, de sua condição de "essência"[b] metafísica à de um simples "conceito"[b]; do mesmo modo, assim como o objeto da arte se libertava da esfera da realidade empírica, a Idéia filosófica descia de seu "lugar supraceleste''[b], e a ambos se atribuía como lugar próprio (mesmo que isso não fosse entendido ainda num sentido psicológico) a própria consciência do homem, no interior da qual podiam doravante fundir-se e unificar-se. Pois, numa certa época, o estoicismo havia operado a inversão das idéias platônicas, interpretando-as como ''conceitos''[b] inatos e precedendo a experiência, ou ainda como ''pré-noções''[d], que dificilmente podemos conceber como estados ''subjetivos'' no sentido moderno da palavra, mas que em todo caso se opunham, como conteúdos imanentes da consciência, às essências transcendentes de Platão[38]; mas antes (e isso parece ainda mais importante em nosso contexto) Aristóteles já havia substituído o dualismo que opunha, no plano de uma teoria do conhecimento, o mundo inteligível e o mundo sensível por uma síntese recíproca entre a universalidade do conceito e a singularidade da representação individual, no plano de uma filosofia da natureza e da arte, e também por uma relação sintética recíproca entre a forma e a matéria: ''Tudo é produto do suporte e da forma''[b], o que significa, para todos os efeitos, que o produto da natureza ou da mão do homem não provém de que uma Idéia determinada seja imitada por uma existência determinada, mas de que uma forma determinada penetre numa matéria determinada; um homem individual é portanto ''essa forma realizada de determinado modo na mistura de carne e ossos''[39]; a única diferença entre as obras de arte e as produções da natureza é que sua forma, antes de penetrar na matéria, reside na alma humana: ''É um produto da arte tudo aquilo cuja forma reside na alma.''[40b].

É sob a influência dessa definição aristotélica da arte (essa definição, que abrange todas as "*artes*"[d], sem exceção, inclusive a medicina e a agricultura, viria a adquirir na Idade Média um sentido infinitamente mais importante do que as reflexões da *Poética*, que se referiam às artes no seu sentido restrito* e só seriam recuperadas durante o Renascimento) que se operou livremente a identificação da representação artística e da Idéia, uma vez que Aristóteles conservara a denominação platônica "*eidos*"[b] à "forma" em geral e mais particularmente à "forma interior", presente na alma do pintor e depois transferida à matéria graças à sua atividade. A formulação dessa questão por Cícero representa, podemos dizer, uma conciliação entre Aristóteles e Platão (mas uma conciliação que, por sua vez, pressupõe já a existência de uma concepção antiplatônica da arte): essa "forma"[d], ou essa "idéia"[d], que existe no espírito de Fídias e que ele contempla ao criar seu *Zeus*, é uma espécie de formação híbrida entre a "forma interna"[b] de Aristóteles, com a qual partilha a propriedade de ser uma representação imanente à consciência, e a Idéia platônica da qual possui a absoluta perfeição, característica do que é ao mesmo tempo "perfeito e excelente"[d].

Mas essa fórmula ciceroniana de conciliação, justamente por ser uma fórmula de conciliação, coloca na

---

* Ao empregar *artes* e logo adiante *Künste*, Panofsky procura desfazer o equívoco que, tanto na língua alemã como na francesa, pesa sobre o termo arte, distinguindo, ao menos de forma preliminar, as artes e as belas-artes. (N.T.F.)

verdade um problema bastante particular que, sem se apresentar como tal ao pensamento consciente, nem por isso deixava de exigir uma solução. Se essa imagem interior, que representa o objeto próprio da obra de arte, não é nada mais que uma representação vigorosa no espírito do artista, uma "representação pensada"[d], o que é que lhe garante essa perfeição pela qual deve prevalecer sobre os fenômenos da realidade? E, inversamente, se ela possui de fato essa perfeição, não seria então algo bem diferente do que uma simples "representação pensada"[d]? Para resolver essa alternativa, apenas dois caminhos eram, finalmente, possíveis: ou recusava-se à Idéia, doravante identificada à "representação artística", sua alta perfeição, ou conferia-se a essa alta perfeição uma legitimidade metafísica. A primeira solução encontra-se em Sêneca, a segunda no Neoplatonismo.

Sêneca reconhece inteiramente ao artista a possibilidade de reproduzir, em vez de um objeto tomado na natureza visível, uma representação produzida no interior dele mesmo; mas não vê, entre o objeto e sua representação, nenhuma diferença axiológica, e mais ainda: nenhuma diferença ontológica. A questão de saber se o artista trabalha segundo um objeto real ou um objeto ideal, se o que ele toma por objeto surge diante de seu olhar como uma existência real ou reside em seu espírito como representação interior, já não é para Sêneca uma questão de valor ou de interpretação, mas uma pura questão de fato. A *65ª Epístola*[41], em concordância com Aristóteles, enumera inicialmente as quatro causas da obra de arte: "a matéria de que é produzida, o artista por quem é produzida, a forma em que é produzida e o fim em vista do qual é produzida'' (por exemplo, a busca do lucro, a reputação, a devoção religiosa). ''A essas quatro causas'', diz ele mais adiante, ''Platão acrescenta ainda uma quinta, o modelo (*exemplar*) que, por sua vez, é chamado de idéia. É, com efeito, aquilo para que o artista olha a fim de executar a obra que projetou; mas é indiferente que esse modelo seja exterior a ele e que ele possa assim dirigir-lhe seus olhares, ou, ao contrário, que lhe seja interior, como algo que ele próprio concebeu e produziu.'' Compreendido deste modo, o sentido que a noção de idéia toma para a arte ajusta-se fundamentalmente com o objeto da representação (que Sêneca, num sentido inteiramente não platônico, caracteriza como *idos* = *eidos*[b]) e pode inclusive aplicar-se diretamente ao modelo natural: ''Suponhamos que eu queira pintar teu retrato'', lê-se numa outra de suas *Epístolas*; ''o modelo de minha pintura és tu, e de ti meu espírito recebe uma certa maneira de ser (*habitus*) que ele exprime na obra; é esse rosto, portanto, que me instrui e me ensina, e sobre ele se baseia a imitação, precisamente a idéia...''; e mais adiante: ''Eu me referia anteriormente ao pintor. Quando ele pretendia pintar um retrato de Virgílio, olhava para ele atentamente. E o rosto de Virgílio era a idéia da qual se apropriava e de que fazia o modelo de sua obra. Ora, o que o pintor toma desse modelo e introduz na obra é o *idos* (= *eidos*[b] = forma); há de um lado o modelo, de outro a forma que lhe é emprestada e é introduzida na obra. No primeiro caso, o artista imita conforme o modelo, no segundo ele cria a forma. A estátua possui um rosto — é o *idos*; o modelo também possui um rosto, aquele que o pintor contemplava quando deu à estátua seus contornos — é a idéia."[42]

A representação interior do objeto não é portanto de forma alguma superior, para Sêneca, à visão do objeto exterior, e ele pode até mesmo conferir a ambas, indistintamente, a denominação de "*idea*"[43]. A filosofia de Plotino, ao contrário, procura conquistar para a "forma interior"[b] um direito metafísico que mereça a categoria de um "modelo perfeito e supremo". Plotino, com efeito, levanta-se deliberadamente contra os ataques de Platão à "arte mimética"[b]: "Se alguém desdenha as artes sob pretexto de que sua atividade se reduz a imitar a natureza, convém declarar-lhe de uma vez por todas que as coisas da natureza imitam também outra coisa; deve-se saber igualmente que as artes não se contentam em reproduzir o visível, mas remontam aos princípios (*logoi*[b]) originários da natureza; e que, além disso, as artes põem e acrescentam muito delas mesmas quando o objeto representado é defeituoso, isto é, imperfeito, pois elas possuem o sentido da beleza. Fídias criou seu *Zeus* sem imitar nada de visível, mas deu-lhe os traços sob os quais o próprio Zeus teria aparecido se quisesse mostrar-se ao nosso olhar."[44]

O resultado é que a idéia passa a ocupar no domínio da arte uma posição inteiramente nova: contemplada doravante pelo artista em seu espírito, essa idéia é, num certo sentido, despojada da rígida imobilidade que parecia inerente à Idéia platônica, e transformada numa "visão" viva por parte do artista[45]; mas, num outro sentido, e diferentemente da "representação pensada"[d] tal como a concebe Cícero, compete-lhe não apenas existir como conteúdo da consciência humana, mas pretender à validade e à objetividade metafísicas. Pois o que confere às representações interiores do artista o direito de opor-se à realidade conhecida das "Idéias"[b], que são independentes dela e a superam em beleza, é o fato de que essas representações doravante se confundem (ou podem se confundir) com os princípios originários da natureza que se revelam ao espírito do artista num ato de intuição intelectual; é também o fato de que essas representações, embora para uma psicologia da arte sejam apenas "representações" no sentido ciceroniano de "idéias"[d] ou de "formas"[d], possuem no entanto, para uma metafísica da arte, uma existência ao mesmo tempo supra-real e supra-individual. Plotino utiliza portanto bem mais do que uma simples fórmula quando diz que Fídias representou Zeus com o aspecto que este assumiria se quisesse mostrar-se aos olhares humanos: a "imagem" que Fídias traz em seu interior não é apenas, conforme o sentido da metafísica plotiniana, a representação de Zeus, mas sua essência. Assim é que, para Plotino, o espírito do artista doravante acompanha, em sua essência e por assim dizer em seu destino, o "espírito"[b] criador que representa, por sua vez, a forma atualizada da insondável unidade e do absoluto. Pois, na concepção de Plotino, o "espírito" engendra também as idéias a partir dele e nele — enquanto o "demiurgo"[b] platônico contenta-se em olhar para elas, na medida em que lhe são exteriores — e deve, por uma espécie de "profusão", espalhar seus puros e incorpóreos pensamentos no mundo da espacialidade, onde forma e matéria separam-se e onde se perdem a pureza e a unidade da imagem originária. E, assim como a beleza na natureza consiste, para Plotino, numa irradiação da Idéia através da matéria, que embora não totalmente modelável não deixa de ser modelada por ela[46], também a beleza de uma obra de arte provém de que uma forma ideal é "emitida" na matéria e, triunfando sobre sua grosseira inércia, anima-a por assim dizer, ou antes esforça-se por animá-la[47]. Com isso, a arte combate pelo mesmo trunfo que o "espírito", ou seja, pelo triunfo da forma sobre o informe[48].

Aliás, é notável constatar o quanto, sob esse aspecto, a distinção feita por Aristóteles (pois ela é tipicamente aristotélica) entre "matéria" e "forma"[b] recebe um sentido radicalmente novo. Aristóteles já havia sustentado que a forma da obra de arte preexiste na alma de seu criador, antes de penetrar na matéria[49], e havia invocado, para ilustrar esse fato, os exemplos, mais tarde retomados por Plotino, do arquiteto imaginando em seu espírito a casa e do escultor concebendo a estátua[50]; também ele opusera a indivisibilidade da pura forma à divisibilidade da forma encarnada na matéria[51]; para ele, igualmente, a forma prevalecia em todos os aspectos sobre a matéria: possuindo mais ser e mais substância, sendo mais natureza e mais causa, a forma representa em relação à matéria algo de melhor e de mais divino. Mas nem por isso Aristóteles deixa de estar muito longe de atribuir à matéria o poder de resistir fundamentalmente ou de ser fundamentalmente indiferente a toda "enformação". Muito pelo contrário, a matéria[b] (que ele se recusa expressamente a considerar como um "mal"[b]) tem potencialmente, segundo ele, uma aptidão à perfeição da enformação, assim como o "*eidos*"[b] detém em ato a perfeição da forma; mais ainda: a matéria "atrai a forma como seu complemento, do mesmo modo que a fêmea atrai o macho"[52].

Para Plotino, em contrapartida, a "matéria"[b] representa o mal absoluto, o completo não-ser; jamais pode ser perfeitamente "enformada"[53], jamais é verdadeiramente penetrada pelo "*eidos*"[b], conservando, ao contrário, mesmo quando lhe acontece ser (aparentemente) "enformada", as características da negatividade, da esterilidade e da hostilidade: há na matéria uma impassibilidade[b] diante da forma[54] e algo nela que, do ponto de vista desse "*eidos*"[b], justamente por permanecer sempre alheia ao "*eidos*"[b], lhe resiste. Com isso, na filosofia de Plotino, que por "*eidos*"[b] entendia não apenas a forma aristotélica mas igualmente a Idéia platônica, o antagonismo da forma e da matéria assume o aspecto de um conflito entre a força e a inércia (esta fazendo obstáculo à força), entre a beleza e a feiúra, entre o bem e o mal. Para Aristóteles, com efeito, comparar do ponto de vista do valor a casa inteligível e a casa real, a estátua inteligível e a estátua real não faria sentido algum, porque a casa não é propriamente uma casa, nem a estátua uma estátua, enquanto a forma não penetra a matéria[55]. Mas em Plotino, para quem as imagens do mundo sensível representam menos a encarnação de uma forma do que a imitação de uma idéia, o "*aisthéton*" (o sensível) material e sensível é estética e eticamente tão desvalorizado em relação ao "*noéton*" (o inteligível) ideal, que pode ser qualificado de "belo" apenas na medida em que permite reconhecer, ou antes, pressentir nele este último: "Como pode o arquiteto'', pergunta Plotino, ''adaptar a casa exterior ao '*eidos*'[b] interior da casa e declarar que ela é bela? Pela simples razão de que, abstração feita das pedras que a constituem, a casa exterior reduz-se ao *eidos*[b] interior e, estando evidentemente dividida pela massa da matéria, é por essência indivisível, ainda que se dê sob as aparências da multiplicidade.''[56] Conseqüentemente, Plotino, para quem o caminho que conduz da unidade à multiplicidade conduz sempre da perfeição à imperfeição, opôs-se formal e apaixonadamente à definição da beleza em que o classicismo da Antiguidade e o do Renascimento associavam ''equilíbrio das proporções'' e ''beleza do colorido''[b], isto é, ''simetria das partes entre si e com o todo, unida a um colorido agradável''[57]. Falar de um ''acordo das partes entre si'' pressupõe necessariamente a existência dessas partes; ora, segundo essa definição, apenas o composto, e não o elemento, poderia ser belo, ou seja, seria erigido em princípio de beleza o que é apenas uma aparência formal dela, imputável à divisibilidade da imagem material; em realidade, e conforme a concepção de Plotino, a beleza da natureza, bem como a da arte, é fundada exclusivamente, ao contrário, nessa ''participação na Idéia''[b 58] que só se exprime, através das propriedades puramente fenomênicas do ''equilíbrio das proporções'' e da ''beleza do colorido'', como que sob o efeito de uma coerção.

Disso tudo resulta que uma concepção ''poética'' ou ''heurística'', como a que Plotino procura promover para as belas-artes, ameaça tão perigosamente estas em suas posições quanto a concepção essencialmente ''mimética'' que Platão havia enfatizado; a única diferença é que a ameaça vem de direções precisamente opostas; se a concepção "mimética", segundo a qual a arte representa uma imitação do mundo sensível, contesta a legitimidade das belas-artes definindo seu objetivo como indigno de ser buscado, a concepção "heurística", segundo a qual a arte detém a nobre missão de fazer penetrar uma "forma"[b] na matéria rebelde, contesta a própria possibilidade de seu sucesso na medida em que seu próprio objetivo é dado como impossível de atingir. Decerto a beleza surge quando o escultor, de uma pedra bruta, "retira e raspa certas partes, pule e depura o resto até conferir à obra um belo aspecto"[59]; mas uma beleza superior reside precisamente em que a Idéia seja inicialmente poupada da queda no mundo da matéria. Decerto é belo que a forma triunfe sobre a matéria, porém mais belo ainda é que esse triunfo (que jamais pode ser total) não seja em absoluto necessário: "Admitamos que dois blocos de pedra estejam dispostos lado a lado; um está ainda informe e não foi ainda tocado pela arte; o outro, artisticamente trabalhado, apresenta-se como uma estátua, divina ou humana; é divina? talvez seja a imagem de uma Musa ou de uma Graça; é humana? não é a de um homem qualquer, mas a de um homem que apenas a arte pôde criar inspirando-se em todos os homens belos[60]. Além disso, a pedra que a arte transformou numa imagem da beleza não parecerá bela enquanto pedra (pois nesse caso a outra seria igualmente bela) mas em virtude da forma que a arte lhe conferiu. Essa forma, a matéria não a possuía, mas ela residia no próprio projeto do artista[61] antes de realizar-se na pedra. Aliás, se residia no artista, não era na medida em que ele possuía olhos ou mãos, mas na medida em que participava na arte. *Era na arte, portanto, que essa beleza era muito maior. Pois a beleza imanente à arte não penetra por si mesma na pedra, mas permanece imóvel em si; o que penetra na pedra é uma beleza inferior, derivada da primeira, que não conserva em si a pureza que o artista lhe queria dar, mas que se manifesta exteriormente, apenas na medida em que a pedra se submete à arte.*''[62]

Nessas condições (''pois quanto mais a beleza penetra e se manifesta na matéria, tanto mais ela se extenua em relação à Beleza em si''[63]), os pensamentos de um ''Rafael privado de mãos'' têm afinal mais valor do que as pinturas do Rafael de carne e osso; e, se as obras de arte, para a teoria da ''*mimesis*'', não passavam de simples imitações das aparências sensíveis, do ponto de vista da ''*heurésis*''* não são mais do que simples alusões a uma ''beleza inteligível''[b] que não é nem realizada nem realizável nelas, e que em última instância se identifica com o ''Bem supremo''. O caminho que leva à contemplação dessa ''beleza inteligível situada numa espécie de templo secreto''[64] leva sempre mais longe, para além das obras de arte: ''O que então contempla esse olho interior? Pois, ao despertar, ele não poderá tolerar de início o brilho supremo. A alma precisa acostumar-se primeiro ao espetáculo das belas ocupações, depois ao das belas obras, isto é, não tanto daquelas produzidas pelas artes mas daquelas realizadas pelos

---

* Reencontramos aqui a oposição freqüentemente marcada por Panofsky entre ''*mimesis*'' e ''*heurésis*'', ou seja, entre uma teoria da *imitação* e uma teoria da *invenção*. (N.T.F.)

homens de bem, e, por fim, deve contemplar a própria alma daqueles que executam essas belas obras.''[65] ''Pois'', como é dito numa das passagens mais significativas do livro *Sobre a Beleza**, ''aquele que considera a beleza corporal não tem o direito de perder-se nela, mas deve reconhecer nela uma imagem, um vestígio, uma sombra, e lançar-se para aquilo cuja imagem ela propõe. Pois quem se precipitasse para ela e quisesse apoderar-se, como de uma verdade, daquilo que não passa de um belo reflexo na água assemelhar-se-ia ao personagem de um mito, muito significativo, que também quis se apoderar de seu reflexo e desapareceu então na profundeza das águas; o mesmo acontecerá com quem se apega à beleza dos corpos e dela não quer se separar: não será seu corpo, mas sua alma, que irá mergulhar em abismos obscuros e terríveis para o espírito; é lá que irá habitar, como um cego nos Infernos, vagando em meio às sombras.''[66]

Portanto, se a crítica platônica censura as artes por fixarem continuamente o olhar interior do homem nas imagens sensíveis, isto é, por lhe impedirem a contemplação do mundo das Idéias, a defesa que lhes consagra Plotino condena as artes a um trágico destino: dirigir o olhar interior do homem sempre para além das imagens sensíveis, ou seja, abrir-lhe uma perspectiva para o mundo das Idéias, mas ao mesmo tempo velá-la. Enquanto imitações do mundo sensível, as obras de arte são desprovidas de uma significação mais elevada, espi-

---

* Trata-se do livro I, 6 das *Enéadas*: ΠΕΡΙ ΤΟΥ ΚΑΛΟΥ, isto é: *Do Belo*. (N.T.F.)

ritual ou, se preferirmos, simbólica; mas, enquanto manifestações da Idéia*, elas são então privadas de sua finalidade e de sua autonomia próprias; e tudo se passa como se a teoria das Idéias, para não ter de abandonar o ponto de vista metafísico que é o seu, se visse obrigada em ambos os casos a contestar a obra de arte.

---

* Adotamos como regra de tradução a distinção entre a Idéia com inicial maiúscula e a idéia com inicial minúscula. Acreditamos respeitar assim, na medida do possível, uma tradição lingüística e filosófica que põe entre a helenidade da Idéia platônica e neoplatônica e a latinidade da "pequena idéia" a distância da maiúscula. Mas em certos textos, sobretudo neoclássicos, e geralmente no texto alemão, onde a maiúscula é de regra, a diferença é menos discernível. Aliás, continua em aberto o problema do aparecimento, como "código gráfico", dessa maiúscula quase teológica de majestade, reservada pela tradição à Idéia platônica e à sua posteridade. (N.T.F.)

II

A IDADE MÉDIA

A concepção estética do Neoplatonismo — em impressionante contraste com este verso de Mörike: "Mas tudo o que é belo parece bem-aventurado por isso mesmo" — percebe em cada manifestação do belo o símbolo insuficiente de uma manifestação imediatamente superior, de modo que a beleza visível representa apenas o reflexo de uma beleza invisível, sendo esta, por sua vez, apenas o reflexo da absoluta beleza; essa concepção estética, tão curiosamente de acordo com as próprias características do "espírito simbólico", pelo qual as artes da baixa Antiguidade se distinguem daquelas da Antiguidade clássica, pôde ser retomada, facilmente e sem modificação, pela filosofia paleocristã.

Também Agostinho reconhece que a arte dá a contemplar um tipo de beleza que, longe de pertencer apenas aos objetos da natureza para depois ser conferida, por imitação, às obras de arte, reside antes no espírito do artista, o qual, sem mediação, transfere-a para a matéria; mas, para ele também, essa beleza visível é apenas uma débil parábola da invisível beleza; e a admiração perante as formas singulares do belo que o artista trazia em sua alma antes de torná-las visíveis em sua obra, como um mediador entre Deus e o mundo material, essa admiração é transcendida em Agostinho como adoração da imensa Beleza situada ''para além das almas'' — as ''coisas belas''[d], aquelas que o artista pode conceber em seu espírito e tornar visíveis pelo trabalho de suas mãos, são derivadas dessa ''beleza''[d] que não podemos venerar nas obras de arte, mas somente além delas. ''Que progressos infinitos os homens trouxeram às diferentes artes e aos diferentes ofícios, na fabricação de roupas, calçados, recipientes e utensílios, sem esquecer as pinturas e as imagens de todo tipo! É que, sem se limitar ao uso necessário e comedido das coisas, nem à sua significação religiosa, eles buscaram ao contrário o prazer dos olhos, buscando fora aquilo que criavam, mas abandonando no interior deles próprios seu criador e esquecendo sua condição de criaturas. Mas eu canto e consagro meus louvores a ti, que és meu Senhor e minha Glória, como àquele que me consagrou, pois tudo o que é belo e que as almas transmitem às mãos artistas provém dessa Beleza situada além das almas e à qual minha alma aspira noite e dia.''[67] Se a concepção que Agostinho e seus sucessores[68] fazem da arte concorda plenamente com a do Neoplatonismo, sua interpretação da própria essência da Idéia preparara-se, de forma no mínimo decisiva, na filosofia da baixa Antiguidade pagã. Quanto à terminologia, Agostinho podia basearse em Cícero: bastava-lhe modificar a definição deste último acrescentando-lhe um pequeno mas importante detalhe, de modo a conferir ao conceito de Idéia uma formulação mais conforme à sua nova visão do mundo[69]. Quanto à substância, a concepção das Idéias como "essências"[b] independentes, concepção inaceitável para o cristianismo, já havia sido suficientemente modificada em seus predecessores judeus ou pagãos para que Agostinho pudesse retomá-la diretamente: as essências metafísicas de Platão, que preexistem à criação do mundo pelo "demiurgo"* (pois o conceito de "criação" em seu sentido bíblico permaneceu manifestamente estranho ao *mythos*, característico da Antiguidade grega[70]), são imanentes ao espírito divino na medida em que são suas próprias produções[71]. Esta, para não falar das transformações trazidas às Idéias pela filosofia estóica e peripatética, era já a concepção de Fílon; e a questão de saber se as Idéias existem no interior ou no exterior do *Nous*** já fora expressamente resolvida por Plotino no primeiro sentido[72]. No fundo, Agostinho teve apenas de substituir o espírito impessoal que o Neoplatonismo atribuía ao mundo pelo Deus pessoal do cristianismo, para estabelecer uma concepção aceitável para si mesmo e decisiva de fato para toda a Idade Média: "As Idéias são as formas ou os princípios originários das coisas; elas são imóveis e incorruptíveis, e não obtêm sua forma de si mesmas; são portanto eternas, conservam constantemente o mesmo estado e estão encerra-

* δημιουργός = o demiurgo, isto é, o deus *artista* e *artesão*.

** Νοῦς, o espírito ou a inteligência, ou o intelecto (de Deus).

das no espírito divino; e, embora elas próprias não nasçam nem morram, tudo o que nasce e morre é modelado, por assim dizer, a partir delas.''[73] Que as Idéias devam existir, isso resulta simplesmente de que Deus criou o mundo segundo uma ''razão''[d] que, devido à singularidade própria às diferentes coisas e às diferentes essências, só pode ser pensada como ''individualizada''. Que, por outro lado, só se possam representar as Idéias como conteúdos da consciência divina, isso se deve a que a suposição de modelos exteriores a Deus, e segundo os quais sua atividade criadora seria estabelecida, equivaleria a uma blasfêmia[74].

As Idéias, que segundo a concepção platônica possuíam uma existência absoluta sob todos os aspectos, transformaram-se, assim, no curso de uma evolução que culmina em Agostinho[75], primeiro nos conteúdos de um espírito criador do mundo, e depois nos pensamentos de um Deus pessoal; vale dizer que a significação das Idéias, ligada inicialmente a uma filosofia transcendental, adquiriu por uma espécie de inversão (que o próprio Platão havia já certamente preparado) um sentido cosmológico e depois um sentido teológico. E o que cai cada vez mais no esquecimento é a função da Idéia, que consistia originariamente em explicar, mais ainda, em legitimar as realizações do espírito humano, ou seja, em estabelecer as condições de possibilidade de um conhecimento absolutamente certo e determinado, de uma conduta absolutamente boa moralmente, bem como de um amor do belo absolutamente depurado e ''filosófico''. Uma tal justificação do conhecimento, da conduta e da sensibilidade humanos parece ter cada vez menos importância, comparada à nova abertura do espírito para o sentido e o encadeamento da história universal do mundo; e finalmente a teoria das Idéias, que se apresentava originalmente como uma filosofia da razão humana, converte-se de certa forma numa espécie de lógica do pensamento divino.

É neste sentido, mas só neste, que a teoria das Idéias, mesmo após a grande ''recepção'' aristotélica do século XIII, manteve-se durante toda a Idade Média; e, para expressar-se como Mestre Eckhart, são sempre ''as três questões principais''[a] que agitam o espírito desse pensador, as mesmas questões que Agostinho, no fundo, já havia colocado, e resolvido; a primeira, saber se as Idéias estão em Deus ou ainda se, conforme uma expressão do próprio Mestre Eckhart, ''preexistem nele as imagens''[a] das coisas criadas; a segunda, saber se existem várias Idéias ou apenas uma; a terceira, saber se Deus só pode conhecer as coisas por meio das Idéias. Ora, as respostas têm também um sentido agostiniano e são quase sempre afirmativas nos três pontos. Apenas Dionísio, o Areopagita, adotou um ponto de vista divergente e será combatido pela posteridade com argumentos que, sempre novos, nem por isso deixam de ser fundamentalmente idênticos e com freqüência tomados literalmente das demonstrações de Agostinho[76]. O mesmo se passa com a definição da ''Idéia'' como tal, retomada sempre a partir da discussão agostiniana, pois a concepção aristotélica, que dava à Idéia o sentido de uma ''forma interior'' (igualmente em relação ao espírito humano) e não transcendente, era tão pouco satisfatória, do ponto de vista do cristianismo[77], quanto a concepção platônica que dava à Idéia o sentido (igualmente em relação ao espírito divino) de uma entidade existente *per se*[78].

É evidente que, em tais condições, não se podia mais tratar de uma Idéia no sentido propriamente artístico — numa época em que a escolástica, seguindo o exemplo de Platão, concedia ao problema da arte um interesse bem mais limitado do que ao problema do Belo, problema que, em sua habilidade para combinar as questões, ela vinculava em grande parte ao problema do Bem[79]. Produzir as Idéias e abrigá-las tornou-se uma espécie de privilégio do espírito divino, e quando essas imagens, produzidas e encerradas em Deus, são geralmente consideradas em relação ao homem, é para serem antes o objeto de uma visão mística do que de um conhecimento lógico ou de uma criação representativa[80]. Mas a relação que o espírito do artista estabelece entre suas representações interiores e suas obras exteriores pode muito bem ser comparada àquela que o intelecto divino mantém entre as Idéias que lhe são interiores e o mundo criado por ele; de modo que, mesmo que o artista não possua a Idéia como tal, pode-se não obstante pensar que ele está de posse de uma ''quase-Idéia'' (segundo a expressão literal utilizada certa vez por Tomás de Aquino). Foi essa a representação que a filosofia medieval fez da criação artística e de seu processo, não evidentemente que sua intenção fosse, comparando o artista com o ''deus artista'' ou o ''deus pintor''[d 81], exaltar a arte[82], mas antes fazer compreender mais facilmente a essência e a eficácia do espírito divino, ou mesmo, mais raramente, poder resolver outros problemas teológicos[83]; com efeito, as passagens a partir das quais podemos reconhecer ou reconstituir as intuições da escolástica medieval em teoria da arte são simples "construções" auxiliares dos raciocínios da teologia. É assim que Tomás de Aquino, numa explicação sobre o conceito de Idéia[84] que servirá de modelo para toda a posteridade[85], retoma uma vez mais o exemplo aristotélico já invocado por Fílon e por Plotino: "A forma da coisa a produzir deve remeter no produtor a um modelo (*similitudo*)... Isso pode ocorrer de dois modos: em alguns dos sujeitos agentes, a forma da coisa a produzir preexiste como existente natural: é mais ou menos nesse sentido que o homem engendra o homem e o fogo engendra o fogo; ao contrário, em outros, isto é, naqueles que agem pelo espírito, ela preexiste como existente inteligível. Nesse sentido a casa preexiste no espírito do arquiteto e pode ser definida como a idéia da casa, porque o artista se esforça em reproduzir a casa (ou seja, a casa real) segundo a forma que concebeu em seu espírito. Ora, como o mundo não é o produto do acaso, mas, ao contrário, foi criado por Deus e pela ação de seu espírito, é necessário, obrigatoriamente, que haja uma forma no espírito divino sobre cujo modelo o mundo foi criado. E é nisso que consiste a essência conceitual da Idéia."[86]

Para o pensamento medieval, portanto, era um fato solidamente estabelecido que o artista criava formas inspirando-se, se não numa idéia no sentido propriamente metafísico, pelo menos numa representação da forma, interior ao próprio artista e preexistente à obra, ou ainda numa "quase-Idéia"[87]. Mas — e não é por acaso que a escolástica, quando pede à arte pontos de comparação, refere-se sobretudo à arquitetura — a questão de saber como essa representação interior da forma podia comportar-se em relação à visão de um objeto dado pela natureza de modo algum podia ser colocada pelo pensamento medieval[88]. Isso impedia estabelecer o paralelo entre a criação artística e o conhecimento divino, que, *a priori*, não podia admitir nenhum objeto existente fora dele; impedia também a preponderância dada à concepção da arte em Aristóteles, que conhecia a relação da forma interior e da matéria mas ignorava a da forma interior e do objeto exterior (ao qual são confrontadas as produções das "*artes*"[d], sobretudo no sentido de que estas têm um valor de realidade inferior às "formas" que lhes correspondem na natureza, e não no sentido de que aspirariam a uma reprodução "realista" dessas formas[89]). Impedia, enfim, o reconhecimento daquilo que constituía a originalidade da arte medieval, que tão lentamente começava a trabalhar a partir do modelo e tão raramente conformava-se a ele, um pouco à maneira como a ciência da natureza da época começara a trabalhar segundo o método experimental: o "naturalismo" do gótico antigo e o "realismo" dos séculos XIV e XV encontraram na filosofia escolástica paralelos particularmente significativos[90], mas nenhuma caracterização ou mesmo identificação explicitamente conceituadas do problema. E a tese de que a arte imita tanto quanto possível a natureza, ou melhor, conforma-se à natureza, significa, como já em Aristóteles, que arte e natureza são postas em paralelo, mas não em relação: a arte (sob a qual convém naturalmente, e talvez principalmente, incluir as "*artes*"[d] que não pertencem às três artes baseadas no "desenho"[a]) não imita o que a natureza cria, mas trabalha à maneira como a natureza cria, perseguindo, por meios definidos, objetivos também definidos, realizando formas determinadas em materiais também determinados, e assim por diante[91]. Deste modo, quando um místico — de forma significativa — acrescenta o exemplo novo de uma "rosa" ao tradicional exemplo da "casa", isso quer dizer que a rosa é pintada não segundo a natureza mas segundo uma imagem encerrada na alma, não havendo de fato nenhuma diferença essencial entre o exemplo da arte figurativa e o da arquitetura: "Estas três palavras: imagem, forma, figura são uma única e mesma coisa. Existir numa alma a imagem, a forma ou a figura de uma coisa, por exemplo a imagem de uma rosa, é sempre uma única e mesma coisa pelas duas razões que seguem. A primeira é que, se represento a imagem de uma rosa numa matéria agradável segundo a forma que está na alma, isso deve-se ao fato de que a forma da rosa é uma imagem numa alma. A segunda razão é que, na imagem interior da rosa, reconheço indubitavelmente a rosa do exterior, mesmo que não me proponha reproduzi-la, assim como trago em mim a forma da casa que no entanto não me proponho construir..."[92]

Podemos portanto concluir que, para a Idade Média, a obra de arte não resulta de uma explicação entre o homem e a natureza, conforme a expressão cara ao século XIX, mas da projeção na matéria de uma imagem interior. Essa imagem interior certamente não tem mais a significação da "Idéia", que doravante tornou-se um termo técnico da teologia, mas ela pode ser comparada ao conteúdo desse conceito. Dante, evitando intencionalmente utilizar nesta passagem o termo ‘‘Idéia’’, resumiu numa única fórmula lapidar o sentido da teoria medieval da arte: ‘‘A arte encontra-se em três níveis: no espírito do artista, no instrumento que ele utiliza e na matéria que recebe sua forma da arte.’’[93]

III
O RENASCIMENTO

Com uma firmeza e uma resolução que a citação precedente talvez permita explicar, as publicações do Renascimento italiano em matéria de teoria e de história da arte insistiram, em contrapartida, no fato de que a arte tem por missão ser uma imitação direta da realidade. O leitor moderno experimentará certamente um sentimento de estranheza ao descobrir que Cennino Cennini em seu tratado — profundamente enraizado aliás nas tradições dos ateliês da Idade Média — dá ao artista preocupado em representar uma paisagem de montanhas o carinhoso conselho de tomar fragmentos de rochas e pintá-los segundo dimensões e sob uma iluminação convenientes[94]. Essa prescrição marca no entanto o começo de uma nova época cultural. Algo de extraordinariamente novo aparece: o pintor é aconselhado a colocar-se em frente a um modelo (mesmo que, no presente caso, este ainda seja curiosamente "escolhido") e a teoria da arte arranca de um esquecimento milenar uma concepção que, evidente na Antiguidade, fora rejeitada pelo Neoplatonismo e praticamente desconsiderada pelo pensamento medieval, e que pretendia que a obra de arte fosse a reprodução fiel da realidade; não contente aliás em arrancar essa concepção do esquecimento, a teoria da arte, com pleno conhecimento de causa, promove-a à dignidade de um verdadeiro programa artístico. Desde o início, a literatura do Renascimento sustentou que o mérito revolucionário dos grandes artistas dos séculos XIV e XV fora trazer de volta o imperativo da "semelhança com a natureza" a uma arte "antiquada, puerilmente extraviada da verdade da natureza"[95] e que se baseava apenas numa tradição continuamente retransmitida[96]. Assim, quando Leonardo da Vinci estabelece como princípio que "a pintura mais digna de elogio é a que apresenta maior semelhança com a coisa que quer pintar, e digo isso para refutar os pintores que querem corrigir as coisas da natureza"[97], ele exprime um ponto de vista contra o qual, durante séculos, nenhuma contestação haveria de se levantar.

Mas, paralelamente à idéia de uma imitação da natureza — que, considerada como um requisito, contém a exigência de uma exatidão ao mesmo tempo formal e objetiva em relação à coisa[98] —, uma outra idéia aparece na literatura do início do Renascimento e que já estava presente na literatura antiga dedicada à arte: a de um triunfo da arte sobre a natureza; essa dominação realiza-se primeiro graças à "imaginação"[d], cuja liberdade criadora pode modificar as aparências ao se afastar das possibilidades e das variantes presentes na natureza, e inclusive produzir formas inteiramente inéditas como as dos centauros e quimeras; realiza-se também, e sobretudo, graças à inteligência do artista, cuja atividade consiste menos em "inventar" do que em escolher e aperfeiçoar, e que por conseqüência tem o poder e o dever de dar a contemplar uma beleza sempre incompletamente realizada naquilo que existe; embora exortando constantemente o artista à fidelidade à natureza[a], ordena-se não menos insistentemente que ele escolha na diversidade dos objetos da natureza o que há de mais belo[99], que evite toda deformidade, sobretudo quanto às proporções[100], e de maneira geral se afaste da simples verdade natural para se elevar à representação da beleza. Também aqui Demetrius, pintor tão desacreditado, fornecia o exemplo a não ser seguido. "O pintor não deve apenas", diz Alberti, "obter uma semelhança total; deve ainda acrescentar-lhe a beleza; pois em pintura a beleza é tão agradável quanto indispensável"[101]; e, com o mesmo entusiasmo com que se espalhavam as anedotas relativas aos pardais e aos cavalos, completadas ocasionalmente por exemplos mais fidedignos e extraídos de uma época mais recente[102], talvez com maior freqüência ainda, conta-se que Zêuxis fez uma escolha ao reproduzir as virgens de Crotona; sem falar dos teóricos da arte, o próprio Ariosto não dispensa seus leitores dessa anedota[103].

Da mesma forma que a Antiguidade (e, afinal de contas, a noção de "*imitatio*" é uma herança da Antiguidade tanto quanto a noção de "*electio*"), também o Renascimento exigiu de suas obras de arte simultaneamente fidelidade à natureza e beleza, sem perceber nisso a menor contradição; essas duas exigências, que só haveriam de se tornar incompatíveis mais tarde, na verdade podiam ainda aparecer como os postulados constitutivos de uma única e mesma exigência que solicita, a cada obra, que se volte a confrontá-la com a realidade, seja para corrigi-la, seja para imitá-la[104]. Aliás, é muito significativo ver o Renascimento pôr-se de sobreaviso contra a "imitação" dos Mestres[105], não ainda porque incriminasse a falta de "idéias" do imitador (o argumento não podia valer antes que a idéia se tornasse o conceito central da teoria da arte)[106], mas simplesmente porque a natureza é infinitamente mais rica que as obras dos pintores, e o artista que imitasse as obras, em vez de imitar a natureza, se rebaixaria a ser apenas o neto de uma natureza da qual no entanto podia ser o filho[107].

Essa dupla exigência, que consistia doravante em explicar-se diretamente em face da realidade, imitando-a mas também corrigindo-a, teria parecido quimérica na época se as tradições de ateliê, formalmente reprovadas[108] na medida em que dispensavam o artista dessa explicação diante da natureza, não tivessem sido substituídas por algo inteiramente diferente. Essa explicação tornava-se possível na medida em que o artista era projetado de um recanto limitado, mas seguro, para uma região infinitamente extensa, mas ainda inexplorada: surgiu de fato, e não podia deixar de surgir, aquilo que costumamos chamar de teoria da arte; embora em muitos aspectos ela se apóie sobre antigos fundamentos, no seu conjunto constitui uma disciplina especificamente moderna, e distingue-se dos anteriores escritos sobre a arte, que já eram abundantes, pelo fato de não mais responder à questão: "Como se faz isso?", mas a uma questão totalmente diferente e inteiramente estranha ao pensamento medieval: "O que se pode fazer e, sobretudo, o que se deve saber para ser capaz, dada a circunstância, de enfrentar a natureza com armas iguais?"

As concepções artísticas do Renascimento, em oposição às da Idade Média, têm portanto como característica o fato de que, de certo modo, elas arrancam o objeto do mundo interior da representação subjetiva e o situam num "mundo exterior" solidamente estabelecido; também dispõem entre o sujeito e o objeto (como o faz na prática a "perspectiva") uma distância que ao mesmo tempo reifica o objeto e personifica o sujeito[109]. Era de esperar então que, com essa colocação fundamentalmente nova, se aguçasse ao máximo um problema que até nossos dias constituiu o centro do pensamento em matéria de ciência da arte; esse problema poderia e, como era de esperar, deveria aparecer a partir do momento em que, pela primeira vez, se achassem dissociados os dois componentes da criação artística: problema das relações entre o eu e o mundo, a espontaneidade e a receptividade, o dado material e a atividade formal, em suma, o que qualificaremos de "problema sujeito-objeto". Mas foi o contrário que aconteceu: os objetivos dessa teoria da arte, que apareceu no século XV, eram primeiramente práticos e em segundo lugar históricos e apologéticos, mas de maneira alguma especulativos, o que significa que seu objetivo era apenas, por um lado, fazer da arte contemporânea a herdeira legítima da Antiguidade greco-romana e conquistar-lhe, com base em seus méritos e suas superioridades, um lugar entre as "artes liberais"[d], e, por outro lado, fornecer aos artistas, para orientar sua atividade criadora, regras firmemente e cientificamente fundadas. Mas a teoria da arte só podia atingir esse objetivo importante com a condição de pressupor (o que era então universalmente reconhecido), para além do sujeito e do objeto, a existência de um sistema de leis universais e válidas incondicionalmente, do qual as regras da arte seriam deduzidas e cujo conhecimento constituiria a tarefa específica da teoria da arte. Ingenuamente, essa nova disciplina acreditava poder, tal como formulava as exigências de exatidão e beleza, também indicar e trilhar o caminho de sua realização: a exatidão quanto à forma e quanto ao conteúdo parecia-lhe assegurada a partir do momento em que o artista respeitasse por um lado as leis da percepção, por outro as da anatomia, as da teoria psicológica e fisiológica do movimento e as da fisiognomonia. Além disso ela achava que a beleza era atingida toda vez que o artista escolhia uma "bela invenção"[c 110], evitava "inconveniências" e "incompatibilidades", e conferia às aparências a harmonia que era então concebida como uma "harmonia"[d], racionalmente determinada, das cores[111], das qualidades e sobretudo das relações entre os volumes. Colocou-se decerto a questão, e a importância disso foi mostrada principalmente pela teoria das proporções[112], de saber como determinar essa harmonia e o prazer que dela resulta, e o que constitui o fundamento desse prazer. Mas as respostas a essa questão, qualquer que fosse sua formulação em cada caso particular, coincidiam todas no fato de que jamais a apreciação puramente subjetiva e individual do artista podia servir de critério para uma justa proporção. Se não se apoiavam nas leis fundamentais da matemática ou da música (o que na época significava a mesma coisa), referiam-se ao menos às declarações de veneráveis autoridades ou ao exemplo da antiga estatuária[113], e até espíritos críticos e mesmo céticos a esse respeito, como Alberti e Leonardo, esforçavam-se por extrair, a partir daquilo que já fora julgado pela opinião pública[114] ou pelo olhar dos "entendidos"[115], uma espécie de norma, opondo-a ao critério de gosto puramente individual.

Se não existia, podemos dizer, nenhuma problemática da criação artística para o pensamento medieval, porque esta negava fundamentalmente o sujeito e o objeto (para ele, com efeito, a arte era apenas a realização numa matéria de uma forma que não estava ligada à manifestação de um objeto real, que também não era produzida pela atividade de um sujeito real, mas antes preexistia enquanto "imagem prévia" no espírito do artista[116]), essa problemática não podia revelar-se de repente ao pensamento do Renascimento, o qual considerava que o ser e o comportamento do sujeito e do objeto eram regidos por regras que tinham ou uma validade *a priori*, ou um fundamento empírico; em todo caso é isso que permite compreender, fenômeno bastante singular, que a teoria da arte, que acaba de se constituir como disciplina no século XV, permaneça quase completamente independente, no ponto de partida, do renascimento da filosofia neoplatônica que tem lugar na mesma época e no mesmo meio de cultura florentino. Pois essa visão do mundo, determinada de forma inteiramente metafísica e até mística, que via em Platão antes um cosmólogo e um teólogo do que um filósofo crítico e que jamais havia tentado sequer distinguir o platonismo do neoplatonismo[117], mas confundia num grandioso conjunto Platão e Plotino, a cosmologia da Grécia antiga e a mística cristã, os mitos homéricos e a Cabala judaica, a ciência árabe da natureza e a escolástica medieval — essa visão do mundo podia muito bem estimular uma especulação teórica sobre a arte (e foi o que ela fez mais tarde, como veremos), mas não podia ter nenhuma importância essencial para uma teoria, surgida com o Pré-Renascimento, que fazia da arte uma concepção ao mesmo tempo prática e racional.

Semelhante teoria da arte não era ainda receptiva a noções como as que Marsilio Ficino extraía de suas leituras de Plotino e Dionísio, o Areopagita, e introduzia em suas leituras de Platão: a concepção fundamentalmente naturalista dessa teoria da arte haveria justamente de insurgir-se contra a crença de que a alma humana trazia nela, impressa pelo espírito divino, uma idéia representativa do homem, do leão ou do cavalo apreendidos em sua perfeição, e segundo a qual julgava as coisas da natureza[118]; por outro lado, o levantamento puramente lógico que ela fazia das "sete formas possíveis de movimento"[119] não tinha nada em comum com a teoria mística do movimento no Neoplatonismo, para o qual o movimento retilíneo simbolizava a iniciativa divina, o movimento oblíquo a continuidade criadora de Deus e o movimento circular, a identidade de Deus consigo mesmo[120]. Ficino, por sua vez, ora define a beleza, estreitamente de acordo com Plotino, como uma "semelhança evidente dos corpos com as Idéias" ou como um "triunfo da razão divina sobre a matéria"[121], ora a caracteriza, aproximando-se do Neoplatonismo cristão, como um "raio emanado da face de Deus", que penetra primeiro os anjos para iluminar em seguida a alma humana e finalmente o mundo da matéria corporal[122]; Alberti, em contrapartida — que estava de pleno acordo com as aspirações de seus discípulos e que haveria de definir por mais de um século as concepções da teoria da arte —, havia oposto a essa interpretação metafísica da beleza a interpretação puramente fenomênica da Grécia clássica: "A beleza consiste numa harmonia e num acordo das partes com o todo, segundo determinações de número, de proporcionalidade e de ordem, tais como o exige a 'harmonia'[d], isto é, a lei absoluta e soberana da natureza"[123]; e ele diz ainda mais claramente: "Deve-se cuidar que os diferentes elementos se harmonizem entre si, e eles se harmonizarão desde que contribuam, pelo tamanho, pela disposição, pelo motivo, pela cor e por outras propriedades semelhantes, para uma única e mesma beleza."[124] Harmonia das proporções assim como das cores e das qualidades sensíveis, eis o que Alberti e, com ele, todos os outros teóricos da arte do Renascimento reconhecem como a própria essência da beleza. Ora, essa definição da beleza, que Plotino combatia com o maior vigor por ela apreender apenas os sinais exteriores mas não o princípio nem o sentido íntimos da beleza, foi Alberti que contribuiu para fazê-la triunfar por muito tempo: "A harmonia das partes entre si e com o todo, ligada à combinação da cor''[b]. Mas o mais significativo é que, renunciando a uma interpretação metafísica da beleza, pela primeira vez distendiam-se os vínculos, que desde a Antiguidade nunca se haviam afrouxado, entre o ''belo'' e o ''bem''[d], e isso silenciando sobre eles mais do que rejeitando-os abertamente; era de fato, senão já de direito, conferir à esfera da estética uma autonomia que só haveria de receber seus fundamentos teóricos mais de três séculos depois, e que nesse meio tempo, como veremos, voltaria seguidamente a ser questionada.

Pode-se portanto afirmar, com base, que a teoria da arte do Pré-Renascimento não sofreu muito, no conjunto, a influência do despertar neoplatônico[125]; ela se ligou, por um lado, a Euclides, Vitrúvio e Alhazen, por outro a Quintiliano e Cícero, mas não a Plotino nem a Platão, que Alberti designa ainda simplesmente como pintor[126] e cuja influência só se fará sentir em maior escala a partir da *Divina proporzione* de Luca Pacioli, publicada em 1509, isto é, numa obra que não é propriamente de um teórico da arte, mas de um matemático e cosmólogo[127].

Apenas num aspecto o Renascimento do Platonismo parece ter exercido desde o início uma influência sobre a teoria da arte, primeiro em alguns casos isolados e num domínio relativamente insignificante; depois, com maior freqüência e insistência, encontramos a noção de ''Idéia'' no sentido da teoria da arte. Mas, para perceber a diferença essencial que separa originariamente a intuição fundamental da teoria da arte e a do Platonismo, nada é mais esclarecedor, talvez, do que este fato:

a união da doutrina das Idéias e da teoria da arte só foi possível mediante sacrifícios consentidos de parte a parte e, na maioria das vezes, conjuntamente. Com efeito, quanto mais a concepção da Idéia cresce em influência e se aproxima de seu sentido próprio, ou seja, de seu sentido metafísico (o que se produziu na época do chamado Maneirismo), mais a teoria da arte se afasta de suas origens, ou seja, de seus objetivos práticos e de seus pressupostos não problemáticos; e, inversamente, quanto mais a teoria da arte se atém a seus objetivos e pressupostos (como é o caso do Renascimento propriamente dito e, depois, do Neoclassicismo), mais a concepção da Idéia perde a validade metafísica ou, pelo menos, a validade *a priori* que tinha até então.

Segundo as concepções da ''Academia platônica'', que encontraram na filosofia de Marsilio Ficino sua formulação definitiva, as Idéias são realidades metafísicas: elas existem como ''verdadeiras substâncias'', ao passo que as coisas terrestres são simplesmente suas ''imagens''[d] (isto é, as imagens das coisas efetivamente existentes[128]); e, posta de lado sua substancialidade, são realidades ''simples, imutáveis e subtraídas à mistura dos contrários''[129]. São imanentes ao espírito de Deus (às vezes também ao dos anjos[130], sendo definidas, de acordo com a concepção plotiniana e patrística, como ''os modelos das coisas no espírito divino''[d]). Mas a consciência humana só pode chegar a um conhecimento qualquer porque as ''impressões'' (em latim: ''*formulae*'') das Idéias existem em nossa alma desde sua existência anterior e supraterrestre[131]. Essas impressões, análogas a ''centelhas arrancadas à luz originária de

Deus'', estão, por causa de uma longa inatividade, ''a ponto de serem extintas'', mas, quando reanimadas pela ''doutrina'', tornam-se de novo luminosas graças às Idéias, ''como os raios da visão graças à luz das estrelas'': ''O que se acrescenta ao espírito, que deste modo não é afetado progressivamente de um amor simplesmente humano, é súbito a luz de uma ardente verdade. Mas de onde ela provém? Provém do fogo, isto é, de Deus que brilha ou cintila. Por essas centelhas ele representa as Idéias... representa também as impressões engendradas em nós pelas Idéias, e que, inicialmente adormecidas por inatividade, são reanimadas ao sopro da doutrina e iluminadas pelas Idéias, como o são os raios que brotam dos olhos pelos raios que vêm das estrelas.''[132]

Ora, o que vale para o conhecimento em geral vale ainda mais (e com maior razão) para o conhecimento do belo. Também a Idéia do belo está impressa em nosso espírito como uma ''fórmula''[d], e é somente essa noção inata que confere a nós, ao que há de ''espiritual'' em nós, a faculdade de reconhecer a beleza visível e de julgá-la em função de uma invisível beleza e saboreando o triunfo, tal como nela se manifesta, do ''eidos''[b] sobre a matéria: bela é a coisa que, na terra, está em harmonia mais completa com a Idéia da beleza (e ao mesmo tempo com sua idéia própria), e reconhecemos essa harmonia relacionando a aparência sensível à ''fórmula''[d] conservada em nós[133].

O conceito da Idéia apresenta, em Leone Battista Alberti, um caráter[d] completamente diferente. Mesmo discutindo sobre os postulados do belo, após ter vilipendiado Demetrius, o realista da Antiguidade, e pouco antes de contar a inevitável história de Zêuxis e das virgens de Crotona, Alberti deixa transparecer, como advertência ao excesso em sentido contrário, uma acusação vigorosa contra os que se julgam capazes de fazer obra bela sem estudar a natureza: "A fim de poupar tempo e trabalho, convém precaver-se do hábito de alguns tolos; vangloriando-se de seu talento, desejam obter apenas de si mesmos sua reputação de pintor, sem tomar da natureza nenhum modelo a imitar através dos olhos e do espírito. Mas esses nunca aprendem a pintar bem: fazem apenas se acostumar a seus próprios defeitos. Pois o que escapa ao espírito inexperiente é a idéia das belezas, que mesmo os mais versados dificilmente são capazes de reconhecer."[c 134] Essa afirmação prova, sem dúvida alguma, que também Alberti fora marcado de certa maneira pelo movimento platônico (a concepção segundo a qual a "idéia das belezas"[c] aparece ao olhar espiritual* do pintor ou do escultor é, com efeito, totalmente estranha ao pensamento da Idade Média). Mas ainda assim é compreensível que essa afirmação tenha sido, de comum acordo, passada em silêncio pelos partidários do "Neoplatonismo" de Alberti. Pois a noção de Idéia, que em Cícero e em Plotino provava justamente a potência infinita do gênio do artista bem como sua independência de princípio em relação a toda experiência exterior, é utilizada aqui para alertar o gê-

* É altamente provável que a expressão "geistiges Auge", aqui empregada, seja uma réplica quase fiel da célebre metáfora platônica do "olhar da alma" (cf. *República*, VII, 518 *c*). (N.T.F.)

nio do artista contra a superestima de si e para reconduzi-lo à contemplação da natureza. "A idéia do belo escapa ao espírito inexperiente e mesmo os mais versados dificilmente são capazes de reconhecê-la": isso significa que a teoria do Renascimento, que não queria nem podia sacrificar à Idéia o *credo* realista adquirido a tão duras penas, transformara tão completamente o sentido da noção de Idéia que este podia, desde então, conciliar-se com esse mesmo *credo*, e até reforçá-lo. Para um autêntico neoplatônico como Petrarca, o poder de tornar visível a beleza pelo desenho e pela cor só parecia explicável por uma visão celeste[135]. Alberti acreditava, por sua vez, que a faculdade de perceber em espírito a beleza só podia ser adquirida pela experiência e pelo exercício. De fato, se Cennini[136], e depois dele Leonardo[137], conferiam ao artista o poder de emancipar-se da realidade, modificando e inventando, nenhum pensador do Renascimento teria ousado considerar, como Díon ou Cícero, que a beleza fosse filha da imaginação.

É significativo que um longo tempo tenha transcorrido até que a teoria italiana da arte conferisse à noção de Idéia um alcance maior, e um tempo mais longo ainda até que ela tomasse claramente consciência das conseqüências dessa instauração. No que se refere a Alberti, ficamos apenas com essa declaração isolada e marginal. Quanto a Leonardo, tanto quanto podemos constatar, ele geralmente não utiliza o termo Idéia, e — o que é muito característico das concepções artísticas do alto Renascimento — o *Cortigiano* do conde Castiglione, que interpreta e celebra o amor num panegírico de inspiração totalmente platônica, baseia seu julgamento sobre a arte unicamente no critério da imitação adequada da natureza[138].

Somente Rafael, numa carta muito famosa endereçada justamente ao conde Castiglione em 1516, menciona a noção de Idéia, mas explica menos ainda do que Alberti o modo como devemos conceber as relações da "Idéia" com a "experiência", e até se recusa explicitamente a qualquer declaração sobre o assunto: "Para pintar uma bela mulher", diz ele, "eu deveria olhar mulheres mais belas ainda, e evidentemente com a condição de que me ajudeis nessa escolha; mas como existem tão poucas belas mulheres quanto bons juízes para decidir a respeito, sirvo-me pois de uma certa idéia que me vem ao espírito. Não posso dizer se ela contém algum valor artístico; já peno o suficiente para possuí-la."[139] Essas observações notáveis, que dissimulam tão delicadamente a confissão de um artista sob a saudação endereçada a um grande conhecedor de mulheres, e que de maneira nenhuma devem ser pesadas na balança da crítica da teoria do conhecimento, significam no entanto alguma coisa: por um lado, Rafael tinha consciência de só poder se inspirar, para fazer o retrato da mulher ideal, numa "representação interior", independente de todo objeto singular; por outro, ele não atribuía nem valor normativo, nem origem metafísica a essa representação interior, a ponto de só poder definir sua essência pela expressão: uma "certa idéia"*. Esta lhe vem espontaneamente ao espírito, mas ele não sabe nem quer saber

* "*Certa idea*", o que significa também uma idéia precisa e "determinada". (N.T.F.)

se ela contém algum valor e alguma verdade. E, se lhe perguntassem de onde ela provinha, certamente não teria negado que era a soma das experiências sensíveis que se transformava de algum modo numa imagem interior e espiritual (mais ou menos no sentido em que Dürer fala "de um tesouro reunido nas profundezas do coração", que aparece apenas quando o artista, "graças a muitos expedientes, encontra-se em plena posse de seu gênio", e de cuja riqueza ele extrai o poder de produzir em seu coração uma "criatura nova" e de conferir-lhe "a forma de uma coisa"[140]). Mas sua última palavra, aqui também, teria sido: "Eu não sei."[c]

Apenas Vasari — que não deixou de sofrer a influência das teorias da arte do recente Maneirismo, e isso apesar da orientação intensamente passadista de suas opiniões sobre a teoria da arte — mostra-se mais explícito na segunda edição de suas *Vidas*, mas jamais vai além de uma simples constatação de fato, abstendo-se de concluir seus fundamentos filosóficos e implicações teóricas[141]. Em Alberti — pois Rafael, como vimos, não se pronunciou absolutamente sobre a questão — a "idéia das belezas"[c], que para ele conserva ainda algo de sua aura metafísica, parece efetivamente depender da "experiência", mas ainda não nos é dito que ela tenha sua origem na "experiência"; ela tem por morada favorita, por assim dizer, o espírito que conhece a natureza, de preferência àquele desprovido de intuição concreta. Mas falta ainda a afirmação de que essa idéia, para falar em termos kantianos, seria "deduzida" dos objetos da natureza. Eis, em contrapartida, o que lemos em Vasari: "O desenho, que é o pai de nossas três artes[142], produz, a partir de uma multiplicidade de coisas, um julgamento universal[c] comparável a uma forma ou uma idéia que abranja todas as coisas da natureza e que, em todas as suas proporções, seja ela própria inteiramente submetida a regras. Resulta daí que o desenho, em tudo o que concerne ao corpo dos homens e dos animais, mas também às plantas e às edificações, às pinturas e às esculturas, conheça as proporções que existem entre o todo e suas partes, e as que unem as partes entre si e ao todo. Ora, esse conhecimento está na origem de um julgamento determinado que no espírito dá forma a essa coisa da qual a mão traçará mais tarde os contornos e que se chamará 'desenho'; pode-se portanto concluir que o desenho nada mais é do que a criação de uma forma intuitivamente clara e correspondente ao conceito que o espírito contém e se representa, e do qual a idéia é de certo modo o produto.''[143] Nessa passagem, a idéia recebe da experiência, portanto, não apenas sua condição de possibilidade, mas precisamente sua origem; ela não somente está ligada à intuição do real, como ela própria é essa intuição, à qual a atividade do espírito, escolhendo no múltiplo o particular e reunindo as particularidades escolhidas numa totalidade nova, confere mais clareza e universalidade. Essa concepção introduz uma primeira inversão de significação no conceito de idéia que doravante adquire um sentido naturalista, e tal inversão pressupõe e manifesta um desconhecimento completo da teoria platônica das Idéias, para não falar da teoria plotiniana[144]; introduz também uma segunda inversão que se opera num sentido funcionalista: dado que a idéia já não preexiste à experiência nem existe *a priori* no espírito do artista, mas se apresenta ao contrário como o produto da experiência da qual decorre *a posteriori*, verifica-se, de um lado, que ela já não é o duplo nem o arquétipo, mas é o derivado da realidade sensível, e, por outro lado, que ela já não se apresenta como um conteúdo que seria dado ou como um objeto que seria transcendente ao conhecimento humano, mas antes como um produto deste. Pode-se aliás observar, a partir da linguagem corrente, uma consciência mais clara dessa mudança de sentido. A partir de agora, a idéia não "reside" ou não "preexiste" mais na alma do artista, como era dito em Cícero[145] e em Tomás de Aquino[146]; tampouco ela lhe é "inata", conforme a expressão típica do Neoplatonismo[147]; muito pelo contrário, ela "vem ao espírito"[148], "nasce"[149], é o "produto"[150] ou uma "aquisição"[151] da realidade, sendo realmente "modelada e esculpida"[152]. Na metade do século XVI, difunde-se o hábito de entender por "*Idea*" a faculdade da representação, bem mais do que o conteúdo da representação artística, de sorte que a expressão equivale ao termo "imaginação"[c153] e se tornam possíveis figuras de linguagem como as que aparecem no final da citação de Vasari: "o conceito que foi modelado na Idéia"[154], ou ainda: "as coisas que são imaginadas na Idéia"[155], "a forma do corpo que, graças à Idéia, acha-se fixada em mim"[156], "a forma do corpo que é desenhada na idéia que o artista possui"[157], etc.

Vemos assim que o problema "do sujeito e do objeto" está doravante maduro e pronto a receber uma solução de princípio; com efeito, já que compete ao sujeito obter por si mesmo e a partir da realidade as leis da criação artística em vez de pressupor sua existência para além da realidade e dele próprio, coloca-se quase necessariamente a questão de saber em que momento e por que razões ele tem o direito de pretender que concluiu rigorosamente essas leis. Mas — o que é bastante significativo — apenas a concepção propriamente "maneirista" da arte chegaria a propor de fato essa solução de princípio ou, pelo menos, reivindicá-la de forma consciente. Isso porque a doutrina das Idéias, modificada pelo Renascimento, justamente havia contribuído para resolver para ele o problema do sujeito e do objeto antes mesmo que ele tivesse sido explicitamente colocado: a "*Idea*", que o artista produz em seu espírito e manifesta por seu desenho, não provém dele, mas sim da natureza por intermédio de um "julgamento universal"[c], o que significa que ela se acha prefigurada e como que em potência nos objetos, mesmo que seja conhecida e realizada em ato só pelo sujeito. É muito significativo que Vasari, para explicar como se chega à idéia, baseie-se no fato de que a natureza em suas produções submete-se tão bem a leis e é tão conseqüente consigo mesma que se pode sempre conhecer o todo pela parte e "o leão por suas garras"[d]. Sem ter formulado explicitamente essa teoria ou sem sentir a necessidade disso, como acontecerá mais tarde[158], o Renascimento considera perfeitamente normal que a idéia, aliás obtida da intuição sensível pelo artista, manifeste ao mesmo tempo as intenções próprias de uma natureza cujas produções são submetidas a leis, que o sujeito e o objeto, o espírito e a natureza não mantenham relações de hostilidade nem sequer de oposição, mas que, pelo contrário, a idéia, ela própria extraída da experiência, lhe seja necessariamente conforme, embora completando e mesmo substituindo essa experiência. É assim que Rafael e, um ano depois dele, o clássico Guido Reni[159] puderam dizer que, na falta de modelos suficientemente belos, utilizavam uma "certa idéia"[c]; do mesmo modo, um espanhol mais tardio, mas perfeitamente de acordo com o espírito do classicismo, pôde dar a fórmula característica das relações recíprocas que existem entre a visão da natureza e a produção das Idéias, dizendo que o bom pintor deve retificar suas representações interiores recorrendo à visão da natureza, mas que na ausência desta ele pode, não obstante, utilizar as "maravilhosas Idéias que adquiriu". "Pois a perfeição consiste num vaivém das Idéias ao modelo natural e do modelo natural às Idéias."[160] A doutrina das Idéias própria à teoria da arte do alto Renascimento, na medida em que se refere ao problema da beleza — e o fato de isso ocorrer de novo constitui a diferença essencial que a separa da teoria da arte da Idade Média —, apresenta-se portanto como a forma "espiritualizada" da antiga teoria da escolha eletiva, no sentido de que a beleza espiritual não se obtém pelo acordo externo das partes mas pela síntese interior dos casos particulares[161]. A própria Antiguidade, por mais habituada que estivesse à teoria da escolha eletiva, sempre se absteve de identificar com a "Idéia" o "paradigma" obtido pela escolha da maior beleza. Ela interpretava o conceito dessa "Idéia" não no sentido de um equilíbrio, mas no sentido de uma independência entre o espírito e a natureza. Já o Renascimento interpretou o conceito de Idéia — ainda que essa tese só tenha sido explicitamente formulada pelo classicismo do século XVII[162] — no sentido de uma concepção da arte que é específica dos tempos modernos, com a característica essencial de transformar o conceito de Idéia no de "Ideal" e de identificar o mundo das Idéias com um mundo de realidades superiores. Ao mesmo tempo a Idéia é despojada de sua nobreza metafísica, mas, conseqüentemente, é lógico que ela se harmonize maravilhosamente com a natureza. Ela é o produto do espírito humano, mas exprime ao mesmo tempo as leis que estão prefiguradas nas coisas, e nisso se afasta da subjetividade e do arbitrário. Assim ela realiza fundamentalmente, por meio de uma síntese intuitiva, o que as pesquisas de um Alberti, de um Leonardo e de um Dürer em matéria de proporções haviam buscado obter por meio de uma síntese discursiva, reunindo um importante material de observações referendado pelo julgamento universal; ou seja, ela realiza o aperfeiçoamento do "natural" pela arte.

Mas Vasari, na citação feita acima, responde menos à questão da realização da beleza pelo artista do que à de sua representação propriamente dita, isto é, à questão relativa ao "desenho"[c]. A filosofia da Idade Média, de orientação aristotélica, não havia associado ao termo "Idéia" — ou, mais exatamente, quase-Idéia — o sentido de uma "idéia das belezas"[c] (que só posteriormente, depois de reanimado pelo Platonismo do Renascimento, haveria de adquirir o sentido de "Ideal"), mas o de uma representação puramente espiritual, fosse o objeto correspondente belo ou não. É evidente que tampouco o Renascimento podia renunciar ao conceito de idéia tomado nesse sentido amplo, ou seja, também ele conferia à idéia o sentido de ''pensamento''[c] e ''conceito''[c]; mas é igualmente evidente que era preciso inverter num sentido funcionalista e *a posteriori* a noção de ''representação artística'', assim como a ''Idéia de beleza'' propriamente dita: o que parecia levar o artista a ''conceber'' e a ''projetar'' uma obra sempre diferente era esse mesmo ''julgamento universal''[c] que lhe permitia representar-se a beleza (ou, ao contrário, a feiúra)[163] de uma coisa. À possibilidade, garantida pela *Idea*, de uma preeminência da forma, que provinha de uma visão da natureza mas que nem por isso deixava de superar todos os objetos existentes, correspondia a possibilidade de uma representação da forma que provinha igualmente dessa mesma visão, mas permanecia independente dela. Portanto o termo ''*Idea*'' no século XVI (mesmo que, adotando o ponto de vista da linguagem corrente, entendamos essa idéia no sentido de faculdade de imaginação ou de representação, isto é, não no sentido de ''forma'' ou de ''conceito'', mas no de ''entendimento'' ou ''imaginação''[d]) pode possuir em teoria da arte duas significações essencialmente diferentes.

1) (em Alberti e Rafael, por exemplo): *Idea* designa a representação que se tem de uma beleza que supera a natureza, no sentido em que se entenderá, só mais tarde, o conceito de ''Ideal''.

2) (por exemplo em Vasari, entre outros): *Idea* designa a representação que se tem de uma imagem independente da natureza e possui a mesma significação que as noções de ''pensamento[c]'' ou de ''conceito''[c], as quais, desde os séculos XIII e XIV, eram utilizadas nesse

sentido[164]. Tal sentido do termo *Idea* (que prevalecerá por todo o *Cinquecento* e só recuará no século XVII diante da noção de Ideal, fixada a partir de então) designa portanto toda representação artística que, inicialmente projetada no espírito do artista, preexiste à sua representação exterior[165], podendo justamente indicar o que nos habituamos a chamar de "tema" ou "projeto"[166].

Mas essas duas significações nem sempre eram claramente distinguidas, e nem poderiam sê-lo, dado que a segunda poderia, em certos casos, incluir a primeira em virtude de sua acepção mais ampla (por isso às vezes se acrescenta expressamente ao termo "*Idea*" o qualificativo "bela"[c] ou "formosa"[e 167]). Aliás, elas acabavam por se harmonizar entre si na medida em que, em ambos os casos, seja no registro da realização da beleza ou no da representação artística, a relação entre o sujeito e o objeto era sempre concebida como uma relação de perfeita correspondência.

A teoria da arte do Renascimento, vinculando assim a produção da Idéia à visão da natureza, e situando-a doravante numa região que, sem ser ainda a da psicologia individualista, já não era a da metafísica, dava o primeiro passo em direção ao reconhecimento daquilo que nos habituamos a chamar de "Gênio". Aliás, os pensadores do Pré-Renascimento desde o início haviam pressuposto, em face da realidade do objeto de arte, a realidade da subjetividade do artista (do mesmo modo que a invenção da perspectiva centrada[a] significara a afirmação simultânea do objeto visível e do olhar suscetível de vê-lo); mas, conforme vimos, esses mesmos pensadores também acreditaram na existência de leis transcendentes ao sujeito e ao objeto, que pareciam submeter o processo da criação artística a uma instância de ordem mais elevada, e cuja aceitação incondicional contradizia no fundo uma concepção da criação baseada na liberdade do gênio artístico. O conceito de Idéia em seu sentido artístico iria restringir pouco a pouco a validade dessas regras transcendentes ao sujeito e ao objeto: o espírito do artista, ao qual se reconhecia o poder de transformar intuitivamente a realidade em Idéia e de proceder livremente a uma síntese do dado objetivo, já não tinha a menor necessidade desses "reguladores", válidos *a priori* ou empiricamente estabelecidos, que constituíam por exemplo as leis matemáticas, a aprovação da opinião pública e os testemunhos dos autores antigos; tinha, ao contrário, o direito e o dever de atingir com suas próprias forças esse "conhecimento perfeito do objeto inteligível"[c] que *Idea* passará a designar na linguagem dos séculos XVI e XVII[168]. E uma afirmação, quase kantiana, como a de Giordano Bruno, segundo a qual o artista é o único autor das regras, e segundo a qual só haverá regras verdadeiras na medida em que houver, e enquanto houver, verdadeiros artistas[169], só poderia adquirir todo o seu sentido em relação à teoria das Idéias. Mas — e isso é decisivo — o Renascimento propriamente dito foi tão incapaz de sublinhar de maneira explícita, ou mesmo polêmica, o papel da genialidade artística quanto de formular, também explicitamente, a existência do conceito de "Ideal". Ele não tinha consciência, com efeito, de que houvesse contradição entre o gênio e as regras, tampouco entre o gênio e a natureza. Ora, é precisamente o conceito de Idéia, tal como foi "re-semantizado'' na época, que permite conciliar claramente essas oposições de sentido que, a bem dizer, não representavam ainda contradição; é também o conceito de Idéia que ao mesmo tempo garante e limita a liberdade do espírito do artista em relação às exigências da realidade.

IV

O "MANEIRISMO"

Uma inspiração tranqüila e sem problemas caracteriza a teoria da arte do Renascimento; ela corresponde perfeitamente a uma tendência, manifesta em todas as criações da época, e consiste em harmonizar o que parece ser mais oposto. Ora, na literatura dedicada à teoria da arte na segunda metade do século, época geralmente definida como a do início do Barroco, essa inspiração pouco a pouco dá lugar a uma outra bem diferente. É difícil, sem dúvida, na configuração intelectual que essa literatura propõe, isolar os traços radicalmente novos, e praticamente impossível reuni-los sob um conceito único. Com efeito, é significativo que a consciência cultural dessa época se apresente ao mesmo tempo como revolucionária e tradicionalista, procurando simultaneamente isolar e unificar as tendências artísticas existentes. Enquanto o Renascimento queria romper incondicionalmente com a Idade Média, o Barroco que se inicia quer ao mesmo tempo ultrapassar e continuar o Renascimento; e se antes havia diferentes "escolas" que se distinguiam pelos métodos praticados mas não pelos objetivos teóricos, a partir de agora diversas "orientações", oriundas dessas escolas, começam a se defrontar e a lançar por escrito doutrinas e programas, embora permanecendo, em certos pressupostos fundamentais, mais próximas entre si do que essas mesmas escolas (os "gêneros" da pintura histórica, do retrato e da paisagem começam igualmente a descobrir suas regras próprias, mas guardando entre si numerosos pontos de contato). Daí que possamos, numa época que prepara simultaneamente o alto Barroco e o Neoclassicismo, discernir pelo menos três estilos, cujas correntes com freqüência se enfrentam e ao mesmo tempo se compenetram; a primeira corrente, relativamente moderada, busca continuar a trama de pensamentos do Classicismo (sua expressão mais pura é Rafael) e prolongá-la, mas apenas no sentido da nova evolução; quanto às duas outras correntes, relativamente extremistas, uma concerne sobretudo a Correggio e a outros pintores da Itália do Norte, procurando fazer ressaltar o sentido da cor e da luz; a outra, que representa o "Maneirismo" propriamente dito, busca ultrapassar o Classicismo por caminhos que lhe são inteiramente opostos, isto é, modificando e agrupando de outro modo as formas plásticas como tais[170]. Essa situação é complexa, porém menos do que antes (pois a tendência naturalista, que na opinião dos antigos historiadores da arte aparece repentinamente e na forma mais pura em Caravaggio, na verdade foi como que atravessada e preparada por outras tendências)[171]. O reflexo natural e a expressão, propriamente, de tal situação encontra-se a partir de agora na teoria da arte, que reúne todas as tendências da época para pesar-lhes as vantagens respectivas ou para opô-las entre si; mas, por várias razões[172], essa teoria da arte favorece sobretudo o retorno ao passado e o Classicismo tardio. Em primeiro lugar reencontramos, entre os historiadores da segunda metade do século, e sob uma forma inalterada e até acentuada, as mesmas exigências de pensamento já expressas por Alberti e Leonardo; elas até mesmo constituem, ainda nessa época, o repertório essencial do sistema geral da teoria da arte, a tal ponto que é preciso um exame meticuloso antes de poder estabelecer que uma publicação datando de 1580 ou de 1590 é de fato a expressão específica da "vontade artística" da época. Para mencionar apenas dois exemplos, a teoria da arte permanece ainda intensamente ligada ao postulado da "harmonia das proporções"[b], embora na prática esse postulado pareça doravante sacrificado por uma multiplicidade de ideais diferentes; inversamente, o preceito à primeira vista tão tipicamente barroco, que sugere representar, numa cena de dor, um personagem em prantos contemplando o espectador para fazê-lo participar de sua tristeza, remonta na verdade a uma prescrição de Alberti[173]. Em segundo lugar, a pintura lombardo-veneziana lança-se numa direção que é igualmente teórica, protestando mais ou menos abertamente contra os fanáticos do "desenho"[c], quer sejam florentinos ou romanos (por exemplo, Paolo Pino, Lodovico Dolce e, em certa medida, G. Battista Armenini[174]); finalmente, em terceiro lugar, os tratados da época, por uma série de inovações totalmente específicas, exprimem a tendência "maneirista" em sentido estrito, tal como aparece principalmente nas obras de Parmigianino, Pontorno, Rosso, Bronzino, Allori, Salviati ou, para citar escultores, nas de Gianbologna, Danti, Rossi, Cellini (mas tal como influencia também, de forma mais ou menos decisiva, a arte de um Tintoretto ou de um Greco, quem sabe até a de um Peruzzi ou de um Siciolante da Sermoneta); a inovação mais fundamental deve-se talvez ao fato de que se desenvolve e se transforma sistematicamente a teoria das Idéias que, entre os teóricos do Renascimento propriamente dito, não havia ainda recebido sua plena significação.

A frase já citada de Giordano Bruno, segundo a qual só existem verdadeiras regras na medida em que há verdadeiros artistas, é apenas um sintoma isolado na revolta quase apaixonada que se desencadeia contra a rigidez das regras, e particularmente das regras matemáticas; assim como a arte tipicamente maneirista rompe e curva as formas equilibradas e universalmente aceitas do Classicismo, em proveito de um sistema mais intenso de expressões, de sorte que não é raro ver personagens com mais de dez cabeças e as formas torcendo-se e curvando-se como que desprovidas de ossos e articulações, também a representação do espaço, cuja agradável clareza, em seu pleno apogeu, repousava sobre uma teoria racional da perspectiva, desaparece em proveito de uma maneira peculiar e quase medieval de compor, que amontoa as formas num único plano, provocando "uma sobrecarga freqüentemente insuportável"[175]. (Dizemos quase de uma maneira medieval porque a plasticidade que as formas individuais devem ao Renascimento não desaparece, mas simplesmente se opõe à ''superficialidade'' característica da ''visão totalizante''; ora, essa oposição era desconhecida da arte medieval, que procedia colocando-se no simples ponto de vista da ''superficialidade''.) Do mesmo modo, a teoria da arte institui uma crítica muito intensa e plenamente consciente de si mesma, que adere à contestação da teoria das proporções de Dürer por Miguel Ângelo[176] e ataca os esforços da antiga teoria da arte para conferir à representação que o artista oferece do mundo uma racionalidade de tipo científico e sobretudo matemático. Sabemos que Leonardo havia se esforçado por determinar os movimentos do corpo humano em relação às leis das forças e da gravidade, e até por calcular numericamente as transformações trazidas por esses movimentos às proporções[177]. Piero della Francesca e Dürer, por sua vez, procuravam obter ''escorços'' utilizando um método de construção geométrico. Em suma, todos esses teóricos concordavam em pensar que as proporções do corpo humano, tomado em repouso, deviam ser rigorosamente estabelecidas pelas matemáticas. Ora, é um ideal novo que doravante se apresenta a nós: o da ''figura serpentina''[c], isto é, da figura em forma de S. Em virtude da irracionalidade que caracteriza suas proporções e seus movimentos, compara-se essa figura a uma língua de fogo[178]. Até se aconselha expressamente que a teoria das proporções não seja excessivamente valorizada: se convém certamente conhecê-la, na maioria dos casos deve-se dispensá-la (e dispensá-la totalmente no caso das figuras em movimento): ''Pois freqüentemente os personagens que criamos inclinam-se, levantam-se ou se voltam, estendem os braços ou os recolhem, de modo que devemos aumentar ou diminuir suas proporções para que tenham graça; ora, eis algo que não pode ser ensinado, mas que o artista deve aprender 'com julgamento baseado no natural'[c]. "[179]

As matemáticas, que o Renascimento considerava e apreciava como o fundamento mais seguro das artes plásticas, são agora atacadas com ódio. Ouçamos, por exemplo, Federico Zuccari, porta-voz das idéias especificamente "maneiristas": "Digo que a arte de pintar — e sei que digo a verdade — não toma seus princípios das ciências matemáticas e não tem a menor necessidade de dirigir-se a elas para aprender as regras ou os procedimentos indispensáveis à sua prática, e mesmo para se esclarecer especulativamente sobre o assunto... Certamente concordo que todos os corpos na natureza oferecem proporções e dimensões, como testemunha Aristóteles; mas se quiséssemos deduzir daí que todas as coisas devem ser contempladas e conhecidas por referência à especulação teórico-matemática, e que é preciso trabalhar conforme essa especulação, o resultado, sem falar do trabalho intolerável, seria uma perda de tempo sem nenhum proveito. Um de nossos colegas artistas (Dürer) dá-nos a prova: embora pintor excelente, queria, em razão de seu temperamento próprio, basear sua representação do corpo humano em regras matemáticas... Ora, os pensamentos do artista não devem simplesmente ser claros, devem também ser livres; o espírito do artista deve ser aberto e não submisso, isto é, não deve depender mecanicamente de semelhantes regras."[180]

Contudo, é por um dualismo e uma tensão internos que se caracteriza desde então o momento da arte "maneirista"; a despeito de uma liberdade que se manifesta na maneira de compor, essa arte aspira mesmo assim a unificar de forma estrita a totalidade do quadro; não se contenta em esboçar as figuras utilizando a mera cor, mas delimita-as rigorosamente e trabalha sua anatomia, inspirando-se com freqüência mais apaixonadamente na Antiguidade do que o fazia o próprio Renascimento clássico[181]; por outro lado, a arte maneirista recusa o lado impetuoso e desenfreado do espaço barroco tanto quanto a ordem e a estabilidade reguladas do espaço renascentista, e é antes seu sentido da "superficialidade" que lhe permite "ligar" mais estritamente as figuras; assim, às profissões de fé concernentes à liberdade do artista opõe-se a crença na possibilidade de ensinar e de aprender, isto é, de sistematizar o que depende da criação artística; e o temor que o arbitrário da subjetividade suscita contribui talvez para reforçar essa crença. Pois essa época, que defende com tanto ardor a liberdade do artista contra a tirania das regras, faz também da arte um "cosmos" racionalmente ordenado, cujas leis devem ser conhecidas mesmo pelo artista mais dotado, e podem ser conhecidas até pelo menos dotado; é assim que Danti, que rejeita categoricamente a esquematização matemática das formas e dos movimentos corporais[182], atribui no entanto ao método anatômico um valor absoluto — uma vez que, para orientar-se em arte, é preciso encontrar um método "científico", qualquer que seja. Danti diz claramente que essa "regra de verdade"[c], que é a anatomia, deve ser utilizada[183] tanto pelos artistas natos quanto pelos outros (entre os quais ele se inclui). E, embora se afirme bem menos do que no passado que uma simples e única proporção detém as normas de beleza, embora se procure propor, ao contrário, uma maior escolha de tipos artísticos, o já mencionado Zuccari não hesita, apesar de toda a sua repugnância pela ''teoria matemática''[c], em fixar numericamente esses tipos e delimitar precisamente o domínio de aplicação de cada um deles[184]. O próprio Lomazzo, que havia instituído o ideal da figura serpentina, retoma no detalhe as proporções de Dürer, não obstante tão desacreditado; e sua teoria dos ''movimentos expressivos'', que Lomazzo elabora bem mais detalhadamente do que se costumava fazer antes dele, significa apenas, a despeito ou justamente por causa da rica ''diferenciação'' de suas análises, a preocupação de racionalizar o que escapa a qualquer racionalização[185].

A novidade fundamental, aqui, é menos a existência dessas oposições, mas antes o fato de que elas começam a ser percebidas ou pelo menos sentidas mais claramente como tais; é também o fato de que as teorias da arte criticam mais conscientemente, doravante, as tendências que eram tomadas como óbvias na época precedente e procuram, embora o resultado dessa tentativa permaneça duvidoso, escapar às aporias das quais se acabava de tomar consciência. Ora, o que vale para o problema ''do gênio e das regras'' vale também para o problema ''do espírito e da naturèza'', e, através desses pares de termos antitéticos, é a mesma e importante oposição do ''sujeito'' e do ''objeto'' que se exprime.

Claro que isso não representa, em si, nada de muito novo; tal oposição já existia quando se exortava o artista a embelezar os dados da realidade e se exigia, por outro lado, que ele desse provas de extrema fidelidade à natureza. O que é novo é antes a consciência da oposição que existe entre esses dois "postulados" relativos ao aperfeiçoamento ou à imitação do real. A lógica da antiga pintura, que admitia simultaneamente os dois postulados, metamorfoseia-se assim numa lógica nova que impõe escolher ou um ou outro. Vincenzo Danti, por exemplo, distingue expressamente o ato de "retratar"[c], que reproduz a realidade tal como se vê, do ato de "imitar"[c], que a reproduz tal como se deveria vê-la[186]; ele procura inclusive, acentuando a oposição dos dois procedimentos, separar nitidamente os respectivos domínios aos quais se aplicam; segundo ele, o procedimento do "retratar"[c] é suficiente para representar as coisas que já são belas por si mesmas, ao passo que é preciso recorrer ao do "imitar"[c] para representar as que são defeituosas[187]. (É assim que o Maneirismo aceitava que a pintura de gênero constituísse um tipo de arte independente, mas com a condição de que as cozinheiras e os carniceiros fossem representados segundo as formas ideais utilizadas por Miguel Ângelo para a raça de seus heróis.) O feliz compromisso estabelecido até então entre o sujeito e o objeto vê-se assim, podemos dizer, irremediavelmente destruído, e o espírito do artista — em face dessa situação de liberdade e portanto também de incerteza que marca a evolução da segunda metade do século XVI — começa a experimentar, em presença da realidade, um sentimento misto de soberania e precariedade.

De um lado, a insatisfação suscitada pela simples "realidade" irá exprimir-se por uma desvalorização desprezivа diante dela, desconhecida na época precedente ("Rio daqueles que valorizam tudo o que é natural", afirma um autor da época[189]; fala-se também dos "erros" da natureza, que devem ser "corrigidos"[189]). Por outro lado, que modéstia exprime-se em Dolce que, por volta de 1590, e além de tudo em Veneza, escreve: "O pintor não deve apenas aplicar-se em imitar a natureza, mas deve ainda, em parte, superá-la — e digo em parte porque, quanto ao resto, já será maravilhoso se ele conseguir imitá-la de forma aproximada."[190] Vasari, que nesse ponto preparava o terreno para as concepções maneiristas, havia interpretado o "desenho" como a expressão visível do conceito formado no espírito e pensava que o conceito, por sua vez, derivava da contemplação dos dados concretos; mas seus sucessores[191] haveriam de transformar essa interpretação ainda muito "mediatizante" do conceito numa concepção por assim dizer estritamente conceitualizada, sob certos aspectos semelhante à representação que se fazia na Idade Média da própria essência da criação artística; o resultado é que doravante o desenho é respeitado[192] por ser como que a "viva luz" e o "olhar interior" do espírito[193]. Também como resultado, a arquitetura, a escultura e, num certo sentido, a pintura são incumbidas da missão de realizar e exteriorizar, recorrendo a procedimentos técnicos, o "desenho" produzido imediatamente no espírito[194]. Mesmo o termo retrato, que num plano meramente lingüístico significa já uma relação imediata de imitação (retrato = retratar)[c], é às vezes derivado de uma "Idéia ou de uma forma"[c] dotada de intelectualidade e universalidade[195]. Embora seja natural que nessa época tal "Idéia" ou "Conceito"[c] não pudessem designar algo de simplesmente subjetivo ou de puramente "psicológico", surge no entanto a questão de saber como pode o espírito formar nele mesmo uma representação desse tipo, pois esta não pode se originar nem da simples natureza, nem unicamente do homem. Tal interrogação conduz aliás, em última análise, à questão da possibilidade da criação artística em geral.

Essa teoria, baseada na soberania do conceito e que havia minado os pressupostos teóricos do Renascimento ao duvidar da validade incondicional das "regras" e da incondicional normatividade das impressões naturais, essa teoria via também na produção artística a expressão concreta de uma representação espiritual, e considerava que a "invenção"[c] dos próprios conteúdos figurativos devia antes ser imaginada pelo artista do que tomada das tradições bíblica, poética ou histórica[196]; por outro lado, ela não cessava de exigir para o conjunto da criação artística fundamentos e normas universalmente obrigatórios; ora, essa mesma teoria levantaria pela primeira vez um problema fundamental que o período precedente não julgara necessário colocar: o das relações entre o espírito e a realidade sensível. Deste modo a teoria da arte via abrir-se diante dela um abismo até então oculto e sentia a necessidade de preenchê-lo desenvolvendo toda uma especulação filosófica que conferiria um caráter radicalmente novo aos escritos teóricos sobre arte publicados na metade do século. Se até então seu objetivo fora dar à criação artística seus *fundamentos práticos*, doravante a teoria da arte deveria tentar estabelecer sua *legitimidade teórica*; assim ela recorreu à metafísica, a única capaz de garantir as pretensões do artista quando reivindica para suas representações interiores uma validade transcendente à subjetividade quanto ao rigor e à beleza. Portanto é muito injusto censurar a teoria da arte por orientar-se, de forma cada vez mais decisiva, para a especulação. Acreditamos ter mostrado que essa época, por uma inexorável necessidade, viu-se confrontada com problemas que só era possível resolver pela especulação; o reconhecimento de tais problemas levaria os teóricos das belas-artes aos caminhos que tomavam, mais ou menos na mesma época, os fundadores da poética moderna, como Scaligero e Castelvetro. Do ponto de vista da história das idéias, os volumosos tratados de Comanini, Danti, Lomazzo, Zuccari e Scanelli, com sua maneira de afastar-se da utilidade imediata e, por assim dizer, daquilo que é "vivo", representam uma transição importante, e talvez indispensável, entre a época de Alberti e Leonardo e a nossa; em breve os escritos sobre arte irão passar das mãos dos artistas para as dos aficcionados, letrados e filósofos, de modo a constituir uma "estética" normativa e finalmente uma "ciência das belas-artes" no sentido interpretativo e atual do termo. Mas o itinerário que conduz da prática artística à ciência da estética "pura" passou, mais de uma vez, pelo "abscôndito".

Constatamos portanto que as questões tradicionais: "Como oferece o artista uma representação rigorosa da coisa?", "Como representa o artista algo de belo?", rivalizam agora com uma questão inteiramente nova: "Como são possíveis em geral a representação artística e sobretudo a representação do belo?" Vemos também que, para responder a essa questão, recorria-se a tudo o que na época era proposto como especulação metafísica, ou seja, ao sistema da escolástica medieval baseado essencialmente no Aristotelismo, bem como ao Neoplatonismo, restaurado a partir do século XV. Mas em ambos os casos — o que para nós é altamente instrutivo — o que se produz é o mesmo. Somente a partir do momento em que se percebem todas as suas implicações e ela ocupa o centro da teoria da arte, é que a teoria das Idéias recebe estas duas missões: primeiro, permitir à consciência teórica abordar um problema que não havia sido ainda colocado com acuidade; segundo, indicar o meio de resolver esse problema. Durante o Renascimento, os teóricos da arte não pensavam ainda com rigor a noção de *Idea*, e não avaliavam sua importância; assim ela contribuía para furtar aos olhares o abismo que separava o espírito da natureza, enquanto agora o torna visível ao enfatizar mais a personalidade do artista e ao deslocar a atenção para o problema "do sujeito e do objeto". Mas, simultaneamente, procura-se tapar de novo esse abismo invertendo a significação metafísica da Idéia e, por causa dessa própria inversão, ultrapassando a oposição do sujeito e do objeto em proveito de uma unidade transcendente mais elevada.

A orientação aristotélico-escolástica dessa teoria especulativa afirmava-se já no *Tratado* do milanês Lomazzo, publicado em 1584; ela encontra seu apogeu no texto doutrinal publicado em 1607 por Federico Zuccari, de quem já mencionamos os protestos apaixonados contra as matemáticas[197]. Sua obra-prima, *L'Idea de' pittori, scultori ed architetti*, é subestimada e mal compreendida pelos historiadores da arte[198]; ela merece porém consideração, pois pela primeira vez consagra um livro inteiro ao estudo de um problema puramente especulativo, que se resume à questão seguinte: como uma representação artística é em geral possível? Mas só se pode e deve responder a essa questão após ter examinado a origem e o valor dessa idéia interior, da qual se considera que a obra de arte seja a manifestação externa e visível, e após ter constatado que a idéia sai vitoriosa desse exame.

O autor começa — de acordo com o espírito de seu tempo e fiel ao método aristotélico-escolástico — por afirmar que a obra deve manifestar o que necessariamente primeiro se formou no espírito do artista. Ele define essa representação espiritual como um "Desenho interior"[c] ou como uma "Idéia"[c] (pois, segundo sua definição, o "Desenho interior" não é senão "uma forma ou uma Idéia que reside em nosso espírito e que designa, com explícita clareza, as coisas que este se representa"[199]); e, se Zuccari se recusa continuamente a utilizar a expressão "teológica"(!) "*Idea*", é apenas porque "se dirige, enquanto pintor, a pintores, escultores e arquitetos"; por outro lado, a representação no sentido da "prática" artística é sempre designada, quer se trate de pintura, de escultura ou de arquitetura, como um "Desenho exterior"[c]. A obra inteira divide-se assim em dois livros: no primeiro, a idéia aparece como uma "forma espiritual"[c] produzida no intelecto e na qual este reconhece, clara e distintamente, todas as coisas naturais (não apenas para perceber sua individualidade, mas em função de critérios gerais); o segundo livro trata da execução, utilizando as cores, a madeira, a pedra ou qualquer outro material[200].

O "Desenho interior", ou a "Idéia", precede a execução e é totalmente independente dela[201]; mas ele só pode — o que constitui uma diferença essencial em relação às concepções do Renascimento — surgir no espírito humano porque Deus deu a este essa faculdade, e porque, no homem, a idéia, no fundo, não é mais que uma centelha arrancada ao espírito divino, uma "scintilla della divinita"[202]. Embora tomando o termo de Platão para designar sua concepção de Idéia, Zuccari inspira-se bem mais, quanto ao conteúdo, no célebre texto de Tomás de Aquino, que ele cita com precisão (*Summa Theol.*, I, 1, 15)[203]. Ora, em sua origem e em sua verdade, essa Idéia não é senão o modelo interior ao intelecto de Deus que, ao imitá-lo, cria o mundo. (Assim se explica que, enquanto cria, Deus "desenhe" dentro e fora dele.) Num segundo momento, a idéia é a representação introduzida por Deus no espírito dos anjos que podem assim, embora sejam apenas puros espíritos, incapazes portanto de qualquer conhecimento sensível, ter acesso às imagens das coisas terrestres; pois é destas que se ocupam, seja para conhecê-las ou agir sobre elas, na qualidade de anjos protetores de certos homens ou de certos lugares[204]. Enfim, é só num terceiro momento que a idéia é a representação tal como se encontra no próprio homem. Essa idéia distingue-se essencialmente da que está em Deus ou nos anjos, pois, contrariamente à segunda, está na dependência da experiência sensível. Mas, de qualquer forma, é a prova da semelhança do homem a Deus, pois permite ao homem "criar um outro mundo inteligível" e "rivalizar com a natureza": "Afirmo que Deus, tendo em sua bondade criado o homem à sua imagem... quis dar-lhe uma representação completamente interior e intelectual, que lhe permitisse conhecer todas as criaturas e formar dentro dele um mundo novo; que lhe permitisse também, imitando Deus e rivalizando com a natureza, produzir, à semelhança das coisas da natureza, uma infinidade de obras de arte que fazem surgir na terra e desvendam aos nossos olhos, através da pintura e da arquitetura, novos paraísos. Mas, ao formar essa representação interior, o homem se conduz de forma inteiramente diferente de Deus. Pois, enquanto Deus possui uma representação única que, substancialmente, é perfeita e contém todas as coisas... o homem se oferece uma diversidade de representações que correspondem à diversidade dos objetos que ele se representa...; além disso, essa diversidade tem uma origem inferior, isto é, provém dos sentidos, conforme iremos expor em seguida."[205]

Não podemos reproduzir aqui as passagens onde Zuccari, tomando por ponto de partida o "Desenho interior"[c] (no final de sua obra ele interpreta etimologicamente esse desenho como um signo da semelhança divina — *Disegno = segno di dio in noi*[206]), que ele celebra como o "segundo sol do cosmos", como a "segunda natureza criadora" e como "o segundo espírito do mundo que vivifica e alimenta"[207], procura deduzir absolutamente tudo o que o entendimento humano produziu de válido, inclusive a filosofia[208], de um modo metafórico e completamente escolástico, ainda que não desprovido de espírito nem de interesse. Também não podemos reproduzir as passagens onde ele faz derivar do desenho a atividade do "intelecto especulativo"[c], o conhecimento, e do "intelecto prático"[c], a atividade interior, nem aquelas onde subdivide, para terminar, essa atividade interior em atividade moral e artística[209]. Pois aqui apenas o último termo nos interessa, o que designa o "Desenho interior, humano, prático e artístico" ("interior" opondo-se a "exterior", "humano" a "divino" ou "angélico", "prático" a "especulativo" e "artístico" a "moral"). Nesse ponto de nossa dissertação, a questão da possibilidade, para o artista, de "exteriorizar" o desenho que está nele recebe uma resposta clara. Pois, na medida em que participa da faculdade divina de criar as Idéias e em que se assemelha ao espírito divino, o intelecto humano é capaz de produzir dentro dele as "formas espirituais" de todas as coisas criadas e transferi-las para a matéria. Por uma espécie de predeterminação divina, resulta daí um acordo necessário entre os procedimentos do homem, criador de obras de arte, e os procedimentos da natureza, criadora da realidade; esse acordo assegura ao artista que existe uma correspondência objetiva entre suas próprias produções e as da natureza. Assim pode-se dizer, em plena concordância com Aristóteles e referindo-se textualmente a Tomás de Aquino, cuja teoria geral da arte é retomada aqui para as necessidades, mais particulares e restritas, de uma teoria das artes do desenho: "A razão profunda que faz com que a arte imite a natureza é que a representação interior ao artista, e conseqüentemente a própria arte, procede da mesma forma que a natureza para a produção de obras de arte. E se quisermos provar que a natureza é suscetível de ser imitada deveremos admitir que um princípio inteligente ensina-lhe seus objetivos e seus procedimentos...; ora, visto que a arte, essencialmente graças ao que chamamos de representação interior, observa nos seus modos de proceder as mesmas instruções que a natureza, a natureza pode ser imitada pela arte e a arte pode imitar a natureza.''[210]

Zuccari certamente não ignora que o homem é um ser corporal, conseqüentemente votado a um conhecimento proveniente dos sentidos, só podendo, portanto, formar suas representações interiores com base na experiência sensível. Mas, prevendo as objeções que o problema das relações entre conhecimento sensível e inteligível poderia levantar, ele se empenhou em garantir explicitamente à ''Idéia'' uma prioridade genética e sistemática sobre as impressões dos sentidos. Não é a percepção sensível que está na origem da formação das Idéias; ao contrário, é esta que (por intermédio da imaginação) põe em movimento a percepção sensível; os sentidos, de certo modo, só são convocados para esclarecer e animar as representações interiores[211]; em todo caso, eis o que ele responde à afirmação de que a representação intelectual e ideal, embora transmita ao espírito a luz inicial e o primeiro movimento, não pode operar todavia por suas próprias forças, o intelecto só conhecendo em geral por intermédio dos sentidos: ''Sutil objeção, mas nula e desprovida de sentido. Pois, assim como as coisas públicas são propriedade de todos, cada qual tendo a liberdade de servir-se delas... mas ninguém, exceto o príncipe, podendo erigir-se como seu senhor absoluto, também podemos dizer que o espírito e os sentidos estão submetidos à Idéia (Desenho) e que esta, à maneira de um príncipe, de um chefe ou de um senhor, serve-se deles como de sua propriedade e sem limitação."[212]

Repitamos: o que confere uma significação característica a toda essa especulação neo-escolástica sobre a arte e particularmente às considerações de Zuccari, aliás pouco acessíveis ao pensamento contemporâneo, não é somente o fato de se retomarem na teoria da arte — ainda que, por si só, isso já seja do mais alto interesse — certos raciocínios da escolástica medieval[213]; é sobretudo o fato de se colocar, pela primeira vez, o problema da possibilidade da representação artística enquanto tal. O recurso à escolástica é apenas um sintoma. O que é propriamente novo é essa transformação que afeta as disposições de espírito e torna precisamente possível e necessário esse recurso: o abismo entre o sujeito e o objeto é doravante claramente percebido, e será transposto quando se tiver tentado elucidar a fundo as relações existentes entre a produção das idéias e a experiência dos sentidos. Sem contestar a necessidade da percepção sensível, restitui-se no entanto à Idéia seu caráter de *a priori* metafísico, fazendo imediatamente decorrer do conhecimento divino o princípio que preside no espírito humano a produção das Idéias. Nessas condições, o "Desenho interior"[c], que tem a propriedade de trazer ao espírito humano a luz, o movimento e a vida, mas também de receber das percepções sensíveis sua clareza e perfeição, apresenta-se como um dom e mesmo como uma emanação da graça divina: o espírito soberano do homem, tendo chegado finalmente à consciência de sua própria espontaneidade, pensa não poder manter os direitos dessa espontaneidade em face da realidade sensível a não ser legitimando-a do ponto de vista da divindade[d]. O gênio conhece e afirma explicitamente agora sua própria sublimidade, mas a justifica em função de sua origem divina.

A essa justificação metafísica ou, melhor dizendo, teológico-metafísica da "representação artística em geral" corresponde uma tentativa análoga para justificar a produção do belo. Mas não podemos esperar encontrá-la numa obra como a de Zuccari. Pois este, a despeito de sua "teoria das Idéias", tinha uma visão essencialmente peripatético-escolástica e só podia resolver o problema do sujeito e do objeto instituindo um paralelo entre a "criação na natureza" e a "criação na arte". Ele tinha portanto toda a liberdade de reconhecer ao artista o poder de rivalizar com o real representando-se a totalidade das criaturas, independentemente de qualquer modelo[214], às vezes até inventando livremente todo tipo de "fantasias e coisas diversas e fantásticas"[c 215]. Mas não podia atribuir-lhe o poder de triunfar sobre ela "depurando-a" ou "enobrecendo-a". Com efeito, de acordo com a natureza humana — esse composto de "corpo", "espírito" e "alma"[216] —, a finalidade essencial da arte é aspirar a formas cuidadosamente delimitadas, a movimentos marcados de ousadia e vivacidade, bem como a uma espécie de graça e leveza no desenho e na cor. Para Zuccari, portanto, a finalidade essencial da arte representativa é levar o mais longe possível a imitação da natureza. "Eis aqui", exclama ele, após retranscrever uma série de anedotas a propósito do *trompe-l'oeil*, "qual o destino verdadeiro, autêntico e universal da pintura: ela deve imitar a natureza e todos os 'artefatos', deve iludir o olhar dos homens, mesmo dos mais sábios. Além disso ela possui, no repertório dos gestos, dos movimentos, dos olhares e dos rostos, um jogo tão vivo e tão verídico de expressões, que consegue revelar as paixões mais profundas, o amor e o ódio, o desejo, o medo e a alegria."[217]

Para Zuccari, como para todo bom aristotélico, o problema específico da beleza era e só podia ser um problema anexo em relação àquele mais geral da "enformação"[218]. Não é portanto nele, mas antes nos autores mais ou menos fortemente influenciados pelo Neoplatonismo[219], que podemos encontrar "esclarecimentos sobre o modo como o Maneirismo considerava o problema da beleza". Com efeito, o Neoplatonismo havia, desde a Antiguidade, atribuído em seu sistema um lugar central ao conceito de Beleza[b], no qual via uma superação da oposição metafísica entre a forma e a matéria[b]; na forma nova que adquiriu no Renascimento, demonstrara também um zelo particular na elaboração das teorias do belo. Ora, vimos que a teoria renascentista da arte começou por negligenciar as teorias neoplatônicas, que nela não deixaram quase nenhum traço. Mas, durante a segunda metade do *Cinquecento*, há uma disposição bem maior de acolhê-las, e são elas que impõem aos debates da teoria da arte sobre o problema da beleza um caráter tão singular. Enquanto o espírito procura, apoiando-se sobre outros fundamentos, situar-se de novo em relação à natureza, surge outra vez a necessidade, relacionada aos problemas da representação em geral e da produção do belo, de legitimar metafisicamente o sentido e o valor da beleza. Não é mais suficiente solicitar os critérios exteriores do belo a uma "harmonia" que, quantitativa e qualitativamente, continua sendo um índice fenomênico[220]; o que se quer, ao contrário, é apreender o princípio do qual essa harmonia é apenas a expressão sensível, e é remontando até Deus, onde Zuccari situava a própria faculdade da representação artística, que se descobre o princípio do belo. Num sentido totalmente neoplatônico e medieval, a beleza sensível é portanto objeto de uma revalorização, mas somente na medida em que é a expressão visível do Bem[221]. Assim, a beleza física necessariamente se combina, no homem, com pureza e espiritualidade[222]. Quanto à definição seguinte, freqüentemente retomada na época, ela concorda perfeitamente com a antiga metafísica da luz de um Dionísio, o Areopagita, da qual Ficino e, no período que nos ocupa, homens como Giordano Bruno e Patrizzi eram os herdeiros apaixonados; essa definição considera a beleza como um "brilho" ou "raio" de luz emanado da face divina[223]. Aliás, em estreita relação com isso, o fenômeno negativo da feiúra é igualmente compreendido num sentido novo. Enquanto a teoria renascentista da arte (e também a de Zuccari, como se percebe[224]), quer a consideremos no seu início ou no pleno apogeu, limitava-se a afirmar que a natureza nunca produz — ou só produz em raras circunstâncias — uma coisa perfeitamente bela, esse fato a partir de agora encontra na "resistência da matéria" uma explicação e uma caução metafísicas. E essa mesma matéria, que, para um aristotélico como Zuccari, constituía por si mesma o suporte apropriado e dócil à Idéia divina e humana[225], aparece aos pensadores de inspiração neoplatônica da época como um princípio de feiúra e malignidade. É a "disposição viciosa da matéria"[c] que doravante explica em profundidade as imperfeições e os erros das aparências naturais[226]. Ao artista, que na concepção precedente contentava-se em escolher e extrair o que há de belo nas aparências dadas, incumbe desde então uma tarefa essencialmente metafísica, a de restaurar, contra as aparências, os princípios dissimulados por baixo delas. Em outras palavras, e retomando a expressão de um desses autores, o artista deve, qual um "diretor da graça divina", reconduzir as coisas da natureza a seu estado original, tal como foi concebido por seu Criador eterno. Deve restituir às coisas a perfeição e a beleza que elas perderam[227], recriando em espírito[228] a "perfeita forma intencional da natureza"[c]. A beleza de uma obra de arte, portanto, já não resulta da síntese pura e simples de uma multiplicidade dispersa mas sempre dada; depende da visão ideal de uma "forma"[b] que não existe em absoluto na realidade.

Pode-se então perguntar de que modo e em que condições é possível ao artista conhecer e ver essa beleza supraterrestre e supra-real. A resposta mais clara a essa questão nos é dada pelo pintor milanês Giovanni Paolo Lomazzo. Se seu *Trattato dell'arte della Pittura* parece ainda de inspiração essencialmente peripatético-escolástica, sua obra intitulada *Idea del Tempio della Pittura*, publicada seis anos mais tarde, mostra-nos que ele se tornou o porta-voz de uma metafísica da arte de orientação neoplatônica[229]. Nessa obra[230], e de um modo tipicamente maneirista — pois as noções de astrologia e cosmologia figuram entre os elementos especulativos que começam a se introduzir em teoria da arte[231] —, o autor compara o templo da arte com o edifício do céu; ele o coloca sob a autoridade de sete pintores e baseia sua teoria no sistema do número sete. Consagra também um capítulo inteiro a esta questão: "Como conhecer e estabelecer proporções conformes à beleza"[232]. Lemos nesse capítulo, cheio de alusões cosmológicas e astrológicas, que a beleza se dá sob numerosas formas e que ela deve receber da arte a expressão de formas igualmente numerosas. Mas, por essência, a beleza é una: ela é a "graça"[c] viva e espiritual emanada da face divina e reflete-se em três espelhos diferentes e de pureza decrescente. Os raios divinos iluminam primeiro a consciência dos anjos, onde provocam a visão das esferas celestes consideradas como puros modelos ou puras Idéias. Refletem-se a seguir na alma humana, onde fazem nascer razão e pensamentos, e aparecem finalmente, sob a forma da imagem e da figura, no mundo dos corpos. A beleza divina manifesta-se, portanto, sob a influência das Idéias, igualmente nas realidades corporais, mas apenas sob a condição de que e na medida em que a matéria se mostre dócil e disposta e recebê-la. Dócil e disposta a receber sua influência significa que a matéria, em ordem, medida e aspecto ("ordem"[d], "modo"[d] e "aspecto"[d], ou seja, tudo o que depende da "compleição" do indivíduo em questão), conforma-se ao próprio ser da Idéia que deve exprimir-se nela. E, como os raios oriundos da face divina devem, no percurso que os conduz à Terra, atravessar a consciência dos anjos e nela se diferenciar conforme a natureza das diferentes esferas celestes, existem portanto três tipos de beleza, que correspondem a Júpiter, a Saturno e a Marte[233]; umas são mais ou menos perfeitas que as outras, mas todas refletem, no conjunto, a única e absoluta beleza. Ora, o homem que deseja conhecer ou exprimir em obras essas diferentes formas e diferentes graus da beleza tem necessidade de outros órgãos que não os corporais. Pois essa beleza, como a luz que nos faz vê-la, é de uma essência incorpórea, e está tão distante do mundo material que só pode exprimir-se adequadamente nele sob condições muito favoráveis; portanto só pode ser apreendida por um sentido interior e espiritual; só pode ser criada a partir de uma imagem igualmente interior e espiritual. Esse sentido interior é a razão; essa imagem interior é a marca e o selo que as formas primeiras, eternas e divinas imprimiram em nossa razão e que constituem em nós a "fórmula das idéias"[d] [234]. Com semelhantes dons, o pintor pode então reconhecer a beleza das coisas da natureza e, por menos que observe os sinais exteriores e as condições de possibilidades dela, manifestá-la em suas obras.

As idéias desenvolvidas nesse capítulo (costuma-se citar dele apenas uma frase que, privada de seu contexto, resulta mal compreendida[235]) parecem à primeira vista estranhas e pressupõem uma singular associação do mundo celeste e do mundo terrestre; mas quem estiver um pouco familiarizado com os textos filosóficos do início do Renascimento terá a impressão de estar em campo conhecido. De fato, deixando-se de lado as numerosas omissões, interpretações e variações de escrita, esse capítulo reproduz quase literalmente a teoria do belo exposta por Marsilio Ficino em seu comentário ao *Banquete* de Platão[236]. Essa teoria do belo, reelaborada sobretudo em torno das categorias de "proporção", "modo", "ordem" e "aspecto"[c], que são correntes em teoria da arte, haveria de prefigurar de forma característica a especulação do final do *Cinquecento*.

É verdade que Ficino, em suas obras, havia se preocupado com a beleza e não com a arte, e que a teoria da arte também não havia se preocupado com Ficino até então. Mas eis-nos em presença de um fato muito importante para a história das idéias: a doutrina místico-pneumatológica da beleza, defendida pelo Neoplatonismo florentino, reaparece, mais de um século depois, para constituir a metafísica maneirista da arte. Esse reaparecimento foi possível porque nesse momento, e só nesse momento, a teoria da arte, obedecendo a uma espécie de necessidade interior, havia se tornado especulação; também porque, em sua relação com a questão geral da representação artística, o problema do sujeito e do objeto parecia estar resolvido pela teoria escolástico-peripatética das Idéias tal como a interpretava Zuccari; e finalmente porque, com relação à questão do belo, esse problema esperava também receber uma solução análoga. Aliás, se Zuccari e Lomazzo nos deram a impressão de ser os representantes de duas visões do mundo completamente opostas, convém não esquecer que, nesse ponto como em geral em outros pontos na época, essa oposição não significava exclusão; com efeito, ambas as visões do mundo — peripatético-escolástica ou neoplatônica — prefiguram a diferença de sensibilidade que opõe da forma mais nítida a concepção maneirista da arte à do Renascimento propriamente dito. Para essa nova sensibilidade, o mundo visível não é mais do que o símbolo de significações invisíveis e espirituais, e a oposição do sujeito e do objeto, da qual o pensamento teórico tomava consciência, só pode resolver-se por referência a Deus. E, assim como as obras de arte da época procuram tão freqüentemente exprimir, para além de seus conteúdos simplesmente visíveis, todo um conjunto de pensamentos cujo sentido é alegórica ou simbolicamente apresentado (jamais a ciência dos emblemas e das alegorias floresceu tanto como nessa época[237]); assim como, por referência às obras contemporâneas cujas significações são freqüentemente alegóricas, as obras do passado tornam-se objeto de interpretações igualmente alegóricas[238]; assim como, finalmente, novos esquemas vêm substituir a arte de compor segundo os modelos formais do Renascimento por uma "espiritualização" da representação[239], também a faculdade que tem o artista de representar as coisas deve exprimir doravante um princípio mais elevado, suscetível de enobrecer o homem que apresenta dons artísticos e de preservá-lo, por isso mesmo, das ameaças da dispersão e da irresolução. As teorias da Renascimento, por causa de sua admiração pela natureza e sua confiança em si próprias, haviam tratado a arte em geral e o belo em particular como noções empíricas e dadas *a posteriori*. Graças à estética do Maneirismo, essas duas noções reencontram —

por pouco tempo, é verdade — seu caráter de *a priori* metafísico, uma por referência à escolástica peripatética, a outra por referência à filosofia neoplatônica. Ambas voltam a ser, com efeito, os pensamentos ou as representações de inteligências supraterrestres, das quais o homem só participa pela intervenção direta da graça divina. Separado da natureza, o espírito humano refugia-se em Deus, num sentimento ao mesmo tempo de triunfo e de despojamento, cujo triste orgulho se reflete nos rostos e nas atitudes dos quadros maneiristas, e do qual a Contra-Reforma é uma expressão entre outras.

V
O NEOCLASSICISMO

Desde a metade do século XVII, o Neoclassicismo adquirira, na prática das belas-artes, uma importância cada vez maior e exercia sobre a teoria da arte um domínio quase indiscutível[240]. De fato, as teorias artísticas da época, mesmo quando defendidas por um homem como Bernini, só aceitavam raramente, e a contragosto, as tendências especificamente pictóricas que caracterizavam em sua essência o alto Barroco e que haveriam de influenciar também as correntes antibarrocas, mais intensamente do que elas admitiam. É muito significativo que o Neoclassicismo tenha se definido em relação ao Maneirismo como o Renascimento o fizera em relação à Idade Média. Para os renascentistas Villani, Ghiberti, Manetti e Vasari, uma arte decadente, gótica ou bizantina, em todo caso estranha à natureza e à beleza, havia suplantado a arte perfeitamente realizada da Antiguidade; esta só fora "reanimada", segundo eles, no início de seu século, graças a um retorno à Antiguidade e a uma nova aproximação da realidade[241]. O mesmo ocorria com a historiografia do século XVII, que percebia, na evolução precipitada pela morte dos grandes mestres e sobretudo de Rafael, então divinizado, os sinais de uma assustadora decadência, da qual somente os Carracci souberam preservar a arte. É essencialmente a mesma censura que é dirigida a essa segunda forma de arte decadente: a ausência de um estudo sistemático da natureza. Essa ausência se explica — ou pelo menos se manifesta — pela imitação dos mestres[242], que impede o contato direto com o objeto, e por uma arte cujas produções, doravante distanciadas do real, já não se baseiam no estudo sério nem na visão concreta, mas simplesmente na "prática" e na imaginação.

Nesse sentido, a teoria neoclássica da arte ocupava uma posição muito diferente da teoria renascentista. Como seus pressupostos históricos levam a compreender claramente, esta tivera de combater uma única forma de decadência artística, a ausência de estudo e de observação da natureza[243]; o Neoclassicismo, por outro lado, tinha não só de combater um "modo amaneirado de pintar"[c 244], no sentido preciso em que o termo "amaneirado" tem ainda em nossos dias, mas também de enfrentar com rigor uma outra corrente artística que, na vertente oposta, parecia-lhe constituir um excesso igualmente perigoso, ou seja, o "naturalismo" de Caravaggio. É verdade que se procurava compreender a arte de Caravaggio (cujos aspectos antinaturalistas eram aliás freqüentemente negligenciados[245]) em sua necessidade histórica. Pois "é incontestável que Caravaggio praticou a arte numa época em que, sem grande consideração pela natureza, o tratamento das formas baseava-se apenas na prática e na 'maneira', fazendo-se mais pelo sentido da beleza do que pelo da verdade''[246]. Mas o homem que julgava assim o valor artístico de seus contemporâneos conforme sua capacidade de ''reproduzir'' bem as coisas da natureza[247], e que considerava tão difícil e meritório executar uma bela representação floral como uma bela composição histórica[248], parece ter cometido, por outro lado, uma falta ainda mais imperdoável: pobre de imaginação e privado de espírito[249], completamente submisso aos modelos tomados na natureza, ele teria se contentado em ''reproduzir'', sem praticar nenhuma escolha, a aparência sensível e no entanto defeituosa das coisas[250]: ''Um grande tema mas não um Ideal''[c 251].

A teoria da arte do início do Renascimento teve, pois, de combater sobretudo a desafeição da arte pela natureza e, deste modo, pôde corresponder plenamente às aspirações artísticas da época; em compensação, a teoria neoclássica da arte tinha de combater, por assim dizer, em duas frentes, opondo-se à arte do passado mas também, em muitos pontos, à arte de seu tempo[252], o que a obrigava a uma dupla defensiva: precisava demonstrar que nem os maneiristas nem os que se ''glorificavam'' com o título de ''naturalistas''[253] tinham razão, e que a salvação da arte devia ser buscada num justo equilíbrio entre esses dois extremos igualmente condenados. É claro que esse justo equilíbrio, cujo infalível critério se aprendera a apreciar, encontrava-se nas obras da arte antiga, considerada como arte ''natural'' mais do que ''naturalista'', justamente porque se limitava a uma realidade ''depurada'' ou ''enobrecida''[254].

O homem que tentou estabelecer sistematicamente essa tese, num discurso acadêmico pronunciado em 1664 e que mais tarde serviu de introdução à sua obra intitulada *Vite* (Vidas), é o investigador da arte e o arqueólogo mais importante de sua época. Já não se trata aqui de um artista escrevendo sobre as coisas da arte, mas, como diríamos hoje, de um ''crítico de arte''. Era Giovanni Pietro Bellori, homem de grande reputação nos meios acadêmicos da França e da Itália[255]. Ora, é novamente a noção de Idéia que serve de fundamento e suporte a suas concepções e que encontra nele uma última e, num certo sentido, definitiva formulação[256]. Seu tratado, intitulado *L'Idea del Pittore, dello Scultore e dell'Architetto*[257], começa por uma introdução de inspiração verdadeiramente neoplatônica: o espírito eterno do criador, na penetrante visão que ele tem de si, produz as formas e os modelos que estão na origem de todas as criaturas, isto é, as Idéias. Mas, enquanto as constelações celestes, que não sofrem nenhuma mudança, exprimem essas Idéias em sua eterna pureza e beleza, as realidades terrestres, em contrapartida, só aparecem como cópias confusas e deformadas das Idéias, por causa da heterogeneidade da matéria; isso faz com que a beleza, e especialmente a beleza humana, se transforme com freqüência em feiúra e deformidade. Essa metafísica neoplatônica atribui então ao artista a seguinte missão: também ele, ''a exemplo do artista supremo'', deve ter dentro de si a representação da beleza sem mistura, sobre cujo modelo pode ''corrigir'' a natureza.

Se nos detivéssemos aqui, os argumentos de Bellori poderiam confundir-se com os de Lomazzo ou de qualquer outro teórico de inspiração neoplatônica da época maneirista. Mas uma súbita ruptura se produz então: essa idéia, que se encontra no interior do espírito do artista, já não tem direito a uma origem nem a uma validade metafísicas; caso contrário, seria abrir a porta a uma concepção condenada e admitir que o artista não tem qualquer necessidade da intuição sensível, ou que só tem necessidade dela para iluminar e animar as representações que estão nele. Ora, é a própria idéia artística, ao contrário, que provém da intuição sensível, com a única diferença de que esta parece conferir-lhe uma forma mais pura e mais sublime: "Ser superior à natureza escolhendo entre as belezas naturais", como diz a epígrafe da obra, significa que a idéia é, de uma forma depurada, a própria realidade — "Originada da natureza, supera sua origem e constitui o original da arte"[c]. E até uma fórmula de Platão, mas cujo sentido é alterado[258], serve para provar que a idéia é "uma representação perfeita da coisa, originada na intuição que temos da natureza". Constatamos portanto que, após uma partida neoplatônica, a teoria das Idéias de Bellori volta a afirmar que a idéia não reside *a priori* no homem, mas deriva *a posteriori* da intuição da natureza. "A idéia é o resultado da experiência", segundo uma expressão de Goethe. E é somente após ter invertido fundamentalmente o sentido da Idéia que Bellori pode iniciar o combate na outra frente: os "naturalistas" são condenáveis por não formarem neles próprios absolutamente nenhuma idéia e, "obedecendo apenas ao modelo", recopiarem, sem submetê-los à crítica, todos os defeitos que apresentam os objetos da natureza[259]; são condenáveis igualmente aqueles que, "sem nada conhecer da verdade", exercem sua arte em razão de uma simples prática e, desprezando o estudo da natureza, procuram trabalhar num estilo "amaneirado"[c] ou a partir de uma simples "idéia da imaginação". Esse ponto de vista permite compreender que Bellori, em apoio de sua interpretação da noção de Idéia, invoque menos o testemunho dos platônicos ou neoplatônicos autênticos do que as declarações de teóricos do Renascimento que, como Rafael, Alberti e mesmo Leonardo da Vinci, dão seu assentimento à natureza; compreende-se também que Bellori tenha sido obrigado, à custa de algumas modificações muito significativas, a adaptar à sua própria concepção a célebre fórmula de Cícero, que Melanchton interpretava ainda muito rigorosamente. Com efeito, lemos na versão de Victorius, na qual se baseia Bellori, que para Cícero as obras de arte, em sua visibilidade, devem ser relacionadas a uma imagem interiormente pensada ("a uma representação pensada, à qual se relacionam as coisas que caem sob os olhos"[d]). Em contrapartida, lemos na tradução de Bellori que os objetos visíveis na natureza assemelham-se a uma forma interiormente imaginada (exatamente, "a uma forma imaginada, à qual se assemelham por imitação as coisas que caem sob a vista"[d]). Em Cícero, a idéia exclui portanto qualquer intuição sensível, enquanto em Bellori está estreitamente associada a ela. Em um, é a obra de arte que, em sua visibilidade, relaciona-se à idéia como a algo que lhe é superior, ao passo que no outro é o objeto visível na natureza que pode assemelhar-se à idéia como a algo que está em igualdade com ele.

Se é verdade que a arte neoclássica se define como uma arte clássica que tomou consciência de seu ser próprio, a partir de um passado e no seio de um presente que já não são clássicos, o mesmo vale para a teoria neoclássica da arte, tal como se apresenta, por exemplo, em Bellori. Com efeito, a busca que este empreendeu, de um justo meio-termo entre a imitação da natureza e o triunfo sobre a natureza, não é estranha à teoria renascentista da arte, ainda que Bellori seja o primeiro a fazer dessa busca o objeto de um programa explícito; do mesmo modo, sua teoria das Idéias é praticamente idêntica, no conteúdo, à do Renascimento, com a diferença de que, por oposição às teorias maneirista e naturalista, e pela primeira vez, ela se acha expressamente formulada e se baseia, além disso, numa argumentação ao mesmo tempo histórica e filosófica. À metafísica do final do *Cinquecento*, que procurava resolver em Deus a oposição entre sujeito e objeto, sucede novamente uma concepção que tenta conciliar diretamente o sujeito e o objeto, o espírito e a natureza, e que pretende, em oposição à onipotência divina, revalorizar a faculdade humana de conhecer. Mas o pecado original do conhecimento estava já consumado: assim como a teoria renascentista da arte, a teoria neoclássica sustenta que a idéia é uma intuição da natureza, "purificada" por nosso espírito. Mas, como vimos, a primeira havia encontrado, antes mesmo que ele fosse explicitamente formulado, a resposta ao problema do sujeito e do objeto; a outra, por sua vez, após o problema ter sido colocado com acuidade, tentaria *a posteriori* providenciar à antiga solução uma formulação nova e programática, fundamentá-la sistematicamente (o que explica a longa passagem neoplatônica e cosmológica da introdução!) e defendê-la também na polêmica que a opunha a concepções passadas e presentes diferentes das suas.

Assim se explica que a teoria das Idéias, até então só exprimida ocasionalmente e de forma sobretudo não reflexiva nas considerações da Alberti, Rafael e Vasari, fosse erigida, na época do Neoclassicismo, em verdadeiro "sistema". Quanto ao tratado de Bellori, ele reúne as concepções de um vasto círculo de artistas e teóricos da arte e, por sua extensão e do aparato filosófico-histórico de suas provas[260], apresenta-se como a proclamação de um programa, ainda que no fundo nada mais anuncie do que a noção de Idéia que pertencia já ao Renascimento clássico. É Bellori, no entanto, que confere a essa noção a forma sob a qual se introduzirá a seguir na crítica de arte da França e da Alemanha[261] e sob a qual sobreviverá quase até nossa época, a despeito dos protestos do "*Sturm und Drang*" e do Romantismo, e apesar das críticas fulminantes de Rumohr. "Originada da natureza, supera sua origem e constitui o original da arte"[c]: tal é a fórmula que confirma explicitamente e pela primeira vez a metamorfose da Idéia em "Ideal"[262]. "Combate contra os naturalistas" e "combate contra os maneiristas", tal é o programa que define, no sentido em que a entendemos hoje, a "estética idealista".

Esse combate, que se trava simultaneamente na dupla frente da metafísica e do empirismo, explica o caráter propriamente polêmico e normativo das concepções neoclássicas, que aliás só tomam consciência de si mesmas em razão dessa dupla oposição[263]. Por aí explica-se também uma concepção que a teoria maneirista da arte jamais havia sublinhado, segundo a qual a arte teria necessidade absoluta da natureza como de um substrato ou material que seria preciso purificar, mas, de modo não menos absoluto, se mostraria superior à natureza "ordinária"[264], ainda não submetida ao processo de purificação, donde resultava que a imitação da natureza teria apenas um valor inferior. Sem falar de Zuccari nem dos teóricos da geração anterior, mesmo um Lomazzo, a despeito de uma paixão completamente neoplatônica pela beleza, conserva um respeito inquebrantável por uma imitação fiel da natureza[265]. Só agora percebe-se que o Idealismo e o Naturalismo, o estudo baseado nos antigos e o estudo baseado em modelos, são logicamente contraditórios, e a comparação que considera a arte "o símio da natureza" adquire então, e somente então, a significação exclusivamente pejorativa que terá, por exemplo, também em Winckelmann. Quanto a Bellori, ele não se cansa de acumular argumentos visando a estabelecer que o homem pintado ou esculpido é — ou pelo menos pode e deve ser — mais perfeito do que o homem real. Cita também as palavras de todos os artistas que declaram pessoalmente não poder encontrar na realidade nenhum exemplar da beleza perfeita, bem como numerosos trechos de obras poéticas que exprimem a suprema beleza de um ser vivo comparando-o a uma pintura ou a uma escultura. Aliás é delicioso ver como se contesta o relato feito por Homero da origem da guerra de Tróia, assinalando-se que, em sua simples qualidade de mulher, Helena não poderia ter sido tão bela para constituir o motivo de um conflito internacional que durou dez anos. Foi somente para realçar o "tema" da guerra de Tróia, e também para adular os gregos, atribuindo-lhes o mérito de ter possuído uma mulher perfeitamente bela, que Homero teria feito da verdadeira Helena o objeto do combate. Na realidade, o motivo da guerra não poderia ser a beleza imperfeita de uma mulher realmente existente, mas sim a perfeita beleza de uma estátua que Páris teria roubado e levado a Tróia. Sabemos que também a Antiguidade pôs em dúvida às vezes o relato do rapto de Helena, que teria sido — segundo Díon Crisóstomo, por exemplo — dada como legítima esposa a Páris[266]. Mas a Antiguidade jamais poderia imaginar que um dia o relato seria contestado porque somente uma obra de arte, e não uma mulher realmente existente, poderia justificar dez anos de combates.

Podemos portanto dizer, em resumo, que somente o Neoclassicismo modelou a teoria das Idéias no sentido de uma estética "legiferante": paralelamente à era clássica, o que se desenvolve, com efeito, é uma teoria construtiva, bem mais do que uma filosofia normativa da arte; paralelamente ao Maneirismo, o que se desenvolve não é nem uma nem outra dessas tendências, mas uma metafísica especulativa da arte. Podemos, aliás, sentir-nos tentados a seguir esse paralelismo até a época moderna; muito logicamente, com efeito, o Impressionismo moderno vem acompanhado de uma teoria da arte que procura penetrar, por um lado, a fisiologia da "visão" que o artista tem das coisas e, por outro lado, a psicologia da "concepção" que ele faz delas. O Expressionismo, por sua vez, que em mais de um ponto se aparenta ao Maneirismo, é acompanhado de uma especulação característica que, por certo, utiliza-se ainda com freqüência de termos psicológicos como "expressão" ou "experiência vivida", mas que na verdade retoma os caminhos já trilhados no século XVI pelas teorias da arte. Esses caminhos são os de uma metafísica da arte que se empenha em deduzir a fenomenalidade da criação artística de um princípio supra-sensível e absoluto, ou, conforme a expressão que utilizamos hoje de bom grado, de um princípio "cósmico".

VI

MIGUEL ÂNGELO E DÜRER

Após as pesquisas de Ludwig von Scheffler[267], Borinski[268] e Thode[269], não há necessidade de qualquer debate suplementar para admitir que a visão do mundo expressa nas poesias de Miguel Ângelo é essencialmente inspirada pela metafísica neoplatônica; esta abriu o caminho de seu pensamento, indiretamente, através do convívio com Dante e Petrarca e, diretamente, através da influência incontestável dos círculos humanistas florentinos e romanos. Quando Condivi, com sua candura característica, afirma ter ouvido — pois pessoalmente não conhece Platão — de várias pessoas competentes que Miguel Ângelo não diz, sobre o amor, senão o que está escrito em Platão[270], e quando Francesco Berni escreve:

Ho visto qualche sua composizione,
Sono ignorante, e pur direi d'havelle
*Lette tutte nel mezzo di Platone**[271],

ambos não dizem grande coisa. Assim como Petrarca, numa "canção"[c272] cuja forma será aliás imitada por Miguel Ângelo, vê brilhar nos olhos de Laura a luz que mostra o caminho dos céus, também Miguel Ângelo sente-se transportado até Deus pelo olhar do objeto amado[273]; e constantemente ele proclama que a beleza terrestre é o "véu mortal" através do qual reconhecemos a graça divina, que só a amamos e devemos amá-la porque ela reflete o divino[274] (assim como, inversamente, é o único meio de atingirmos a visão do divino[275]) e que a contemplação da beleza dos corpos deve elevar a alturas celestes "o olhar sadio"[276]. A teoria da "reminiscência"[b277] lhe é tão familiar quanto os mitos relativos às almas aladas[278] e à sua migração[279], e a oposição entre o amor sensual, que puxa a alma para baixo, e o *eros* verdadeiramente platônico exprime-se nele em figuras sempre novas[280]. Aliás, não é por acaso que Miguel Ângelo restitui justamente o sentido "simbólico-moralizante", que ela tivera em Plotino e no Neoplatonismo tardio, a uma teoria que, por si só, nada mais tinha de especificamente neoplatônico e que se havia tornado, em seu tempo, um lugar-comum da teoria da arte, estabelecendo que a obra plástica resultava da "supressão do supérfluo"[281]. Com efeito, a

* Vi algumas composições dele,/Sou ignorante, no entanto direi/ Que todos os seus ditos se acham em Platão.

operação que consiste em retirar a forma pura da massa de pedra bruta volta a ser, para ele, o símbolo de uma "purificação"[b] ou de um renascimento[282]. Certamente essa "purificação" não é mais, como era em Plotino, uma autopurificação; ao contrário, ela só pode se realizar (o que é um traço absolutamente oposto à Antiguidade e específico de Miguel Ângelo) graças à benfazeja intervenção da *Donna*:

> *Si come per levar, Donna, si pone*
> *In pietra alpestra e dura*
> *Una viva figura,*
> *Che là più cresce, u'più la pietra scema:*
> *Tal alcun'opre buone,*
> *Per l'alma, che pur trema,*
> *Cela il soverchio della propria carne*
> *Con l'inculta sua cruda e dura scorza.*
> *Tu pur dalle mie streme*
> *Parti puo'sol levarne,*
> *Ch'in me non è di me voler nè forza.* *[283]

Num outro poema, Miguel Ângelo retorna, da mesma maneira alegórica, à concepção de uma figura oculta na pedra (também a propósito de sua escultura *A Noite* ele chegou a dizer que não a havia realmente criado, mas simplesmente libertado de sua massa):

---

* Assim como ao retirar, Senhora, surge/De uma pedra alpestre e dura/Uma viva figura,/Que cresce mais lá onde a pedra diminui:/Assim certas boas obras,/Para a alma que estremece,/Ocultam a massa da própria carne/Com sua casca inculta e bruta./Mas apenas tu de minhas partes/Extremas podes me livrar,/Pois em mim não há nem força nem vontade.

Non ha l'ottimo artista in se alcun concetto
Ch'un marmo solo in se non circonscriva
Col suo soverchio; e solo a quello arriva
La man che ubbidisce all'inteletto.
Il mal ch'io fuggo, e'l ben ch'io mi prometto,
In te, Donna leggiadra, altera i diva,
Tal si nasconde; e perch'io più non viva,
Contraria ho l'arte al disiato effetto.
Amor dunque non ha, nè tua beltate,
O durezza, o fortuna, o gran disdegno,
Del mio mal colpa, o mio destino o sorte,
Se dentro del tuo cor morte e pietate
Porti in un tempo, e ech'l mio basso ingegno
Non sappia, ardendo, trarne altro che morte. *[284]

Assim como o bloco de mármore — tal é mais ou menos o tema que orienta esse soneto — encerra em sua massa, como possibilidades, cada uma das formas que o artista pode imaginar em seu espírito e às quais sua faculdade criadora é capaz de conferir realidade, procedendo desta ou daquela maneira, também se ocultam como possibilidades, no ser da amada ou do amante[285],

---

* O artista excelente não possui conceito algum/Que um mármore não circunscreva/Com sua massa; e somente o alcança/A mão que obedece ao intelecto./O mal que evito, e o bem que me prometo,/Em ti, orgulhosa e divina Dama,/Também se oculta; e, para que eu mais não viva,/Contrária tenho a arte ao desejado efeito./Não é portanto o Amor, nem tua beleza,/Nem a dureza, a fortuna, teu grande desprezo/Que são culpados de meu mal, nem meu destino ou minha sorte,/Se em teu coração morte e piedade/Encerras ao mesmo tempo, e se meu pobre talento/Não sabe, apaixonado, retirar senão a morte.

tanto o mal quanto a felicidade suprema, tanto a morte quanto a misericórdia; e apenas a mediocridade explica que, no amante, o mal prevaleça sobre o bem. A realidade empírica do objeto amado só representa para o amante, em seu sentido mais nobre, uma espécie de matéria bruta, ou melhor, a ocasião de chegar a uma intuição interior onde se revela o objeto específico do amor, a Idéia erótica: eis uma teoria que mais uma vez corresponde estreitamente às concepções neoplatônicas[286], sendo fácil compreender que a própria essência da Idéia artística, tal como expressa nesses poemas, deve ser interpretada num sentido puramente platônico. Mas a realidade é sensivelmente mais complexa. Deve-se antes de tudo indagar se a noção de "conceito"[c] que Miguel Ângelo utiliza, aqui e em várias outras passagens, para caracterizar a representação interior do artista, tem de fato o mesmo sentido que Idéia, tal como a encontramos caracterizada geralmente em outras fontes. A essa questão preliminar cumpre responder afirmativamente, primeiro porque a equivalência das duas expressões era muito comum na época[287], e depois porque o próprio Miguel Ângelo (que, ao que parece, evitou sempre a expressão "*Idea*") emprega no mesmo sentido o termo "conceito"[c], distinguindo-o rigorosamente da denominação vizinha de "imagem"[c 288]. A "imagem"[c], conforme seu sentido próprio, formulado já em Agostinho e Tomás de Aquino, designa a representação "que procede de outra coisa"[d 289], isto é, que reproduz um objeto preexistente[290]; o "conceito"[c], em contrapartida, designa (quando não equivale simplesmente ao "pensamento", à "noção" ou ao "projeto"[291]) uma representação que cria livremente seu próprio objeto e pode assim constituir um modelo que permite criar as formas exteriores; em termos escolásticos, trata-se da "forma ativa"[d] e não da "forma passiva"[d]. É assim que o ferreiro realiza sua obra seguindo o "bom conceito"[c292], e os pensamentos de Deus, que devem ser venerados e amados como obras de arte no rosto das belas criaturas, são definidos como "divinos conceitos"[293].

Portanto não há dúvida de que, no poema em questão, possamos traduzir sem hesitação "conceito" por "Idéia". Mas até que ponto a noção de Idéia, aqui como em outras passagens associada por Miguel Ângelo ao termo conceito, corresponde à dos neoplatônicos? Por sorte possuímos um comentário penetrante do soneto "*Non ha l'ottimo artista in se alcun concetto...*"; e esse comentário, apreciado pelo próprio Miguel Ângelo[294] e cujo autor é o já mencionado acadêmico florentino Benedetto Varchi[295], confirma inicialmente os resultados do estudo estatístico da linguagem: "Nessa passagem", escreve Varchi, "o poeta entende por 'Conceito' o que, como dizíamos acima, os gregos chamavam de '*Idea*', os latinos de '*exempla*', e nós chamamos de '*modelo*'. É graças a essa forma ou a essa imagem, a que alguns dão o nome de 'projeto', que possuímos em imaginação tudo aquilo que queremos fazer ou dizer. Ora, esse Projeto, embora de natureza espiritual..., apresenta-se todavia como a causa eficiente de tudo o que se diz e de tudo o que se faz. Por isso, no sétimo livro da primeira Filosofia, o Filósofo dizia[c]: 'A forma ativa, por oposição ao leito real, reside na alma do artista.'[d]"[296]

Mas é significativo que Varchi, esse grande platônico, interprete de forma puramente aristotélica a concepção feita por Miguel Ângelo, em seu poema, da própria essência do "Conceito"[c] artístico ideal e de suas relações com a obra de arte efetivamente realizada. E se, na passagem citada, Varchi já faz alusão ao sétimo livro da *Metafísica* de Aristóteles, ele irá citar um pouco mais adiante o comentário de Averróis a esse livro, dando-lhe a seguinte formulação: "A arte nada mais é do que a forma da coisa produzida pela arte, e essa forma reside na alma do artista; é ela o princípio operatório da forma produzida pela arte na matéria."[d297] De fato, o poema de Miguel Ângelo nada contém que se oponha a essa interpretação do termo "Conceito". E a teoria segundo a qual a "Idéia" da obra de arte preexiste "em ato"[b] no artista é tão aristotélica quanto a concepção que pretende que a obra de arte esteja contida "em potência"[b] na pedra ou na madeira. Pois o que teria sido "platônico" ou, melhor dizendo, neoplatônico seria afirmar pura e simplesmente a supremacia absoluta dessa "Idéia" sobre a obra de arte concretamente realizada. Mas não é esse o caso. Assim como Miguel Ângelo admitia como óbvio que a obra de arte não consiste apenas em reproduzir uma coisa exteriormente dada mas antes em realizar uma Idéia interior, ele também não pensava que essa realização material deveria estar, constante e necessariamente, afastada em relação à "Idéia interior"[b] na alma. (E no entanto, em seu modo de considerar a beleza natural, ele enfatiza continuamente a distância que separa a beleza celeste e a beleza terrestre, a intuição interna e a intuição externa.) E assim como está convencido, em contraposição às concepções da arte clássica e neoclássica, de que não é preciso derivar a Idéia artística da experiência sensível[298], tampouco lhe parece necessário atribuir à Idéia como origem explícita, tal como a concebe a metafísica maneirista da arte, uma esfera de realidades supraterrestres.

Para Miguel Ângelo, a arte, na medida em que o fervor religioso de sua velhice não o fazia renegá-lo como renegou todas as coisas terrestres, parece ter significado a possibilidade de preencher o abismo entre a Idéia e a realidade. Foi portanto de propósito que ele privilegiou o termo "Conceito"[c] sobre a expressão "Idéia"[d], cujo significado já havia envelhecido bastante nos autores da época, mas que Miguel Ângelo, como real conheceor do Neoplatonismo, sentia-se na obrigação de conceber num sentido transcendente. Com efeito, as "teorias" artísticas de Miguel Ângelo não tinham necessidade, para se justificar, de se vangloriarem nem de se prevalecerem de sua origem divina ou de sua beleza sobrenatural.

Completamente diferente, mas não menos excepcional, é o sentido conferido por Dürer ao conceito de Idéia artística. Ele retoma apaixonadamente as tendências herdadas das teorias italianas, visando regulamentá-la racionalmente; mas essas tendências misturam-se em seu espírito com a convicção quase romântica de que o "Gênio"[d] artístico desempenha para o indivíduo um papel importante e só pode ser compreendido como um dom excepcional. E esse homem que, durante a metade de sua vida, tentou apoiar a criação artística em fundamentos "transubjetivos" e que se esforçou por identificar as leis absoluta e universalmente obrigatórias de exatidão e beleza, é o mesmo a formular, por outro lado, um ponto de vista que ele próprio qualifica de "fora do comum" e acessível apenas aos "artistas rigorosos". Segundo esse ponto de vista, um artista pode expressar mais coisas num pequeno desenho do que um outro numa enorme tela, e o que representa um conjunto de formas horríveis pode ser maior artista do que outro que representa formas belas. "Pois é uma grande arte poder demonstrar, a propósito de coisa grosseiras e rústicas, exatidão e potência artísticas... e esse é um dom espantoso. Com efeito, é Deus que concede a tal indivíduo a inteligência para realizar algo de bom, sem equivalente na sua época, e que ninguém realizara antes dele nem irá realizar depois."

Com esse dilaceramento interior (pois levar às últimas conseqüências essa linha de pensamento romântico e individualista conduziria "ao absurdo"[d] as tentativas teorético-artísticas do Renascimento), Dürer percebeu, antes dos italianos, que as relações da lei e da realidade, da regra e do gênio, do sujeito e do objeto eram problemáticas. De fato, ele reconheceu ser igualmente impossível erigir como absolutamente válida uma única norma de beleza e entregar-se à pura e simples imitação dos dados sensíveis. E finalmente ele chegou à conclusão de que o método matemático, que consiste em buscar as proporções, e o método empírico, que se caracteriza pela imitação de um modelo, constituem para o artista de talento apenas uma etapa — sem dúvida necessária — para alcançar uma produção livremente criadora que, por um lado, está "fundada em princípios" e, por outro, mantém contato com a natureza. Quem mediu com freqüência adquire golpe de vista* — quem reproduziu com freqüência (isto é, quem representou a natureza segundo modelos) e "deste modo tornou-se dono de sua sensibilidade" forma para si "um tesouro oculto em seu coração", do qual pode retirar o que "nele se encontra há muito tempo e do exterior acumulado"[299].

Dürer está assim muito próximo daquilo que a teoria italiana da arte de seu tempo entendia pela noção de *Idea*. Mas ele utiliza o termo "Idéia" — que aparece em alguns fragmentos já no ano de 1512 — num sentido totalmente diferente e original. "Há muitos séculos", escreve ele, "a grande arte da pintura tem suscitado muita consideração por parte dos reis soberanos, os quais fizeram a fortuna dos pintores excelentes e lhes prestaram homenagem, considerando seu talento como uma espécie de criação divina. Um bom pintor, com efeito, está interiormente repleto de figuras e, se pudesse viver eternamente, teria sempre algo de novo a extrair das Idéias interiores, de que fala Platão, para colocar em suas obras."[300]

Portanto, a Idéia não significa aqui, como na colocação do Renascimento, o resultado final de uma experiência exterior; significa antes, como na concepção da Idade Média e do Neoplatonismo, que a teoria italiana da arte só haveria de herdar bem mais tarde, uma representação completamente interior e quase comparável

* No alemão, jogo de palavras intraduzível, entre "*viel gemessen*" (= muito mediu) e "*Augenmass*" (= golpe de vista). (N.T.F.)

à definição que Mestre Eckhart dava da imagem da alma. Mas há algo mais importante: se as Idéias constituíam outrora a garantia de validade e beleza objetivas para as obras de arte, para Dürer o que representa seu traço distintivo é o caráter originário e inesgotável dessas Idéias, que faz com que o artista possa extrair "sempre algo de novo" de seu espírito. A teoria das "Idéias", adquirindo aqui todas as características da inspiração, põe-se a serviço de uma concepção romântica do Gênio, que reconhece o sinal do verdadeiro gênio artístico não na verdade nem na beleza de suas obras, mas na plenitude infinita de uma criação que propõe sempre algo de único e de inédito.

Assim é difícil negar que a proposição de Dürer, segundo a qual "um bom pintor está interiormente repleto de figuras e, se pudesse viver eternamente, teria sempre algo de novo a extrair das Idéias interiores, de que fala Platão, para colocar em suas obras", é uma proposição duplamente condicionada, em sua própria textualidade, por outras formulações. Por um lado, evoca uma nota de Ficino, na qual faz pensar uma outra declaração, freqüentemente citada e pertencente ao mesmo fragmento: "Daí decorre que, repleto de influências e oráculos divinos vindos do alto, ele sempre extrai de si pensamentos novos e inéditos, e prevê o futuro."[d 301] Por outro lado, parece ter sido marcada pela célebre formulação de Sêneca: "Esses modelos de todas as coisas, deus os possui no interior de si... repleto dessas figuras que Platão chama de idéias"[d 302] Mas a fusão de duas proposições tão diferentes produz um sentido totalmente novo: enquanto Sêneca diz de deus, segundo a expressão retomada por Dürer, que ele está repleto de figuras em seu interior, Dürer o diz do homem. E, enquanto Ficino, na sua falta fundamental de interesse pela artes plásticas, tem em vista apenas, no texto sobre as "influências divinas", a inspiração por assim dizer mântica dos filósofos de exceção (que ele equipara aos teólogos e aos visionários), Dürer, por seu lado, transfere-a ao pintor. Com isso ele vincula o conceito de "Idéia" ao de Inspiração artística e dá um fundamento de incomparável profundidade à fórmula, quase ofensiva para uma sensibilidade religiosa, segundo a qual o artista produziria uma "Criatura que teria formas iguais às de Deus". Mas esta é uma fórmula especificamente humanista e, como poderíamos mostrá-lo com numerosos exemplos, de uso corrente também na teoria italiana da arte — embora ela repita sempre que é "por imitação do Criador supremo" que o artista "cria" propriamente suas obras e que este é de certo modo um "outro Deus"[d 303]. A Idade Média costumava comparar Deus com o artista a fim de fazer compreender a própria natureza da criação divina. Os tempos modernos, em contrapartida, comparam o artista a Deus a fim de "heroificar" a criação artística. É a época em que o artista iguala-se ao "*Divino*".

A oposição que a teoria da arte estabelece entre "teoria das Idéias" e "teoria da imitação" assemelha-se de certo modo à oposição existente na teoria do conhecimento entre "teoria da imagem" e "conceitualismo" em sentido amplo. Nesses dois sistemas de oposição, a relação do sujeito e do objeto é compreendida, ora no sentido de uma imagem puramente reprodutora, ora no sentido de uma construção que cria a partir de uma "Idéia inata", ora enfim como uma operação de abstração que escolhe a partir dos elementos dados e faz a síntese do que escolheu. Nesses dois sistemas, igualmente, é a hipótese de uma "coisa em si" que explica as hesitações contínuas entre essas diferentes possibilidades, bem como a dificuldade insolúvel que enfrentamos, quando recusamos o apelo a uma instância divina, para demonstrar a existência de um acordo não obstante necessário entre o dado e o conhecimento. A representação intelectual, considerada como um simples reflexo ou, pelo contrário, como uma produção independente, não pode, com efeito, e não deve fundamentalmente concordar com a coisa em si, a menos que um princípio, em certo sentido divino, garanta a necessidade desse acordo. No domínio da teoria do conhecimento, foi Kant quem abalou essa hipótese da "coisa em si". No domínio da teoria da arte, foi somente a intervenção eficaz de Aloïs Riegl que permitiu instaurar um ponto de vista análogo. Pensamos ter mostrado assim que a intuição artística, do mesmo modo que o entendimento cognoscente, não remete a uma "coisa em si", mas, ao contrário, a validade de seus resultados, assim como os do entendimento, pode ser assegurada justamente na medida em que ela própria é que determina as leis de seu universo, o que significa em geral que ela não tem outros objetos a não ser aqueles que primeiramente foram constituídos por ela[304]. Deveremos então considerar como procedente de uma "antinomia dialética" a oposição entre "Idealismo" e "Naturalismo", tal como dominou toda a filosofia da arte até o final do século XIX e tal como se prolongou sob diversos disfarces (Expressionismo e Impressionismo, abstração e inspiração) até pleno século XX. Mas a partir daí poderemos também compreender que essa oposição tenha agitado por tanto tempo as teorias da arte, obrigando-as a buscar soluções sempre novas e mais ou menos contraditórias. A abordagem histórica, portanto, não deverá considerar sem valor o empreendimento que consiste em reconhecer as soluções em toda a sua diversidade e em compreendê-las por referência a seus pressupostos históricos, uma vez que a filosofia reconheceu que o problema que está na base dessas soluções é um problema que, por sua própria natureza, se recusa a qualquer solução.

APÊNDICE I

CAPÍTULO DE G. P. LOMAZZO SOBRE AS BELAS PROPORÇÕES E *COMENTÁRIO AO BANQUETE* DE MARSILIO FICINO

MARSILIO FICINO[305]

Que a Beleza é algo de espiritual, Capítulo III

[... Alguns pensam que a beleza é uma disposição particular de todos os membros, isto é, uma proporção com certa nuance de cores. Não admitimos essa opinião...] *Eles acrescentam que essa proporção inclui todos os membros do corpo tomados em conjunto* [de tal modo que ela não está em cada membro separadamente, mas na sua reunião. Portanto, nenhum membro em si será belo], *no entanto a proporção da totalidade do conjunto nasce das partes:* [donde o absurdo dessa opinião...[306]]

Que a Beleza é o esplendor da face de Deus, Capítulo IV

A Potência Divina imanente no Universo infunde pelo efeito de sua graça, nos Anjos e nas almas que criou, assim como em seus filhos, [esse raio no qual se encontra uma virtude capaz de criar qualquer coisa. Esse raio divino exprime a ordem da totalidade do mundo de forma bem mais pura nestes, que se acham mais próximos de Deus, do que na matéria mundana: por isso a pintura do mundo, que vemos por inteiro, exprime-se bem mais nos Anjos e nas almas do que diante de nossos olhos.] *Neles, encontra-se a figura de uma esfera qualquer, do Sol, da Lua e das Estrelas, dos elementos, das pedras, das árvores e dos animais. Essas pinturas denominam-se, nos anjos, modelos e idéias; nas almas, razões e noções; na matéria do mundo, imagens e formas. Essas pinturas são claras no mundo, mais claras na alma e claríssimas no anjo. É, pois, uma mesma face de Deus que se reflete em três espelhos hierarquicamente ordenados, no Anjo, na alma e no corpo mundano: no primeiro, que é também mais próximo de Deus, de forma muito clara; no segundo, que está mais afastado, de forma menos clara; e no terceiro, que é o mais afastado de todos, de forma bastante obscura. Além disso, o espírito santo do Anjo, que não é bloqueado por nenhum corpo, reflete-se em si mesmo, onde vê a face de Deus impressa em seu seio* [e ao contemplá-la maravilha-se, e ao maravilhar-se une-se a ela com avidez cada vez maior. Chamamos beleza a essa graça da face divina, e chamamos Amor a essa avidez do Anjo com que ele se confunde com a face divina. Quisera Deus, meus caros amigos, que acontecesse assim conosco.] *Mas nossa alma, cercada de um corpo terrestre, deve atender à necessidade corporal, e assim sobre-*

carregada acaba por esquecer o tesouro escondido em seu seio. Como está envolvida pelo corpo terrestre, ela se dedica muito tempo só ao cuidado do corpo, recorrendo para isso ao sentido e mesmo à razão bem mais do que deveria. Donde resulta que a alma não contempla a luz da face divina que nela não cessa de brilhar a não ser quando o corpo é adulto e a razão desperta, com a qual irá contemplar a face de Deus que brilha claramente diante de nossos olhos na máquina do mundo. [E dessa contemplação ela se eleva à visão do rosto de Deus que resplandece no interior da alma. E, assim como o rosto do pai é agradável a seus filhos, também é necessário que o rosto de Deus Pai seja muito agradável às almas. O esplendor e a graça dessa face, quer se encontre no Anjo, na alma ou na matéria mundana, devem ser chamados de Beleza universal, e o apetite que se dirige a ela deve ser chamado de Amor universal.] *E não duvidamos de que essa beleza seja incorpórea, pois é manifesto que nada há de corpóreo no Anjo nem na alma, e que seja igualmente incorpórea nos corpos, é isso que demonstramos acima; o que podemos também compreender aqui, considerando que nosso olho nada mais vê do que a luz do Sol, na medida em que só percebemos as formas e as cores do corpos quando estes são iluminados pela luz: eles não entram com sua matéria no olho. E no entanto parece necessário que eles devam estar nos olhos, a fim de que sejam vistos por esses olhos. Há portanto uma luz do sol pintada com as cores e as formas de todos os corpos que encontra, que se apresenta diante de nossos olhos; e os olhos, graças a um certo raio natural que lhes é próprio, apreendem essa luz do sol assim pintada e, uma vez que a apreenderam, vêem nessa luz todas as pinturas que ali se encontram. Assim toda essa ordem do mundo visível é apreendida pelos olhos, não tal como se encontra na matéria dos corpos, mas tal como se encontra na própria luz infundida nos olhos. E, como está nessa luz já separada da matéria, ela é necessariamente sem corpo.* [E é evidente que essa luz não pode ser um corpo, pois basta-lhe um instante para ocupar a quase totalidade do mundo de oriente a ocidente, e ela penetra por toda a parte o corpo do ar e da água sem nenhuma alteração, e ilumina a podridão sem no entanto sujarse; coisas essas que não se ajustam à natureza do corpo, pois o corpo não se desloca num instante, mas com o tempo, e um corpo não penetra outro sem alteração de um deles ou de ambos: e dois corpos alteram-se reciprocamente quando misturados, o que demonstra a mistura de água e vinho, de fogo e terra.] *Dado que a luz do sol é incorpórea, tudo o que ela recebe o recebe segundo seu próprio modo. Assim ela recebe espiritualmente as cores e as figuras dos corpos, e é espiritualmente que ela é recebida pelos olhos. Donde se segue que todo o ornamento desse mundo, que é o terceiro rosto de Deus, se oferece incorporeamente aos olhos graças à luz incorpórea do Sol.*

[*Como nascem o Amor e o Ódio e de que maneira o que constitui a beleza é de essência espiritual*, Capítulo V

Segue-se de tudo isso que cada graça da divina Face, que chamamos de beleza universal, é não apenas incorpórea no Anjo e na alma, mas igualmente no olhar dos olhos. Comovidos pela admiração, amamos não somente a totalidade desse rosto mas também suas partes, donde nasce o Amor particular de uma Beleza particular.

Assim sentimos afeição por um ser humano, enquanto elemento da ordem mundana, tanto mais quanto nele brilhar manifestamente a centelha da beleza divina. Essa afeição depende de duas causas: seja porque a imagem do rosto paterno nos agrada, seja porque a aparência e a figura do homem bem proporcionado esposa intimamente essa marca ou razão verdadeira da forma humana, que nossa alma recebeu do Autor do todo e conserva dentro de si. Assim, quando a imagem de um homem exterior captada pelos sentidos e introduzida na alma não se ajusta à figura do homem original que a alma possui em si, logo essa imagem nos desagrada e sua feiúra engendra o ódio: se, ao contrário, ela se ajusta ao modelo, ela nos agrada e sua beleza desperta o amor. Por isso acontece de certas pessoas que encontramos nos desagradarem ou agradarem imediatamente, embora não compreendamos a razão, porque a alma, entravada pelo exercício do corpo, não olha as formas que estão por natureza nela mesma, e, conforme lhe pareça justa ou falsa a forma da coisa exterior comparada com a forma da própria coisa que está pintada dentro de si, a alma comovida odeia ou ama essa coisa. O raio de luz divina, de que falamos acima, infunde no Anjo e na alma a verdadeira figura do homem, que deve engendrar-se em sua totalidade; mas sendo o homem composto de matéria mundana, que é o que há de mais afastado de Deus, sua forma é muito degenerada em relação à sua figura completa;] *ela será mais semelhante na matéria melhor disposta, e menos semelhante nos outros casos. A que é mais semelhante, assim como está em harmonia com a força de Deus e com a idéia do Anjo, também se harmoniza com a razão e a marca que se encontram na alma; a alma aprova a conformidade dessa harmonia, e é nessa conformidade que consiste a Beleza* (e é nessa aprovação da alma que consiste a afeição do Amor; e como a Idéia e a razão ou marca são alheias à matéria do corpo segue-se que a composição do homem é julgada semelhante àquelas, não pela matéria ou pela quantidade, mas por alguma outra parte incorpórea. E, conforme seu grau de semelhança, tal composição está em harmonia com a idéia ou razão e, conforme sua harmonização, ela é mais ou menos bela, donde resulta que o corpo e a Beleza são diferentes). Se alguém perguntar de que modo a forma do corpo pode ser semelhante à forma e razão do Anjo e da alma, pedirei que considere a construção do arquiteto. De início o Arquiteto concebe em sua alma a razão e quase[307] a Idéia do prédio: em seguida constrói a casa (na medida do possível) tal como a concebeu no espírito. Quem negará que a casa é um corpo? E que esta se parecerá muito com a Idéia incorpórea do artífice, à semelhança da qual foi feita? E essa semelhança deve-se mais a uma certa ordem incorpórea do que à matéria. Esforça-te por extrair dela a matéria, se podes: extraí-la com o pensamento. Retira, pois, do edifício a matéria e deixa a ordem: não te restará nada de corpo material, ao passo que será uma única e mesma ordem aquela que provém do artífice e a que permanece nele. Faz agora o mesmo com o corpo de um homem qualquer, e descobrirás que a forma desse corpo, que se harmoniza com a marca da alma, é simples e sem matéria.][308]

Quantas partes contribuem para fazer uma coisa bela, e o quanto a beleza é um dom espiritual, Capítulo VI

Pois, afinal, o que é a beleza do corpo? Ela é, certamente, uma determinada atitude, vivacidade e graça, que brilha no corpo sob a influência de sua idéia. Esse esplendor não desce até a matéria se esta não foi previamente preparada. E a preparação do corpo vivo consiste em três coisas: a ordem, o modo e a espécie ou aparência. A ordem significa a distância entre as partes; o modo significa a quantidade; a espécie significa as linhas e as cores. Pois em primeiro lugar é preciso que cada membro do corpo esteja em seu lugar natural, isto é, que as orelhas, os olhos, o nariz e os outros membros estejam em seu lugar, e que os dois olhos estejam igualmente próximos do nariz, e que as duas orelhas estejam igualmente afastadas dos olhos. Mas essa paridade das distâncias, que pertence à ordem, não é suficiente, e cumpre acrescentar o modo das partes que atribui a cada membro o tamanho pretendido, levando em conta a proporção de todo o corpo. [Para isso é preciso que três narizes correspondam à altura do rosto, que os dois semicírculos das orelhas reunidos correspondam à circunferência da boca aberta, e que esta seja igual à das sobrancelhas reunidas. O comprido do nariz deve igualar o dos lábios e das orelhas, e os dois círculos dos olhos são iguais à abertura da boca. O comprimento do corpo corresponde a oito cabeças, e também ao dos braços e pernas estendidos lateralmente[309].] *Além disso pensamos que a aparência é necessária para que os traços das linhas e os esplendores dos olhos enfeitem a ordem e o modo das partes. Embora essas três coisas estejam na matéria, elas não podem de maneira alguma ser uma parte do corpo. A ordem dos membros não é um outro membro, porque a ordem está em todos os membros, e nenhum membro se encontra em todos eles. Acrescente-se que a ordem não é senão uma distância harmoniosa entre as partes, e essa distância ou é nula, ou é vazia, ou é um traço de linhas. Mas quem sustentará que as linhas são um corpo? Pois elas carecem de largura e profundidade, que são necessárias ao corpo. Também o modo não é quantidade, mas limite de quantidade. Os limites são superfícies, linhas e pontos, coisas essas que, não tendo profundidade, não podem ser chamadas de corpos. E a aparência, do mesmo modo, não reside na matéria, mas na ditosa concordância de luzes, sombras e linhas. A Beleza portanto está tão afastada da matéria corpórea, que só se comunicará com ela se esta estiver devidamente disposta graças às três preparações incorpóreas de que falamos. O fundamento dessas três preparações encontra-se na constituição equilibrada dos quatro elementos, de modo que nosso corpo é muito semelhante ao céu, cuja substância é equilibrada, enquanto não rebelar-se contra a forma da alma pelo desregramento de algum humor. Assim o esplendor celeste aparecerá facilmente no corpo semelhante ao céu. E essa forma perfeita do homem, que a alma possui, será mais semelhante numa matéria pacífica e obediente.* [É da mesma maneira que as vozes se dispõem para receber sua Beleza. Sua ordem é subir da voz grave à oitava e descer da oitava à voz grave. O modo consiste em passar adequadamente pelas terças, quartas, quintas e sextas vozes, tons e semitons. A espécie é a ressonância de uma voz clara. É através desses três fatores que os corpos compostos de numerosos membros, como as árvores, os animais e a reunião de várias vozes, dispõem-se a receber a Beleza; e os corpos mais simples, como são os quatro elementos, as pedras, os metais e as vozes simples, são adequadamente preparados para receber essa beleza por uma certa fecundidade e clareza equilibradas de sua natureza. Mas a alma já está preparada por natureza para receber a beleza, essencialmente por ser espírito e espelho de Deus, no qual, como explicamos antes, brilha a imagem da face divina.

Assim como não é preciso acrescentar nada ao ouro para que ele pareça belo, bastando depurá-lo das partes terrosas que o obscurecem,] *também a alma não tem necessidade de nada além dela mesma para ser bela. Basta afastar o cuidado e a solicitude do corpo, as perturbações da cupidez e do temor, para que logo se apresente a beleza natural da alma.* [Mas a fim de que nosso discurso não exceda seu propósito], *concluamos brevemente dizendo que a Beleza é uma certa graça vivaz e espiritual, que pelo raio divino infunde-se primeiro nos Anjos, depois nas almas dos homens e por fim nas figuras* [e vozes] *corporais; e essa graça comove e encanta nossa alma por meio da razão e da visão* [e da audição], *e por seu encanto nos arrebata, e ao nos arrebatar nos inflama de amor ardente.*

G. P. LOMAZZO[310]

[*Do modo de conhecer e*[311] *de construir as proporções conforme a beleza*, Capítulo XXVI

Falta-me abordar as vias gerais da exposição racional de todas as partes da arte, e antes de tudo da proporção, comumente considerada como essa coisa incorpórea que nos corpos inclui o conjunto dos membros e nasce das partes. Embora a proporção seja, em si, uma única e mesma coisa, há vários modos de conhecê-la e estabelecê-la, tendo em vista a natureza da beleza que ela possibilita às pinturas, para representar o verdadeiro que se vê nos corpos. O que é alcançado de numerosas formas, dadas as diferenças que encontramos nos corpos, tanto no que concerne à beleza da alma quanto em relação ao equilíbrio do corpo, para retomar o que dizem os platônicos.] *E devemos antes de mais nada saber que a beleza nada mais é do que uma certa graça, viva e espiritual, que se infunde pela luz divina primeiramente nos Anjos, nos quais se vêem as figuras de qualquer esfera, neles chamadas de modelos e idéias; depois ela penetra nas almas, onde as figuras chamam-se razões e noções, e por fim na matéria, onde são chamadas de imagens e formas* [e aí, graças à razão e ao sentido da visão, ela encanta a todos os homens, em graus diversos, conforme explicaremos adiante]. *Essa beleza resplandece na face de Deus e nos três espelhos hierarquicamente dispostos do Anjo, da alma e do corpo, no primeiro de forma muito clara porque muito próxima de Deus, no segundo menos claramente porque mais afastado, e no terceiro obscuramente porque muito afastado. Mas o Anjo, que não é entravado por nenhum corpo, reflete-se em si mesmo e vê em si próprio sua beleza. A alma que foi criada cercada de um corpo terrestre cede à preocupação pelo corpo. A alma esquece portanto essa beleza que está oculta nela e dedica-se apenas ao uso do corpo, dobrando a esse cuidado os sentidos e às vezes até mesmo a razão. Por isso a alma só contempla essa beleza que, não obstante, resplandece continuamente nela depois que o corpo acaba de crescer e a razão desperta. Assim a beleza do corpo não é senão uma atitude cheia de vivacidade e de graça que brilha nele sob o influxo de sua idéia, que só desce à matéria se esta foi previamente preparada. E essa preparação do corpo vivo opera-se de acordo com três coisas, que são a ordem, o modo e a aparência. A ordem é a diferença das partes, o modo é a quantidade delas, e a aparência, as linhas e as cores. Daí ser preciso, antes de tudo, que cada membro se situe no lugar que lhe corresponde, que os olhos, por exemplo, estejam igualmente próximos do nariz, e que as orelhas estejam igualmente afastadas dos olhos. Mas essa igualdade das distâncias, que pertence à ordem, não seria suficiente se não lhe acrescentássemos o modo das partes, que atribui a cada membro o tamanho que lhe corresponde, levando-se em conta a proporção do conjunto do corpo; além disso a aparência é também necessária para que os traços artificiais das linhas e o esplendor dos olhos ou cor enfeitem a ordem e o modo das partes. Embora essas três coisas estejam na matéria, elas não podem de maneira alguma constituir uma parte do corpo* [como afirma Ficino em seu *Comentário ao Banquete* de Platão]: *a ordem dos membros não é um outro membro, porque a ordem se encontra em todos os membros, e nenhum membro pode estar em todos os membros. Convém acrescentar que a ordem nada mais é do que uma distância harmoniosa entre as partes, e essa distância é ou nula, ou vazia, ou um traçado de linhas. E as linhas não podem ser um corpo, pois carecem da largura e da profundidade necessárias a todo corpo. Também o modo não é quantidade, mas limite de quantidade, e os limites são superfícies, pontos e linhas, coisas essas que, privadas de profundidade, não podem ser chamadas de corpos. E por fim a aparência tampouco está na matéria, mas na feliz concordância das luzes, sombras e linhas. Portanto a beleza está tão afastada da matéria corpórea que só poderá descer a ela se a matéria for disposta de acordo com as três preparações mencionadas. E o fundamento destas encontra-se na reunião equilibrada dos quatro elementos, de modo que nosso corpo é muito semelhante ao Céu, cuja substância é equilibrada. Se um excesso de humores não impedir o poder formador da alma, os esplendores celestes aparecerão facilmente no corpo semelhante ao céu e a essa forma perfeita do homem, que a alma possui na matéria pacífica e obediente.* [Quanto ao equilíbrio dos corpos, convém saber que ele provém das qualidades pelas quais todos os nossos corpos são dessemelhantes entre si, segundo a maior ou menor mistura dessas qualidades, tal como nos ensinam os matemáticos (os Astrólogos) e como podemos constatar pela experiência. Mas só pode haver quatro modos de dessemelhança conforme o número dos elementos e a força de suas qualidades, dos quais os matemáticos afirmam que são como que os fundamentos de todas as formas ou maneiras dos corpos humanos. Como o fogo reúne principalmente as qualidades do quente e do seco, sendo que o quente dilata e o seco fortifica, segue-se que os corpos marcianos têm membros grandes, desenvolvidos, fortes e peludos. Como o ar é principalmente úmido e toma o calor do fogo, que dilata menos do que a umidade aumenta e amolece, segue-se que os corpos jupiterianos têm membros menores do que os corpos marcianos, porém equilibrados, delicados ao tato e salientes. Como a água corresponde sobretudo ao frio e participa da umidade do ar, e como o frio é adstringente e endurece enquanto a umidade amolece, segue-se que os corpos lunares são menores que os jupiterianos, e desproporcionados, duros e fracos. E, finalmente, como a terra é de natureza principalmente seca sob a influência do fogo, e fria sob a influência da água, e como o seco e o frio são muito rudes, segue-se que os corpos saturninos são muito mais rudes que os marcianos, e com membros estreitos e côncavos. É dessas quatro qualidades que nascem todas as outras figuras, como as solares — que, segundo os Astrólogos, por participar o Sol um pouco das qualidades de Saturno, têm membros menos grosseiros do que os dos corpos marcianos, porém mais grosseiros do que os dos jupiterianos; os corpos venusianos, tendendo Vênus à natureza de Júpiter, são grandes e bem proporcionados, muito delicados e com membros muito belos, por causa de uma natureza equilibrada entre o úmido e o quente. Do mesmo modo os Astrólogos extraem a forma dos corpos mercuriais das qualidades do planeta Mercúrio. Vemos assim que a beleza depende principalmente dessas qualidades ativas e passivas: e ela deve ser expressa na obra com as proporções e os membros que são os da imagem natural na alma, cuja matéria teria sido previamente preparada por Saturno para a gravidade, por Júpiter para a magnificência e a alegria, por Marte para a coragem e a força, pelo Sol para a magnanimidade e a nobreza, por Vênus para o prazer, por Mercúrio para a inteligência e a perspicácia, e pela Lua para a clemência. Mas essas qualidades podem ser desvirtuadas, por Saturno em miséria, por Júpiter em avareza, por Marte em crueldade, pelo Sol em tirania, por Vênus em lascívia, por Mercúrio em perfídia e bruxaria, pela Lua em instabilidade e leviandade. E, quando a beleza desagradar por um desses termos, a causa só poderá ser o fato de que tais qualidades são contrariadas. Pois sabemos que em seus gestos, atitudes, corpo, voz, disposição dos membros e cores, os saturninos são diferentes dos marcianos e venusianos; os jupiterianos dos marcianos; os marcianos dos saturninos, dos jupiterianos, dos solares, dos mercuriais e dos lunares; os solares dos marcianos, mercuriais e lunares; os venusianos dos saturninos; os mercuriais dos marcianos e solares; os lunares dos marcianos, solares e mercuriais. E, ao contrário, os saturninos se harmonizam com os que estão sob a influência de Mercúrio, Júpiter, Sol e Lua; os jupiterianos com os influenciados por Saturno, Sol, Vênus, Mercúrio e Lua; os solares com os jupiterianos e venusianos; os venusianos com os jupiterianos, marcianos, solares, mercuriais e lunares; os mercuriais com os jupiterianos, venusianos e saturninos; e os lunares, enfim, com os jupiterianos, venusianos e saturninos. E essa concordância ou discordância entre as criaturas será tanto mais manifesta quanto mais ou menos as disposições das matérias forem conformes ou contrárias às almas, cujo desenvolvimento é simultâneo ao das matérias. Segue-se que num grupo de quatro ou seis homens ou mulheres, um ou uma irá agradar mais a outro ou outra, e um amará mais aquele ou aquela que outro irá detestar. E isso é ainda mais evidente nas artes, pois é possível odiar uma arte que outro ama, donde a verdade de que todas as naturezas recobrem todas as artes. E, finalmente, nada ilustra melhor tal afirmação que o julgamento ou o gosto que se tem da beleza, pois, mesmo se uma mulher é realmente bela, ela não agradará da mesma forma a todos os homens. Porque uns a amarão por seus olhos, outros pelo nariz, pela boca, outros ainda por sua fronte, seus cabelos, seu pescoço, ou então por seu peito, suas mãos ou qualquer outra parte do corpo. Alguns amarão sua graça, outros suas maneiras, ou sua virtude, ou seu andar, ou então seu olhar. E assim sucede com todos os corpos, dos quais uma parte pode agradar e ser considerada bela, como os olhos por exemplo, e outra desagradar e ser considerada horrível, como a fronte e a boca, por exemplo. Por isso é preciso considerar atentamente todas essas coisas para poder dar as justas proporções à natureza e às atitudes dos corpos, a fim de que estes sejam totalmente agradáveis ou desagradáveis. Assim, numa história, a beleza de um Rei solar deverá consistir na majestade ou no gesto do príncipe ou daquele que comanda, a beleza de um soldado marciano aparecerá melhor se ele for representado em batalhas ou combates ofensivos ou defensivos; a beleza de um venusiano, na graça ou na delicadeza de alguém que fala, beija ou faz galanteios. Dando assim a cada corpo as propriedades correspondentes à sua natureza e à sua arte, poderemos fazer surgir o prazer associado à beleza; representaremos portanto um facínora com cordas, facas e correntes; as crianças com pássaros, cães, flores e outras ninharias. E o Pintor reencontrará tudo isso na concordância da arte, o Filósofo nas representações segundo a matéria, o Historiador nas reflexões, e todos os outros artistas naquilo que é da competência de sua arte. Isso compreendemos claramente por experiência, como quando, sem falar dos membros e de sua proporção, diante de um retrato confrontado a seu modelo vivo, muitos são os que o julgarão de numerosas formas, conforme a natureza de seu olhar. Um julgará a cor do retrato semelhante à do modelo vivo, outro, ao contrário, a julgará mais branca, mais amarela, mais vermelha ou mais escura. Isso se deve ao fato de que a luz não brilha no retrato pintado do mesmo modo que no modelo vivo, e os raios que partem dos olhos só podem seguir sua própria natureza ou qualidade; mas a matéria não deve brilhar no espírito, do qual é preciso aproximar-se o máximo possível. Compreende-se assim que a imitação não passe pelas cores nem pelas superfícies, que a uns parecerão demasiado largas, a outros demasiado estreitas, ou demasiado longas ou curtas. Podemos portanto afirmar que o artista deve se preocupar mais com a razão do que com o prazer particular de cada um, porque a obra deve ser universal e perfeita, e se proceder de outro modo trabalhará em vão.] *E alguns reconhecem que nada deve ser acrescentado à alma para que ela se mostre bela na obra, e que basta zelar pelo corpo e afastar dele as perturbações devidas à cupidez e ao temor para que apareça nas suas obras a beleza natural e racional* [da sua alma e da alma daqueles que são despojados de todo afeto, que são também aqueles que os aprovam e louvam, sem se preocupar com as opiniões dos que levam mais em conta o prazer sensual do corpo do que a razão do espírito, e vivem portanto na lama, privados de qualquer brilho de julgamento.] *Pois não há verdadeira beleza senão aquela apreciada pela razão e não por essas duas janelas corporais. O que é facilmente demonstrável, porque ninguém pode duvidar de que a beleza se encontra nos Anjos, nas almas e nos corpos, e de que o olho não pode ver sem luz... Pois as figuras e as cores dos corpos só são vistas se iluminadas pela luz, e estas não chegam aos olhos com sua matéria, embora pareça necessário que devam estar nos olhos a fim de que sejam vistas por eles. Assim, a luz do sol pintada com as cores e as figuras de todos os corpos que encontra é representada diante de nossos olhos graças a uma certa irradiação natural delas. E é captando-a assim pintada que chegamos a ver essa luz e todas as pinturas que ela contém. Toda a ordem do mundo que vemos é captada por nossos olhos, não porque essa ordem se encontre na matéria dos corpos, mas porque se encontra precisamente na luz infundida em nossos olhos. E é por se encontrar aí, sem corpo e já separado da matéria necessária, que todo ornamento se oferece a nós através da luz. Se a ordem do mundo é incorporada em nossos olhos e não em nossos corpos, a beleza será tanto mais manifesta quanto mais se assemelhar, na matéria bem disposta, à verdadeira figura infundida no Anjo e na alma pelo raio divino. E, quando a matéria está em harmonia com a força de Deus e a Idéia do Anjo, ela também se harmoniza com a razão e a marca que se encontra na alma; e é nessa conveniência harmoniosa que consiste a beleza, a qual, conforme a matéria esteja mais ou menos disposta, resplandece em graus diversos.* [Quanto a essa beleza infundida nos corpos e mais ou menos aparente neles, o pintor consciencioso deve retirar dela as proporções e acomodá-las à sua obra conforme as diversas naturezas ou qualidades enumeradas acima.]

APÊNDICE II

GIO PIETRO BELLORI

A IDÉIA DO PINTOR, DO ESCULTOR E DO ARQUITETO, OBTIDA DAS BELEZAS NATURAIS E SUPERIOR À NATUREZA[312]

Essa suprema e eterna inteligência, autora da natureza e de suas obras maravilhosas, ao olhar profundamente para si mesma, criou as primeiras formas chamadas Idéias, de modo que cada espécie foi expressa a partir dessa Idéia primeira, e assim se formou o admirável tecido das coisas criadas. Mas os corpos celestes que estão acima da Lua não estão sujeitos à mudança, e permanecerão eternamente belos, e ordenados, tal como podemos sempre vê-los na harmonia de suas esferas e no esplendor de sua aparência. Os corpos sublunares, ao contrário, estão submetidos à mudança e à feiúra: e ainda que a Natureza tenda sempre a produzir efeitos excelentes, por causa da desigualdade da matéria, as formas se alteram, e particularmente a beleza humana, como podemos ver nas múltiplas deformidades e desproporções que estão em nós. Por isso os nobres Pintores e Escultores, imitando o primeiro Operário, formam igualmente em seus espíritos um modelo de beleza superior e, sem afastá-lo dos olhos, emendam[313] a natureza corrigindo suas cores e suas linhas. Essa Idéia, ou Deusa da Pintura e da Escultura, uma vez retirado seu véu pelos grandes espíritos, os Dédalos e os Apeles, revela-se a nossos olhos e desce até os mármores e as telas: originada da natureza, ela ultrapassa sua origem e torna-se ela mesma origem da arte; medida pelo compasso do entendimento, torna-se medida da mão operante e, animada pela imaginação, dá vida às imagens. Os maiores filósofos demonstraram que as causas exemplares encontram-se nas almas dos Artífices, onde permanecem perpetuamente belas e perfeitas. A Idéia do Pintor e do Escultor é esse modelo perfeito e excelente no espírito, ao qual se assemelham as coisas que estão diante dos nossos olhos porque imitam sua forma imaginada; Cícero formula essa definição no livro do *Orador*: "*Ut igitur in formis et figuris est aliquid perfectum et excellens, cujus ad excogitatam speciem imitando referentur ea quae sub oculis ipsa cadunt, sic perfectae speciem animo videmus, effigiem auribus quaerimus.*"[314] Assim a Idéia constitui a perfeição da beleza natural e une a verdade à verossimilhança das coisas que estão sob nossos olhos, e aspira sempre ao melhor e ao maravilhoso, rivalizando e ultrapassando até mesmo a natureza, pois suas obras são belas e realizadas a um ponto que a natureza nunca atinge. É essa superioridade que afirma Proclo no *Timeu* ao dizer: se compararmos um homem natural a um homem produzido pela arte da estatuária, o homem natural terá menos imponência, porque a arte opera com mais precisão[315]. Mas Zêuxis, que com cinco virgens formou a imagem tão célebre de Helena[316], dada como exemplo por Cícero no *Orador*, ensina o Pintor e o Escultor a contemplar a Idéia das mais belas formas naturais e a escolher, dentre os diversos corpos, os mais belos.

Ele não pensou, com efeito, encontrar num único corpo todas as perfeições que buscava para representar a beleza de Helena, pois a natureza não faz nada de perfeito em todas as partes: "*Neque enim putavit omnia, quae quereret ad venustatem, uno in corpore se reperire posse, ideo quod nihil simplici in genere omnibus ex partibus natura expoliuit.*"[317] Por isso Máximo de Tiro afirma que a imagem dos Pintores assim obtida de corpos diferentes produz uma beleza que não se encontra em nenhum corpo natural e que se aproxima das belas estátuas[318]. É também o que concedia Parrásio a Sócrates ao dizer que o Pintor, propondo-se em cada forma a beleza natural, deveria tomar em diferentes corpos o que cada um tivesse de mais perfeito, pois era difícil encontrar um só que reunisse todas as perfeições[319]. Ao contrário, a natureza é tão inferior à arte que os Artistas imitadores cegos dos corpos, desdenhosos da Idéia, foram reprovados: censurou-se Demetrius por ser demasiado natural[320], censurou-se Dionísio por ter pintado os homens à nossa semelhança, e por isso ele foi cognominado ἀνθρωπόγραφος, ou seja, o pintor de homens[321]. Páusias[322] e Pirrêico[323] foram condenados por terem imitado os mais vis e horríveis homens naturais, assim como em nossos dias reprova-se Caravaggio por ter sido demasiado natural e Bamboccio por ter reproduzido as mais horríveis criaturas. Lisipo igualmente censurava a maioria dos escultores por tomarem por modelo os homens tais como se encontravam na natureza, ao passo que ele se vangloriava de representá-los tais como deveriam ser[324], o mesmo preceito dado por Aristóteles tanto aos Poetas quanto aos Pintores[325]. Fídias jamais caiu nesse erro, ele que espantava os mortais com suas esculturas de Heróis e de Deuses, para as quais havia imitado mais a Idéia do que a Natureza; e Cícero dizia que, quando esculpia uma figura de Zeus ou de Minerva, Fídias não contemplava nenhum objeto de onde tirar a semelhança, mas fixava em seu espírito uma forma de uma beleza superior da qual sua mão procurava reproduzir a semelhança. "*Nec vero ille artifex cum faceret Jovis formam aut Minervae, contemplabatur aliquem, a quo similitudinem duceret, sed ipsius in mente insidebat species pulchritudinis eximia quaedam, quam intuens in eaque defixus ad illius similitudinem artem et manum dirigebat.*"[326] E Sêneca, embora estóico e crítico severo de nossas artes, maravilhou-se de que esse escultor, não tendo visto Júpiter nem Minerva, conseguisse no entanto conceber em sua alma suas formas divinas. "*Non vidit Phidias Iovem, fecit tamen velut tonantem, nec stetit ante oculos eius Minerva, dignus tamen illa arte animus et concepit Deos et exhibuit.*"[327] Apolônio de Tiana nos diz a mesma coisa, isto é, que a fantasia, mais do que a imitação, torna sábio o pintor, porque esta só permite reproduzir as coisas visíveis, enquanto aquela permite representar também as coisas invisíveis. Seguindo o exemplo dos antigos, os melhores de nossos modernos[328], como Leone Battista Alberti, ensinam que é preciso amar em todas as coisas não apenas a semelhança, mas sobretudo a beleza, e que esta deve ser obtida das mais belas partes dos corpos mais belos[329]. Também Leonardo da Vinci aconselha o Pintor a formar-se essa Idéia, a olhar bem o que vê e debater interiormente, a fim de escolher as partes mais excelentes de todas as coisas[330]. Rafael de Urbino, o grande mestre dos que sabem, escreve a Castiglione sobre sua *Galateia*: "Para pintar uma bela, eu precisaria ver várias, mas, como não há muitas mulheres belas, servi-me de uma certa idéia que tinha no espírito."[331] Guido Reni, que é o maior artista de nosso século no que diz respeito à formosura, escreveu a Monsenhor Massani, chefe da casa de Urbano VII, por ocasião do envio a Roma de seu São Miguel Arcanjo para a igreja dos Capuchinhos: "Gostaria de ter tido um pincel angélico ou modelos edênicos para formar o Arcanjo e vê-lo no céu, mas não pude subir tão alto, e procurei-o em vão na terra. Assim olhei para a forma que eu havia fixado na Idéia. Existe também a idéia da feiúra, mas não ouso exprimi-la sequer no Demônio, pois fujo dela mesmo em pensamento." E Guido vangloriava-se de pintar a beleza, não como se apresentava a seus olhos, mas como ele a via na Idéia: foi assim que sua bela Helena raptada tornou-se tão célebre quanto a de Zêuxis. Mas essa Helena não foi tão bela quanto os dois artistas a imaginaram, pois sabemos que alguns encontraram defeitos nela; dizem até que jamais foi levada a Tróia, mas que em seu lugar transportaram uma estátua, por cuja beleza guerreou-se durante dez anos. E dizem que, se Homero prestou homenagem a essa mulher em seus poemas, embora ela não fosse divina, foi para enaltecer os gregos e enobrecer o tema da guerra de Tróia, do mesmo modo que ele exagerou a coragem de Aquiles e a prudência de Ulisses. Helena portanto, com sua beleza natural, não igualou as formas de Zêuxis e de Homero; e não existiu mulher que fosse tão bela quanto a Vênus de Cnido ou a Minerva de Atenas, cognominada "a bela forma", assim como não existe hoje homem cuja força possa se comparar à do Hércules Farnésio de Glicão, nem mulher cuja formosura se aproxime à da Vênus de Médicis de Cleomenes. Por isso os melhores poetas e prosadores, quando querem celebrar alguma beleza sobre-humana, comparam-na a uma estátua ou a uma pintura. Quando Ovídio descreve o belíssimo centauro Cillaro, aproxima sua beleza à das estátuas mais célebres:

Gratus in ore vigor, cervix, humerique, manusque
Pectoraque Artificium laudatis proxima signis. [332]

E ele nos diz numa outra passagem que, se Apeles não tivesse pintado Vênus, esta permaneceria para sempre imersa no fundo do mar onde nasceu:

Si Venerem Cois nunquam pinxisset Apelles
Mersa sub aequoris illa lateret aquis. [333]

Filóstrato exalta a beleza de Euforbo dizendo-nos que ela era semelhante à das estátuas de Apolo[334], e diz que a beleza de Aquiles ultrapassava a de seu sobrinho

Neoptolemo, assim como as estátuas ultrapassam em beleza os humanos[335]. Ariosto, para representar a beleza de Angélica, compara-a, presa à sua rocha, à obra de um hábil escultor.

Eu a teria julgado fingida
De alabastro ou outro mármore ilustre,
Rogério, ou então encadeada à rocha
Pelo artifício de um hábil escultor.[336]

E nestes versos Ariosto imitou Ovídio em sua descrição de Andrômeda:

Quam simul ad duras religatam bracchia cautes
Vidit Abantiades, nisi quod levis aura capillos
Moverat, et tepido manabant lumina fletu;
Marmoreum ratus esset opus.[337]

Marino, celebrando a Madalena pintada por Ticiano, dirige os mesmos louvores à pintura e eleva a Idéia do Artista acima das coisas naturais:

Mas a natureza cede, e o verdadeiro,
Diante do que finge o sábio Artista,
Que assim como a possuía na alma e no pensamento
Assim a pintou aqui tão bela e viva.[338]

Por isso Aristóteles não parece bem interpretado na Tragédia de Castelvetro, quando este afirma que a essência da pintura não é formar uma imagem bela e perfeita, mas formar uma imagem semelhante ao modelo natural, seja este belo ou disforme, sob pretexto de que o excesso de beleza prejudica a semelhança[339]. Essas afirmações de Catelvetro só se aplicam aos pintores de imagens[340] e de retratos, que não seguem nenhuma Idéia e submetem-se à feiúra do rosto e do corpo, não podendo acrescentar beleza nem corrigir as deformidades naturais, pois senão o retrato seria talvez mais belo e menos semelhante. Mas o Filósofo não falava dessa imitação plástica quando aconselhava o poeta trágico a imitar os costumes dos melhores homens, dando-lhe como exemplo os bons Pintores e Escultores de imagens perfeitas que recorrem à Idéia; eis suas próprias palavras: "Como a tragédia é imitação dos melhores, é preciso que imitemos os bons pintores: estes, com efeito, para reproduzir a forma particular do original, e embora compondo retratos semelhantes, pintam-nos mais belos, restituindo a forma própria... produzindo-os semelhantes [ao que são] ... pintam-nos mais belos [do que são]."[b341]

Representar os homens mais belos do que costumam ser e escolher o mais perfeito, eis o que compete à Idéia. Mas existe apenas uma única Idéia dessa beleza; diversas são suas formas, poderosas e magnânimas, alegres, delicadas, de qualquer idade e de ambos os sexos. No monte Ida cheio de delícias, não louvamos com Páris apenas a doce Vênus, e nos jardins de Nisa não festejamos somente o jovem Baco; mas, nos jogos fatigantes de Manalos e de Delos, admiramos Apolo com a aljava e a arqueira Diana. Bem diferente, por certo, foi a beleza de Zeus no Olimpo e a de Juno em Samos, bem diferente também a de Hércules em Lindos e a de Cupido em Thespia; assim, diversas formas correspondem a diversas belezas, pois não há outra beleza senão a que faz as coisas tais como são em sua própria e perfeita natureza; a beleza que os melhores Pintores escolhem, ao contemplarem a forma de cada ser. Convém além disso considerar que, como a pintura é representação de ação humana, o Pintor deve reter em seu espírito os modelos dos afetos ligados a essas ações, assim como o Poeta retém a Idéia do colérico, do pusilânime, do triste, do alegre, do riso e do pranto, do temor e da coragem. E esses movimentos devem permanecer impressos na alma do Artista por uma contemplação contínua da natureza, pois é impossível que ele os reproduza com a mão a partir do natural se não os forjou primeiro na imaginação; e para fazê-lo precisa estar muito atento, pois os movimentos da alma só se manifestam por instantes muito breves. Assim o Pintor ou o Escultor, ao imitar as poses do modelo que se encontra à sua frente, e considerando que este não manifesta nenhum afeto, mas ao contrário está vazio de toda emoção tanto na alma quanto nos gestos que lhe são impostos, o Pintor ou o Escultor deve forjar-se uma imagem do natural, observando as emoções humanas a fim de fazer coincidir os movimentos do corpo com os da alma, de modo que estes remetam àqueles e vice-versa. A própria Arquitetura recorre à sua Idéia perfeita: Fílon[342] nos diz que Deus, como todo bom Arquiteto, ao contemplar a Idéia e o modelo que se havia proposto, criou o mundo sensível a partir do mundo ideal e inteligível. De tal modo que a Arquitetura, dependendo de uma causa exemplar, faz-se ela também superior à natureza: assim Ovídio, em sua descrição da gruta de Diana, diz que a Natureza quis imitar a arte para criá-la:

Arte Laboratum nulla, simulaverat artem
Ingenio Natura suo.[343]

E disso talvez se tenha lembrado Torquato Tasso ao descrever o jardim de Armida:

Dir-se-ia um objeto de arte da natureza, que por prazer
Sua imitadora imitasse brincando.[344]

Isso lembra igualmente esta argumentação de Aristóteles: se a construção de um esplêndido edifício fosse uma coisa natural, de qualquer modo ela seria executada pela natureza de acordo com as mesmas regras da Arquitetura a fim de alcançar seu ponto de perfeição[345], do mesmo modo que as moradas dos Deuses foram imaginadas pelos Poetas de acordo com a arte dos Arquitetos, com toda uma disposição de arcadas e colunas, tais como eles descreveram os palácios do Sol e do Amor, transportando a Arquitetura ao céu. Os sábios da Antiguidade formaram em seu espírito essa Idéia e deusa da Beleza olhando sempre as mais belas partes das coisas naturais, pois é horrível e vil essa outra Idéia que se baseia essencialmente na prática, querendo Platão que a

Idéia seja um conhecimento perfeito da coisa a partir da Natureza[346]. Quintiliano nos ensina de que modo todas as coisas aperfeiçoadas pela arte e pelo espírito humano têm seu princípio na própria Natureza[347], de onde deriva a Idéia verdadeira. Conseqüentemente, aqueles que, sem conhecer a verdade, baseiam-se inteiramente na prática, esses representam em suas obras espectros e não figuras; assim também os que tomam emprestado o espírito e copiam as idéias dos outros, esses realizam obras que não são filhas mas bastardas da Natureza, e dir-se-ia que eles só se guiam pelos pincéis de seus mestres. E seu fracasso é tanto maior que, não sabendo escolher as melhores partes por causa da pobreza de seus espíritos, só retêm os defeitos dos preceptores e concebem a idéia do pior. Ao contrário, os que se vangloriam do nome de Naturalistas não formam no espírito nenhuma Idéia: copiam os defeitos dos corpos e acostumam-se à feiúra e aos erros, guiando-se também eles apenas pelo modelo, como se este fosse seu preceptor; basta retirar-lhes o modelo que têm sob os olhos para que sua arte desapareça. Platão assimila a primeira categoria de Pintores aos Sofistas, que não se baseiam na verdade mas nos fantasmas da opinião[348]; os pintores da segunda categoria assemelham-se a Leucipo e Demócrito que, a partir de átomos insignificantes, compõem os corpos ao acaso. Para todos esses pintores, a Arte da Pintura é relegada ao domínio da opinião e do costume, assim como Critolau pretendia que a eloqüência fosse um certo hábito da palavra e a habilidade em provocar o prazer, *τριβή* e *κακοτεχνία*, ou melhor, *ἀτεχνία*[349], um simples hábito desprovido de toda arte e razão, e tirava do espírito qualquer função, fazendo tudo depender dos sentidos. Aquilo que é supremo entendimento e Idéia nos melhores Pintores, esses pretendem que seja apenas um modo de fazer próprio a cada um, confundindo assim sabedoria e ignorância. Mas os espíritos elevados, que sublimam seu pensamento na Idéia do belo, só se extasiam diante desta, que eles contemplam como algo divino. Como o vulgo se baseia apenas no sentido da visão, ele aplaude as coisas pintadas conforme o natural, porque só está habituado a ver coisas naturais, aprecia as belas cores, não as belas formas, que não compreende, a elegância o aborrece, aprova a novidade e despreza a razão, segue a opinião e afasta-se da verdade da arte, à qual está inteiramente dedicado o nobre simulacro da Idéia. Resta-nos ainda dizer que, já que os Escultores da Antiguidade recorreram à Idéia maravilhosa, é necessário estudar as esculturas antigas mais perfeitas, para que elas nos guiem ao conhecimento das belezas naturais corrigidas, e é pelo mesmo motivo que devemos contemplar as obras de outros excelentes mestres. Mas trataremos mais completamente dessa questão a propósito da imitação em geral, o que não deixará de satisfazer os que desaprovam o estudo das estátuas antigas. Quanto à Arquitetura, afirmamos que o Arquiteto deve conceber e estabelecer em seu pensamento uma Idéia muito nobre que lhe sirva de lei e de razão, e suas invenções devem referir-se à ordem, à disposição, à medida e à eurritmia do todo e das partes. Mas, no que concerne à decoração e ao ornamento das ordens, convém que sua Idéia seja confirmada pelos exemplos dos Antigos, que realizaram com sucesso longos estudos para encontrar uma medida a essa arte; os gregos estabeleceram os melhores limites e proporções, e estes, confirmados ao longo dos séculos e aprovados por toda a linhagem dos Sábios, tornaram-se as leis de uma maravilhosa Idéia e da beleza suprema, a qual, permanecendo sempre uma em cada espécie, não pode ser nem um pouco alterada sem ser completamente destruída. Mas são muitos os que a deformam, querendo transformá-la por desejo de novidade, pois a feiúra está muito próxima da beleza, como os vícios da virtude. Foi a desgraça que aconteceu com a queda do Império Romano, quando decaíram todas as belas-artes, principalmente a Arquitetura; pois os construtores bárbaros, desprezando os modelos e as Idéias gregas e romanas e os mais belos monumentos da Antiguidade, desenvolveram freneticamente durante vários séculos numerosas e diversas construções de ordens extravagantes, cujo caos monstruoso desfigurou a Arte e a Arquitetura. Bramante, Rafael, Baldassare, Giulio Romano e recentemente Miguel Ângelo esforçaram-se por restituir à Arquitetura sua primeira idéia e aparência, escolhendo as formas mais elegantes das edificações da Antiguidade. Mas hoje, em vez de se homenagearem esses homens tão sábios, eles são injustamente vilipendiados juntamente com os Antigos, acusados de se terem copiado uns aos outros sem dar prova de espírito nem de invenção. E qualquer um inventa uma nova Idéia e larva de Arquitetura a seu modo, e a expõe em público e nas fachadas: homens desprovidos de toda ciência própria do Arquiteto, do qual usurpam o nome. Eles deformam os edifícios, as cidades e os monumentos, abusam com frenesi de ângulos, fraturas e distorções de linhas e deformam bases, capitéis e colunas com brincadeiras de estuque, quinquilharias e desproporções: e no entanto Vitrúvio condena esse tipo de novidades[350] e nos propõe os melhores exemplos. E os bons Arquitetos conservam as formas mais elegantes das belezas naturais, aperfeiçoam a Idéia, e suas obras acabam superando a natureza, o que é o maior título de glória[351] dessas artes, como demonstramos. Assim nascem a admiração e as homenagens dos homens para com as estátuas e as imagens, assim os Artistas são honrados e reconhecidos: tal foi a glória de Timanto, de Apeles, de Fídias, de Lisipo e de tantos outros que a fama celebra, os quais, elevando-se acima das formas humanas, ofereceram suas Idéias e suas obras à admiração geral. É com razão, portanto, que podemos qualificar essa Idéia de perfeição da Natureza, milagre da Arte, providência do entendimento, modelo do pensamento, luz da imaginação, Sol que do Oriente inspira a estátua de Mémnon, fogo que dá vida ao simulacro de Prometeu. É essa Idéia que faz com que as Vênus, as Graças e os Amores abandonem os jardins de Idálio e as praias de Citera e venham habitar a dureza dos mármores e o vazio das sombras. Graças a ela, nas encostas do Hélicon, as Musas misturam as cores para a imortalidade; e, para sua glória, Palas despreza os tecidos da Babilônia e exalta os linhos de Dédalo. Mas como a Idéia da Pintura ultrapassa em muito a da eloqüência, e sendo a visão mais eficaz do que as palavras, estas me faltam e eu me calo.

ANÍBAL CARRACCI

A Pintura suscitou grande admiração dos homens e parece ter descido do céu quando o divino Rafael, a partir dos princípios fundamentais da arte, elevou sua beleza ao ponto mais alto, restituindo-lhe sua antiga majestade, enriquecida de todas as graças e qualidades que outrora a cobriram de glória junto aos gregos e aos romanos. Mas, como as coisas neste mundo não permanecem sempre num mesmo estado, e aquelas que atingiram o auge devem por força declinar, a arte que havia progredido pouco a pouco desde Cimabue e Giotto, durante duzentos e cinqüenta anos, começou seu declínio e passou de uma condição régia a uma condição humilde e vulgar. Assim, passado esse ditoso século, cada uma de suas formas rapidamente se desvanece; e os Artistas, abandonando o estudo da Natureza, viciaram a arte pela maneira, isto é, pela Idéia extravagante que se baseia na prática e não na imitação. Esse vício destruidor da pintura manifestou-se inicialmente em mestres de honrada fama e enraizou-se nas escolas que os sucederam; e é quase inacreditável ver como essas escolas degeneraram, não somente a partir de Rafael, mas também de todos os outros mestres que deram origem ao maneirismo. Florença, que se vangloria de ser a mãe da pintura, e toda a Toscana, tão célebre por seus mestres, jazia em silêncio sem a glória de nenhum pintor; e os outros artistas da escola romana, não mais erguendo os olhos para tantos exemplos antigos e modernos, haviam esquecido todos os seus resultados dignos de louvor; e, embora em Veneza a Pintura tenha resistido mais que em outra parte, já não se ouvia, nem lá nem na Lombardia, o luminoso grito das cores que se extinguiu com Tintoretto, até agora o último dos pintores venezianos. Afirmarei mesmo uma coisa incrível: nem dentro nem fora da Itália havia pintor, não fazendo muito tempo que Pedro Paulo Rubens fora o primeiro a levar para fora da Itália as cores; e Federico Barocci, que poderia ter restaurado e socorrido a arte, definhava inutilmente em Urbino. A arte era então combatida por dois extremos contrários: um inteiramente submisso ao natural, outro inteiramente submisso à fantasia. Em Roma, os autores desse ataque foram Miguel Ângelo de Caravaggio e Giuseppe de Arpino: o primeiro copiava simplesmente os corpos, tais como aparecem aos nossos olhos, sem nenhum tipo de eleição, e o segundo afastava-se completamente do natural para seguir apenas a liberdade de seu instinto. Favorecidos por uma grande reputação, ambos converteram-se em admiração e exemplo aos olhos do mundo. Assim, quando a Pintura vivia seus derradeiros instantes, os astros mais favoráveis voltaram-se para a Itália, e prouve a Deus que na cidade de Bolonha, rainha das ciências e dos estudos, surgisse um grande espírito e que com ele renascesse a Arte decaída e quase morta. Foi ele Aníbal Carracci...

NOTAS*

Introdução

1. Sobre a doutrina platônica do Belo na arte, cf. recentemente Ernst Cassirer in *Vorträge der Bibl. Warburg*, II, 1923.

2. Platão, *República*, VI, 501.

3. Cf., por exemplo, a passagem citada adiante na nota 33.

4. Platão, *Leis*, II, 656 *de*.

5. Platão, *Epístola* VII, 342/3.

6. Observe-se que o conceito platônico de εὕρεσις significa precisamente o contrário do que costumamos entender por "invenção": a εὕρεσις platônica não se apresenta como uma invenção[a] de formas novas e individuais, mas antes como uma descoberta[a] de princípios eternos e universais, análoga à que a ciência matemática, principalmente, é capaz de empreender. Em conseqüência, numa hierarquia platônica das artes, o primeiro lugar deveria corresponder à arquitetura e à música. E. Wind prepara um trabalho sobre essas questões.

7. Cf. os comentários de Proclo sobre esse ponto, citados na nota 63.

---

* Os índices alfabéticos referem-se às línguas do original citado: *a* = alemão; *b* = grego; *c* = italiano; *d* = latim; *e* = espanhol; e *f* = francês.

8. Platão, *Sofista* 233 ss., a comparar sobretudo com J. A. Jolles, *L'Esthétique de Vitruve*, Dissert., Friburgo 1906, pp. 51 ss. Sobre o mal-entendido de que foi objeto, nos séculos XVI e XVII, a distinção platônica entre *μίμησις εικαστική* e *μίμησις φανταστική*, ver adiante as notas 144 e 259.

9. Platão, *República*, X, 602.

10. J. Overbeck, *Die antiken Schriftquellen z. Gesch. der bild. Künste bei den Griechen*, 1868, n.º 772.

11. Platão, *Sofista*, 235 *e*-236 *a*.

12. Cf. E. Cassirer, *passim*.

13. Melanchton, *Ennaratio libri I, Ethicor. Arist.*, cap. VI (Corp. Ref. XVI, col. 290).

14. Melanchton rejeita, com pleno conhecimento de causa, a concepção segundo a qual as Idéias são essências metafísicas (*ουσίαι*), e — alegando interpretar mais rigorosamente o pensamento próprio de Platão — as identifica às definições[d] ou indicações[d] de Aristóteles; não sem razão (cf. acima p. 13), ele se refere ao *Orator* de Cícero: "A essa definição absoluta e perfeita da coisa, Platão dá o nome de Idéia... e, de acordo com essa passagem de Cícero, podemos considerar que as idéias de Platão não devem ser compreendidas como almas ou como formas caídas do céu, mas como as noções perfeitas que são conformes à dialética."[d] (*Scholia in Ciceronis oratorem*, Corp. Ref. XVI, col. 771 ss.)

É significativo que Melanchton aplique em primeiro lugar às artes plásticas o conceito de "arte", que ele entende naturalmente (como Dürer e outros) no sentido de razão[d], enquanto Tomás de Aquino, numa definição aliás quase literalmente idêntica, toma como exemplo o geômetra.

Santo Tomás (*Summa Theol.*, II, 1, qu. 57, art. 3 na ed. de Fretté e Maré, t. II, p. 362).	Melanchton (*Initia doctr. phys.*, Corp. Ref. XIII, col. 305).
"Respondo que se deve dizer da arte que ela não é senão a reta razão que permite executar certas obras."[d]	"Ora, a arte é uma reta razão que permite executar as obras: é assim que um escultor possui uma noção determinada que conduz sua mão, esculpindo na estátua a imagem, isto é, organizando os elementos da es-

tátua, a ponto de obter a semelhança com o modelo (o arquétipo) que imita."[d]

15. Somente em segundo lugar será citado Arquimedes, a quem se deve a "representação dos movimentos celestes 'automotores'"[bd].

16. Sobre a questão geral das relações entre Melanchton e Cícero, ver W. Dilthey, *Gesamm. Schriften*, 1914, II, pp. 172 ss.

I

A ANTIGUIDADE

17. Cf. W. Kroll, *M. Tulli Ciceronis Orator*, 1913, Introdução.

18. São elas (II, 5): o retrato de Jalisos por Protógenes (em Rhodes, onde Cícero o havia visto pessoalmente), o retrato de Afrodite por Apeles (em Cós), o *Zeus* de Fídias e o *Doríforo* de Policleto, portanto duas pinturas e duas estátuas.

19. Se, diante do *cadunt*, conservarmos o *non* atestado pelos manuscritos, a interpretação (citada anteriormente e que devemos à amabilidade do professor Plasberg-Hamburg) do *ea, quae sub oculos ipsa non cadunt* parece remeter claramente aos "seres divinos que devemos representar"; recentemente, H. Spögren (*Eranos*, XIX, pp. 163 ss.) também interpretou assim essa passagem.

Se, em contrapartida, seguindo Vettori (*Victorius, Var. lectiones* XI, 14) suprimimos o *non* (a conjetura proposta por W. Frieruch em *Jahrb. f. Klass. Philol.*, CXXIII, 1881, pp. 180 ss., chega à mesma conclusão), então por "coisas que se apresentam aos olhares" dever-se-ia entender a obra de arte efetivamente visível, que corresponderia em seguida ao discurso ouvido; é o que explica Vettori em outras passagens. Ora, está completamente descartado, isso é evidente, que a propósito da passagem *ea, quae*... se pense num modelo natural e visível: o orador dá precisamente o exemplo de uma criação artística que opera independente dessa visão exterior. Sobre a inversão característica de significação que nossa passagem, nesse ponto preciso, sofreu por parte de G. Pietro Bellori, ver adiante pp. 104 ss.

20. Cícero, *Orator ad Brutum* II, 7 ss. (ed. Kroll, pp. 24 ss., parcialmente reproduzido por Overbeck em outras passagens, nº 717): "*Atque ego in summo oratore fingendo talem informabo, qualis fortasse nemo fuit. Non enim quaero quis fuerit, sed quid sit illud, quo nihil esse possit praestantius, quod in perpetuitate dicendi non saepe atque haud scio an nunquam, in aliqua autem parte eluceat aliquando, idem apud alius densius, apud alios fortasse rarius. Sed ego sic statuo, nihil esse in ullo genere tam pulchrum, quod non pulchrius id sit, unde illud, ut ex ore aliquo quasi imago, exprimatur; quod neque oculis neque auribus neque ullo sensu percipi potest, cogitatione tantum et mente complectimur, itaque et Phidiae simulacris, quibus nihil in illo genere perfectius videmus, et iis picturis quas nominavi cogitare tamen possumus pulchriora, nec vero ille artifex, cum facere Jovis formam auto Minervae, contemplabatur aliquem, e quo similitudinem duceret, sed ipsius in mente insidebat species pulchritudinis eximia quaedam, quam intuens in eaque defixus ad illius similitudinem artem, et manum dirigebat. Ut igitur in formis et figuris est aliquid perfectum et excellens, cuius ad cogitatam speciem imitando referentur ea, quae sub oculos ipsa non cadunt, sic perfectae eloquentiae speciem animum videmus, effigiem auribus quaerimus. Has rerum formas apellat ιδέας ille non intellegendi solum sed etiam dicendi gravissimus auctor et magister Plato, easque gigni negat et ait semper esse ac ratione et intellegentia contineri: cetera nasci occidere, fluere labi nec diutius esse uno et eodem statu. Quidquid est igitur de quo ratione et via disputetur, id est ad ultimam sui generis formam speciemque redigendum.*"

21. Cf. sobre esse ponto a conferência de Burckhardt, *Die Griechen und ihre Künstler* (J. Burckhardt, *Vorträge*, ed. Dürr, 1918, pp. 202 ss.). Que a compreensão do significado criador da produção artística (no que se refere à pintura) tenha se manifestado cedo, é o que mostra, entre outros, um verso de Empédocles que — antecipando o "lugar comum"[b] do "*Deus pictor*", "*Deus statuarius*", "*Deus artifex*" — compara a produção do *Cosmos* à da pintura (H. Diels, *Die Fragmente der Vorsokratiker*, 1922, I, p. 234, nº 23): "Assim como os pintores, quando decoram quadros votivos, instruídos de uma arte cheia de sabedoria, e põem nas mãos suas numerosas tintas, ora mais, ora menos, em harmoniosa mistura, compondo com elas formas semelhantes a todas as coisas, criando árvores, homens ou mulheres, animais, pássaros, os peixes filhos das águas e depois os deuses de longa vida e repletos de honrarias, assim também não deixa teu espírito extraviar-se e acreditar que os mortais, que vemos inu-

meráveis, tenham uma outra origem, mas compreende isso com clareza, pois ouviste a palavra de um deus."[b]

22. Os mesmos argumentos que no "sonho" de Luciano a Παι δεία, isto é, a cultura literária, opõe à Τέχνη, a arte de esculpir, serão mais tarde, nas polêmicas do Renascimento relativas à preeminência das artes, retomados pela pintura contra a escultura; cf. sobretudo o célebre *Paragone* que figura na introdução do livro de Leonardo sobre a pintura.

23. São significativas, por exemplo, as conhecidas anedotas sobre as relações entre Alexandre Magno e Apeles (Overbeck, n.º 1834, 1836).

24. Plínio, *Hist. nat.*, XXV, 77. A passagem, com algumas modificações que reforçam sua importância, é citada por Romano Alberti, *Trattato della nobiltà della pittura*, Roma, 1585, p. 18.

25. Platão, *República*, 605 ss.

26. M. Herzfeld, *Leonardo da Vinci, der Denker, Forscher und Poet*, 1911, p. 157 (Ms. Asch., fol. 20 r): "... assim como aquele que despreza a pintura não ama a filosofia nem a natureza".

27. Filóstrato, ed. G. L. Kayser, 1853, p. 379. De maneira significativa para a época, Cícero nomeia, mas sem citar os nomes dos artistas, as quatro obras de arte que ele toma como exemplo em seu *Orator*: fala de *Jalysos* como falamos hoje da *Ronda noturna* — com a certeza de que o nome do artista é familiar a todos os leitores.

28. Overbeck, n.º 1649, n.º 550 ss.

29. Overbeck, n.º 968 (= Quintiliano, *Inst. orat.*, XII, 10, 7).

30. Overbeck, n.º 903 (= Quintiliano, *Inst. orat.*, XII, 10, 9).

31. Overbeck, n.º 1701 (Xenofonte, 'Απομνημ., III, 10, 1: "Não é imitando as formas belas — pois não é fácil encontrar um homem irrepreensível em tudo — e reunindo, a partir de uma multidão, o que cada indivíduo tem de mais belo que dais a todos os corpos belas aparências? É exatamente assim, diz ele, que lhas conferimos."[b]

32. Overbeck, n.º 1667-1669 (= Plínio, *Hist. nat.*, XXXV, 64; Cícero, *De inventione*, II, i, 1; Dionísio de Halicarnasso, *De priscis script. cens.*, I).

33. Platão, *República*, 472: "Acreditas que deixaria de ser bom pintor aquele que, após ter desenhado um modelo, o do homem per-

feitamente belo, e ter reproduzido todos os seus detalhes pelo desenho, fosse incapaz de demonstrar que um tal homem pode existir? Não, por Zeus, não acredito, diz ele."[b]

34. Aristóteles, *Polit.*, III, ii (1281, 5); em relação a um elemento isolado, a realidade pode prevalecer sobre a imagem ideal criada pela pintura, assim como um homem comum pode prevalecer sobre um grande homem com relação a uma aptidão bem definida. Sobre esse assunto, ver também *Poética*, XXV: "É preciso que eles superem o modelo e sejam tais como Zêuxis os desenhou."[b]

35. Se confrontamos as declarações de Díon e de Filóstrato com as de Cícero, de Plotino, de Proclo e de Sêneca, o Antigo (quanto a Díon e Filóstrato, cf. as notas seguintes; quanto a Cícero, cf. acima p. 15; quanto a Plotino, p. 26; quanto a Proclo, cf. a nota 63; quanto a Sêneca, p. 24), compartilhamos então as opiniões de Kroll (*op. cit.*, p. 25, nota); para ele, a tese segundo a qual as estátuas dos deuses, de Fídias, principalmente a de Zeus, são independentes de qualquer modelo tem por fundamento uma tradição há muito difundida. Convém invocar a esse respeito um epigrama extraído da antologia grega (Overbeck, n.º 716) e particularmente uma anedota bastante conhecida que talvez constitua o ponto de partida de toda essa especulação: questionado sobre o "paradigma" que pensava imitar para esculpir seu *Zeus*, Fídias teria respondido: "Imitando as palavras de Homero, a saber: 'O Crono cuja cabeça faz sinal no alto dos cumes azuis.'" (Overbeck, n.º 698)

36. Díon de Prusa, ed. Joh. de Arnim, 1893, II, p. 167. Essa expressão está de acordo com o alto conceito de Díon sobre o ofício do artista: "É um imitador da natureza divina."

37. Filóstrato, *Apollon. Tyan.*, VI, 19 (ed. Kayser, p. 118): "Foi a imaginação que criou isso, e ela é mais artista do que a imitação, porque a imitação reproduz o que vê e a imaginação o que não vê, mas que ela supõe por comparação com o que é; além disso, o temor que o objeto causa impede com freqüência sua imitação, mas não é o que ocorre com a imaginação, que avança sem temor para o objeto que ela própria supôs."[b] A interpretação de Jul. Walter (*Gesch. d. Asthetik im Aetertum*, 1893, p. 794) não se baseia em absoluto no sentido do texto.

38. Cf. Joh. von Arnim, *Stoicor. vet. fragmenta*, I, 1905, p. 19 e II, 1903, p. 28. Cf. também Plutarco, *De placit. philos.*, II, 10, e Estobeu, *Eclog.*, II, 12, 332 (ed. Meinecke, 1860, p. 89).

39. Aristóteles, *Metafísica*, VII, 8 (1034 *a*).

40. Aristóteles, *Metafísica*, VII, 7 (1032 *a*). Além das duas categorias fundamentais da "matéria"[b] e da "forma"[b], sabemos que Aristóteles reconhece outras três, a "causa"[b], o "fim"[b] e o "motor"[b], que parecem aplicar-se igualmente à criação artística e que Sêneca (cf. 24 ss. e nota 41) tomará mais tarde nesse sentido. Mas já Scaligero havia reconhecido com muita precisão que apenas as duas primeiras podem ser consideradas categorias verdadeiramente "substanciais": a "matéria"[b] e a "forma"[b] são as condições (*a priori*) da própria existência da obra de arte; o "fim" e o motor"[b] não são mais que condições (empíricas) de seu aparecimento.

41. Sêneca, *Epístolas*, LXV, 2 ss. "Nossos estóicos afirmam, como sabes, que na natureza das coisas existem duas delas, das quais todas são constituídas: a causa e a matéria. A matéria é inerte; é uma coisa passível de receber todas as formas e que não agiria se ninguém a pusesse em movimento. Em troca, a causa, isto é, a razão, informa a matéria e dá a ela a feição que lhe agrada; a partir desta, ela produz obras diversas. Devem portanto necessariamente existir aquilo de que é feita a coisa e aquilo que a faz. No segundo caso, trata-se da causa; no primeiro, da matéria.

Toda arte é uma imitação da natureza. Por isso, convém transpor o que eu afirmava do universo para as obras dos homens. A estátua refere-se à matéria que espera o artista, e ao artista que dá uma determinada feição à matéria. Na estátua, portanto, a matéria é o bronze e a causa, o artista. A mesma condição vale para todas as coisas: elas são constituídas daquilo que é feito e daquele que faz. Ora, os estóicos são da opinião de que existe uma única causa: aquele que faz.

Aristóteles, por outro lado, pensa que a causa pode ser expressa em três sentidos: 'A causa primeira', diz ele, 'é a própria matéria, sem a qual nada pode ser produzido; a causa segunda é o artífice; em terceiro lugar vem a forma imposta a cada obra, por exemplo, à estátua'; a esta última, Aristóteles chama *idos*. 'A estas se acrescenta', diz ele, 'uma quarta causa: é o fim para o qual tende a obra inteira.' Vou explicar o que se deve entender por isso. O bronze é a causa primeira da estátua, que não teria sido produzida se não houvesse um material do qual se pudesse fundi-la ou extraí-la. A causa segunda é o artífice, pois o bronze não teria tomado a forma nem o aspecto de uma estátua se mãos experimentadas não tivessem trabalhado. A terceira causa é a forma, pois essa estátua não levaria o nome de *Doríforo* ou de *Diadúmeno* se não tivesse sido dotada de contornos. A quarta causa é o objetivo da ação. Sem ele, a obra não teria sido produzida. Ora, o que devemos entender por objetivo? É o que levou o artista a trabalhar, o que ele buscou ao fazer sua obra; pode ser o dinheiro, se ele a produziu para vendê-la, ou a glória, se trabalhou para ficar famoso, ou então a piedade, se quis fazer dela a oferenda a um templo. Portanto, essa causa é aquilo em vista de que a obra é produzida: ora, não achas que se deva contar, entre as causas da obra, aquilo sem o que ela não teria sido produzida?

A estas, Platão acrescenta uma quinta, o modelo, que ele próprio chama de idéia: é aquilo para que o artista olha a fim de executar a obra projetada. Aliás, não importa em nada que o modelo lhe seja exterior e que ele lhe dirija seus olhares, ou que lhe seja interior e que ele o tenha concebido e disposto em si mesmo. Esses modelos de todas as coisas, Deus os possui em si; ele concebe também em seu espírito os números e os modos de tudo o que deve ser realizado; está repleto dessas formas, que Platão chama as Idéias, imortais, imutáveis, incorruptíveis. É desse modo que os homens desaparecem, mas a humanidade, que serve de modelo ao homem, permanece, e, enquanto os homens sofrem e morrem, nada lhe acontece. Existem portanto cinco causas, tal como diz Platão: aquilo de que, aquilo por que, aquilo em que, aquilo segundo o que, aquilo em vista de que a obra é produzida, e finalmente há o que é produto de tudo isso. Retomemos o exemplo da estátua, já que começamos a falar dele: aquilo de que ela é feita é o bronze; aquilo por que é o artista; aquilo em que é a forma que lhe é dada; aquilo segundo o que é o modelo, imitado pelo artista; aquilo em vista de que é o fim que ele se propõe, e o produto de tudo isso é a própria estátua. Ora, todas essas causas, nos diz Platão, encontram-se também no universo: aquele que o faz é Deus; aquilo de que é feito é a matéria. A forma é o aspecto e a ordem do universo que temos diante dos olhos. O modelo é seguramente aquilo segundo o que Deus conferiu à sua obra tanta amplidão e tanta beleza. O fim é aquilo em vista de que ele o produziu. Qual pode ser o fim que Deus se propôs?, perguntas. É a bondade. Platão exprime-se assim: 'Que razão teve Deus para produzir o mundo? É que ele é bom; ora, quem é bom não é cioso de qualquer bem. Por isso Deus produziu o mundo tão bom quanto possível.' Emite pois tua sentença, juiz, e diz-nos quem te parece dar a resposta mais verossímil, senão a mais verdadeira. Pois tudo isso nos ultrapassa tanto quanto a própria verdade.''[d]

Será mostrado, em seguida, que todas essas ''causas fundamentais'' da obra de arte em verdade não são apenas causas secundárias, inclusive a ''Idéia'' no sentido de ''modelo'': ''Tampouco o modelo é uma causa, é apenas um instrumento necessário à causa. O modelo é necessário ao artista assim como o cinzel, assim como a lima.''[d]

42. Sêneca, *Epístolas*, LXVIII, pp. 16 ss.: ''Retorno agora àquilo que te prometi: de que maneira Platão divide tudo o que existe em seis gêneros. O primeiro, a saber: 'aquilo que é', não é captado pela visão, nem pelo tato, nem por nenhum dos sentidos; é algo apenas concebível. O que existe em geral, por exemplo, o homem em geral, não cai sob os olhos, mas apenas o homem individual, como Cícero e Catão. O animal não é visto; ele é concebido. Mas o que é visto são suas espécies, o cavalo e o cão.

Em segundo lugar, Platão situa o que domina e ultrapassa todas as coisas. É aquilo que, diz ele, existe por excelência. Poeta se diz coletivamente: é o nome de todos os que compõem em versos; mas, já entre os gregos, passou a designar um único poeta: entendemos Homero quando ouvimos dizer poeta. Mas o que vem a ser então essa realidade? É Deus, seguramente, pois ele prevalece sobre todo o resto em grandeza e poderio.

O terceiro gênero compreende as coisas particulares; são inumeráveis, mas situadas fora de nosso olhar. Perguntas: quais são elas? As coisas particulares, segundo Platão, são da ordem do utensílio; ele chama de idéias aquilo de que é feito tudo o que vemos e segundo o que tudo é formado. Essas idéias são imortais, invulneráveis. Eis o que pode ser a Idéia, ou seja, o que ela pode ser para Platão: '*A idéia é, para todas as coisas que se produzem na natureza, um modelo eterno.' Acrescentarei à definição uma explicação, a fim de que ela se torne mais clara: desejo fazer teu retrato. Considero-te como um modelo pictórico no qual meu espírito apreende uma certa maneira de ser que em seguida irá impor à sua obra. Assim, essa fisionomia que me instrui e que me ensina e que procuro imitar é a idéia.* Ora, a natureza encerra ao infinito semelhantes modelos das coisas, homens, peixes, árvores, conforme os quais se acha representado tudo o que reproduz a natureza.

O quarto gênero que o ocupará é a forma[d]. Para saber o que é essa forma, convém ficar atento e atribuir a Platão, não a mim, a dificuldade da coisa. Mas não existe sutileza sem dificuldade. Pouco antes, eu utilizava a imagem do pintor. *Este, desejoso de fazer o retrato de Virgílio, considerava-o primeiro ao vivo. A Idéia era a fisionomia de Virgílio, ou seja, o modelo da obra futura. O que o artista extrai dela para impor à sua obra é a forma.* Onde está a diferença?, perguntas. Uma coisa é o modelo, outra é a forma que emprestamos ao modelo e que impomos à obra. O primeiro, o artista o imita; a segunda, ele a produz. A estátua possui uma certa fisionomia: é a forma. Também o modelo possui uma certa fisionomia, e foi ao contemplá-la que o artista deu seus contornos à estátua: é a idéia. Se desejas agora uma nova distinção, sabe que a forma existe na obra e a idéia fora da obra, aliás, não exatamente fora da obra mas antes da obra.''[d]

43. A expressão, à primeira vista tão singular, ''a idéia era a fisionomia de Virgílio''[d], causou forte impressão, no Renascimento (o que é característico), em J. C. Scaligero, cujo terceiro livro da *Poética* leva o título de *Idea*. Conforme sua introdução, ele trata inicialmente do fim da arte poética (*por que* imitamos), depois de seus meios (*por intermédio de que* imitamos); no livro seguinte, ele aborda sua forma (*como* imitamos) e, no terceiro, intitulado *Idea*, seus objetos (*o que* deve ser imitado). ''Intitulamos esse livro *Idea*... porque nosso discurso fala das coisas tais como elas são, em qualidade e em

quantidade. Por exemplo, *assim como Sócrates é o modelo (Idea) da pintura, Tróia é o modelo da Ilíada de Homero.*"[d] H. Brinkschulte, *in* "Jul. Caes. Scaligers Kunsttheoretische Anschauungen" (*Renaissance und Philosophie, Beitr. z. Gesch. d. Phil.*, ed. A. Dyroff, t. X), 1914, p. 9, reconhece com precisão que Scaligero não emprega aqui o termo "Idéia" no sentido platônico, mas no sentido de "tema"; contudo, ele deixa de lado a relação com Sêneca e chega a afirmar que Scaligero antecipa o conceito cartesiano de Idéia. Aliás, Scaligero segue exatamente Aristóteles, "imperador"[d] e "ditador perpétuo"[d] da filosofia: ele identifica a "idéia"[d] com a "forma"[d] aristotélica, apropria-se da doutrina segundo a qual a obra de arte resulta da introdução de uma forma em uma matéria (a matéria do escultor é o bronze, a do flautista é o ar) e procura até mesmo fazer concordar Platão com Aristóteles: "A concordância com a demonstração de Aristóteles vem do fato de compreendermos que a forma de uma piscina reside no espírito do arquiteto, antes que ele construa a piscina."[d] (Cf. sobre esse ponto Brinkschulte, p. 34)

44. Plotino, *Enéadas*, V, 8, 1.

45. Para a interpretação do conceito plotiniano de "forma"[b], que sem dúvida alguma não designa algo de puramente conceitual e sim, para falar como Schelling, o objeto de uma "intuição intelectual", isto é, de uma "visão" artística, podendo portanto ser tomado como sinônimo de "idéia"[b], de um lado, e de "morphè"[b], de outro, cf. recentemente O. Walzel, *Plotins Begriff der ästhetischen Form* ("Vom Geitesleben alter und neuer Zeit", 1922, pp. 1 ss.). De um ponto de vista puramente terminológico, verifica-se igualmente que a estética de Plotino só pode ser compreendida como a convergência das correntes de pensamento platônica e aristotélica.

46. Plotino, *Enéadas*, I, 6, 2: "pois a matéria não admite ser completamente enformada pela Idéia".

47. Plotino, *Enéadas*, V, 8, 1.

48. Plotino, *Enéadas*, I, 6, 3: a beleza é uma "idéia que liga e domina a natureza, a qual se opõe a ela por ser informe"[b].

49. Cf. acima, p. 22 e notas 39 e 40.

50. Aristóteles, *Met.*, VII, 7-8 (1032 *b* ss.). O exemplo da "estátua" encontra-se em 1033 *a*. O exemplo da "casa", igualmente

retomado por Fílon e outros autores da Baixa Antiguidade, será constantemente reproduzido durante toda a Idade Média (Tomás de Aquino, Boaventura, Eckhart e outros) e eventualmente invocado nos tempos modernos (por Scaligero, por exemplo). Cf. nota 43, bem como notas 86, 87, 91, 116 e 146.

51. Aristóteles, *Met.*, VII, 8 (1035 *a*): "Tudo o que é constituído de forma e de matéria... decompõe-se em elementos materiais; mas o que não está unido à matéria não se decompõe. É assim que a estátua de argila decompõe-se em argila... e o círculo (isto é, o círculo de bronze) em fragmentos de círculo."

52. Cf. sobre esse ponto Cl. Baeumker, *Das Problem der Materie in der griechischen Philosophie*, 1890, p. 263; a comparação da relação entre forma e matéria com a relação entre macho e fêmea encontra-se em Aristóteles, *Phys. Ausc.*, I, 9, 192.

53. Cf. nota 46.

54. Cf. Baeumker, *op. cit.*, pp. 405 ss.

55. Aristóteles, *Met.*, XII, 3, 1070 *a*: "Para alguns seres, o 'Indivíduo' não existe fora da substância composta, por exemplo a forma da casa, a menos que se entenda por forma a arte de construir."[b]

56. Plotino, *Enéadas*, I, 6, 3: "Mas de que modo o arquiteto, após conformar a casa exterior à forma interior da casa, enuncia que ela é bela? É apenas porque a casa exterior, se excetuarmos as pedras, não é senão a forma interior, dividida segundo a massa exterior de matéria e cujo ser indivisível aparece numa multiplicidade."[b]

57. Plotino, *Enéadas*, I, 6, 1: "O que é, pois, que move os olhares dos espectadores, orienta-os e volta-os nessa direção, e faz com que eles se regozijem com o espetáculo?... Todo o mundo, por assim dizer, afirma que é a simetria das partes entre si e em relação ao todo, acrescida da beleza do colorido, que constitui a beleza visível... Para essas pessoas, será necessariamente belo não o que é simples, mas apenas o que é composto, e é o conjunto que será belo. As partes, em contrapartida, tomadas separadamente, não poderão ser belas por si mesmas, mas apenas enquanto conspiram para a beleza do conjunto. No entanto, se quisermos que o conjunto seja belo, é preciso que também as partes sejam belas; uma coisa bela, de fato, não

é feita de elementos feios, mas tudo o que ela contém é belo. Além disso as cores, que são belas por si mesmas, como a luz do sol, por serem simples e não obterem sua beleza da simetria das partes, serão, para essas mesmas pessoas, excluídas daquilo que é belo... E, quando o mesmo rosto, cujas proporções permanecem não obstante idênticas, apresenta-se ora belo, ora feio, como não dizer que o que é belo deve-se a outra coisa que se acrescenta às proporções e que o rosto bem proporcionado é belo por outra coisa?''[b] A fórmula citada e refutada por Plotino parece ter herdado do estoicismo a definição da beleza como ''simetria''[b]*, e é provavelmente ao estoicismo que sua crítica se dirige em primeiro lugar. Creuzer cita em sua edição do *Liber de pulchritudine* (1814, pp. 146 ss.) a seguinte passagem das *Tusculanae* de Cícero (IV, 13): ''Assim existe uma certa harmonia dos membros do corpo que, somada a um certo prazer da cor, denomina-se beleza.''[d] Todavia, a equação: beleza = simetria, ou, segundo a expressão usada certa vez por Luciano: beleza = igualdade e harmonia das partes em relação ao todo[b], não é uma definição qualquer, mas exatamente a definição da beleza segundo o Classicismo grego; essa definição dominou quase todo o pensamento estético desde Xenofonte até a Baixa Antiguidade e orientou as pesquisas dos artistas teóricos (cf. Aug. Kalkmann, *Die Proportionem d. Gesichts i.d. griech. Kunst*, Berliner Winckelmannsprogramm 53, 1893, pp. 4 ss.).

58. Plotino, *Enéadas*, I, 6, 2.

59. Plotino, *Enéadas*, I, 6, 9: ''Procura lembrar e observar; e se não vês ainda em ti a beleza faz como o artista que deve tornar bela sua estátua: ora ele retira, ora ele raspa; ora pule, ora depura, até dar uma bela aparência à estátua; como ele, retira o que é excessivo, retifica o que não é correto, purifica o que é obscuro e faz com que brilhe, e não cesses de edificar tua própria estátua até que resplandeça para ti o brilho divino da virtude, até contemplares a temperança ocupando seu trono de pureza.''[b] Assim encontramos

---

* Em grego: συμμετρία. É evidente que esse termo, que já traduzimos várias vezes por ''simetria'', deve ser entendido o mais próximo possível de sua significação helênica, designando, etimológica e lingüisticamente, o comedido acordo das partes ou ''o equilíbrio das proporções'' (cf. acima, p. 30).

já em Plotino uma interpretação moralizante dos procedimentos da estatuária no sentido de uma libertação e de uma purificação de si por si; essa concepção será retomada mais tarde, por exemplo por Dionísio, o Areopagita (sobre esse ponto, cf. K. Borinski, *Die Antike in Poetik und Kunsttheorie*, 1914, pp. 169-170); tomada em si mesma, a concepção de que a obra da estatuária resulta de uma operação de "subtração"[b] enquanto a pintura procede por "adição" de toques, é uma concepção ainda mais antiga (cf. Díon Crisóstomo, *op. cit.*, p. 167, que diz da escultura: "ela subtrai o que é excessivo, até que subsista apenas a forma em sua aparência"[b]) e provavelmente tem raízes na doutrina aristotélica da "potência" e do "ato"[b]: "Dizemos, por exemplo, que Hermes *está em potência na madeira*"[b], diz Aristóteles em *Met.*, IX, 6, 1048[b]; encontramos uma reminiscência desse texto em Tomás, *Phys.*, I, ii (Fretté-Maré XXII, P. 327): "Há certas coisas que se obtêm por 'abstração' (literalmente por subtração[b]); é assim que, graças ao escultor, obtém-se um Mercúrio a partir de uma pedra." O Renascimento retomou com predileção essa concepção da essência da estatuária, concepção que, como tal, não está em absoluto enraizada no Neoplatonismo e menos ainda no Neoplatonismo cristão, mas que se lhe tomou "emprestado" para dar-lhe uma interpretação moral; de fato, a concepção de que a "forma"[b] destaca-se pouco a pouco do bloco de mármore deveria agradar particularmente ao projeto metafísico fundamental de Plotino e de seus sucessores (por isso se referem sempre ao exemplo do escultor, embora o pintor gozasse de maior consideração social). É significativo, aliás, que o Renascimento — com exceção de Miguel Ângelo (cf. pp. 112 ss. e nota 283)! — tenha negligenciado completamente a interpretação moral do procedimento de "subtração"[b], embora continuando a referir-se à estatuária toda vez que é exigido do homem "triunfar sobre a matéria" (Leonardo, *Trattato della pittura*, H. Ludwig, 1881, n.º 119).

60. O "procedimento da eleição" tem, para Plotino, um significado diferente e certamente mais limitado do que aquele que lhe foi atribuído nas anedotas acima citadas a propósito de Zêuxis e de Parrásio (e, por conseguinte, nas inumeráveis declarações dos teóricos do Renascimento); para ele, esse procedimento não designa

em absoluto a única maneira de fazer surgir uma bela forma, mas apenas uma das duas maneiras (e por certo a que, de longe, é a menos magnífica) que se oferecem ao homem; a estátua de um deus é criada a partir de uma pura visão interior, e o procedimento da eleição só se justifica quando essa visão interior não pode ocorrer, isto é, quando se trata de dar uma "representação do homem". Mas quando o procedimento da eleição não é praticado, quando o importante é obter a reprodução "iconológica" de um indivíduo determinado, Plotino recusa-se a empregar o termo "arte": a "representação de um ser querido" é cuidadosamente excluída daquilo que se defende aqui, e, para Plotino, o retrato não é senão "a imagem de uma imagem"[b] (cf. a conhecida informação dada por Porfírio, segundo a qual Plotino, por essa razão, jamais quis que lhe fizessem o retrato, informação reproduzida por Borinski, *op. cit.*, p. 272, nota da p. 92). O artista suscetível de ter sua aprovação é, ou aquele que produz a imagem de um deus a partir de uma pura Idéia, ou aquele que produz a imagem de um homem, mas de tal maneira que ela reúna em si os traços pertencentes a indivíduos diferentes. Cf. também a nota 63.

61. A expressão "aquele que contemplou"[b] é muito significativa da concepção "heurística" que Plotino tem da arte.

62. Plotino, *Enéadas*, I, 6, 1.

63. A concepção de que a obra em sua realidade material é necessariamente inadequada em relação ao ideal projetado não deve naturalmente ser confundida com uma expressão como esta de *Enéadas*, IV, 3, 10 ("Pois a arte é secundária em relação a ela, isto é, em relação à natureza, duplicando-a com imitações confusas e fracas, espécies de brinquedos sem valor, e isso embora utilize, para fazer existir tais imagens, uma série de procedimentos"[b]); pois aqui, assim como na nota 60 onde relatávamos a recusa de Plotino a se deixar retratar, a arte não significa "invenção" mas "imitação"[b]. O Neoplatonismo também conservou inteiramente a distinção introduzida por Platão entre a arte "heurística" e a arte "mimética", com o resultado de que a ênfase se viu deslocada, na medida em que o domínio do "heurístico" alargou-se consideravelmente, e porque — e esta é, precisamente, a contribuição imperecível

de Plotino — o critério da obra de arte não consiste mais na verdade teorética, e sim na beleza (ainda que do ponto de vista metafísico esta seja idêntica àquela). Essa colocação da questão aparece, com clareza exemplar, num texto de Proclo (*Comment. in Tim.*, II, 81c) que pode ser tomado como uma síntese e um resumo da estética neoplatônica: "Se o produto (isto é, a obra de arte) é belo, é porque foi produzido segundo o modelo eternamente existente, mas, se não é belo, é porque foi produzido segundo o que devém... o que é produzido conforme o inteligível é belo, o que é produzido conforme o que devém não o é... Pois aquele que realiza conforme o inteligível confere ao que imita semelhança ou dessemelhança. Se há semelhança, sua imitação será bela, pois é nesse modelo que residia a beleza originária. Mas, se não há semelhança, é porque ele não realizou conforme o inteligível. Quanto àquele que realiza conforme o que devém, se é verdade que ele toma aí seu modelo, é evidente que sua obra não será bela; pois o que devém é, em si mesmo, cheio de dessemelhança e não representa a beleza originária... Fídias, o criador de *Zeus*, não tomou por modelo o que devém, mas conseguiu representar-se Zeus tal como Homero o descrevia..."[b] A representação de arte confere-se portanto como objeto, na medida em que é "mimética", uma coisa "em devir", uma realidade empírica, e nesse caso ela não pode produzir nada de belo, porque seu objeto padece já de inumeráveis defeitos; ou então ela se confere como objeto, na medida em que é "heurística", uma coisa "que não está em devir", isto é, um "inteligível"[b] (e o *Zeus* de Fídias é mais uma vez o exemplo), sendo que nesse caso o que ela produz é necessariamente belo se é adequado a esse "inteligível"[b]; mas, se não o é, ela cessa de ter por objeto o inteligível.

Desse ponto de vista, Plotino é perfeitamente conseqüente quando tem em alta conta a arte que se baseia no "inteligível"[b] mas rejeita por completo a arte do retrato que se contenta em reproduzir um "ser submisso ao devir"[b], isto é, uma arte necessariamente "mimética". Nesse ponto ele foi seguido pela patrística, naturalmente com as modificações próprias do pensamento cristão; é de um modo também inteiramente conseqüente que, por um retorno a um conceitualismo — modificado, é verdade — e sem rejeitar diretamente a arte do retrato, a estética do Maneirismo e do Classicismo a julgou, não obstante, de um modo bastante desfavorável. "Jamais um grande pintor, um pintor de valor excepcional, foi um retratista", está dito em *Dialogos de la Pintura* de Vicente Carducho, morto em 1638 (conforme Karl Justi, *Michelangelo, Neue Beiträge*, 1909, p. 407. Cf. também, adiante, a nota 259). Sobre a posição tomada pela patrística, cf. recentemente Max Dvořak, *Idealismus und Naturalismus in der got. Skulptur und Malerei*, 1920, p. 70: Paulinus de Nola recusa que se faça um retrato dele e de sua esposa, pois não é possível fazer o retrato do "homem celeste"[d] (que vem ocupar agora o lugar do "inteligível"[b] neoplatônico) — quanto ao "homem terreno"[d], não se deve fazer seu retrato. Pode-se aliás verificar também de que maneira, em outros pontos, os padres da Igreja procuraram utilizar os argumentos platônicos e neoplatônicos contra as aparências sensíveis da "imitação"[b] para combater a idolatria, conforme o Antigo Testamento e por horror à magia. Um levantamento das declarações referentes a esse assunto será encontrado na obra, por sinal francamente parcial em suas conclusões, de Hugo Koch, *Die altchristl. Bilderfrage nach d. lit. Quellen*, 1917.

64. Plotino, *Enéadas*, I, 6, 8.

65. Plotino, *Enéadas*, I, 6, 9.

66. Plotino, *Enéadas*, I, 6, 8. (Sobre a suposta relação desse texto com uma passagem do *De Pictura* de L. B. Alberti, cf. adiante a nota 125, que reproduz a mesma citação.) A bela parábola, comparando o episódio de Ulisses e Circe a uma evasão do sensível para a beleza inteligível, tem exatamente o mesmo sentido.

II

A IDADE MÉDIA

67. Agostinho, *Confissões*, X, 34 (ed. Knöll, p. 227).

68. Sobre a estética dos Padres da Igreja (lamentamos não ter podido consultar o trabalho de Aug. Berthaud, *Sancti Augustini doctrina de pulchro ingenuisque artibus*..., Poitiers, 1891) e seus desenvolvi-

mentos durante a alta Idade Média, cf. particularmente M. de Wulf em *Revue néo-scolastique*, II, III, 1895-1896, *passim*, e *ibidem* XVI, 1909, pp. 237 ss.; cf. também K. Eschweiler, *Die ästhet. Elemente in d. Religionsphilos. d. Hl. Augustin*, Diss. Munique, 1909, onde se encontram ainda observações relativas a Orígenes, Gregório de Nisa, etc.

A beleza (pois as obras citadas mal respondem à questão da arte que, no quadro da filosofia medieval, seguramente não se colocava como um problema autônomo) distingue-se sempre, por um lado (o que corresponde à "iluminação plotiniana da matéria pela Idéia), por um "brilho" particular que, especialmente na metafísica da luz de Dionísio, o Areopagita, irá significar uma emanação direta da divindade, e, por outro lado (o que corresponde à teoria da "simetria"[b] da Antiguidade clássica), pelo equilíbrio proporcional das partes e pela combinação da cor: "O que é superessencialmente belo é chamado de beleza em razão da própria beleza que ele confere a cada coisa segundo sua maneira própria. E ela é vista tal como a luz é vista *em razão da harmonia*[d] *e do brilho*[d] de todas as coisas: ela resplandece por toda a parte, os raios oriundos de sua fonte tornando belas todas as coisas indiferentemente, e de certo modo chamando a si todas as coisas; é por causa desse 'apelo' que a beleza é chamada '*kallos*' em grego."[d] (Dionísio, o Areopagita, *De divin. nom.*, IV, 7; citado por Marsilio Ficino, *Opera*, Basiléia, 1576, II, p. 1.060) Mas essa dualidade própria à beleza não encerra contradição verdadeira (pois a "harmonia das partes"[d] é a forma que a beleza assume no sentido metafísico para aparecer exteriormente, e o próprio Plotino a tem por necessária na medida em que uma coisa bela é constituída de partes), de modo que não devemos nos surpreender se também Agostinho — que, na passagem citada anteriormente na nota 67, define a beleza como uma emanação divina — apresenta em outro local (*De civ. Dei*, XXII, 19), de forma inteiramente ciceroniana e, portanto, visivelmente antiplotiniana, a definição seguinte: "Toda beleza *corpórea* é um acordo das partes entre si, acrescido de uma certa combinação da cor"; nessa passagem, que trata apenas da beleza corpórea, a referência fenomênica substitui o fundamento metafísico, e é talvez a célebre categoria do "número" (= ritmo)[d] que assegura a mediação entre uma e outro, pois o conceito de número, para Agostinho, designa por um lado o princípio intuitivo da beleza correspondente à forma ou ao movimento, mas por outro lado a ''determinação ontológica dotada da maior universalidade metafísica'' (Eschweiler, *op. cit.*, p. 12). A concepção de que a beleza se caracteriza fenomenicamente por uma ''harmonia''[b] e metafisicamente por um ''brilho''[d] e uma ''claridade''[d], estendeu-se por quase toda a Idade Média; o tratado intitulado *De Pulchro et bono*, atribuído durante muito tempo a Tomás de Aquino, mas que na realidade é uma síntese do Comentário de Dionísio por Alberto, o Grande (cf. de Wulf, *op. cit.*, XVI), afirma claramente: ''O belo contém em sua noção vários elementos, a saber: o *brilho de uma forma* substancial ou acidental que se acrescenta a *partes materiais bem proporcionadas* e bem delimitadas.''[d] E o próprio Tomás, por pouco que tenha sido um ''metafísico da luz'' — sobretudo por oposição a São Boaventura, sobre o qual convém ver E. Lutz, *Die Aesthetik Bonaventuras, Beitr. z. Gesch. d. Philos. d. Mittelalters*, 1913, n.º supl., pp. 200 ss. —, não deixou de ver na beleza a realização desses dois postulados, um dos quais leva o nome de ''devida proporção'' e o outro de ''claridade''[d].

Sobre a ''Metafísica da Luz'' do Neoplatonismo cristão e sua influência durante a Idade Média e o Renascimento italiano, cf. K. Borinski, *Die Rätsel Michelangelos*, 1908, pp. 27 ss., bem como C. Baeumker, *Der Platonismus im Mittelalter*, Frestrede gehalten i. d. öffentl. Sitz. d. K. Bayz. Akad. d. wiss. am. 18. März 1916, pp. 18 ss.; cf. em nosso próprio estudo nota 93 (Dante), nota 122 (Ficino) e pp. 91 ss. (''O 'maneirismo' '').

69. Cf. adiante, nota 75.

70. Dioniso não cria a vinha, mas a descobre e ensina seu uso aos homens; a mesma observação vale para Atena e a oliveira.

71. Segundo Fílon, Deus cria as Idéias por perceber claramente que, sem modelo de beleza, nada de belo podia ser criado (*De opificio mundi*, IV), no entanto elas são imanentes a seu espírito e dotadas, para servir também à realização das intenções divinas, da função própria às ''forças incorpóreas''. Cf. Zeller, *Philos. d. Griech.*, 4 Aufl., III, 2, p. 409; cf. ainda a passagem, citada acima na nota 41, da Epístola LXV de Sêneca: ''Deus possui em si mesmo tais modelos de todas as coisas.''[d]

72. Sobre o conflito entre Plotino e Longino a esse respeito, ver Zeller, *op. cit.*, p. 418, nota 4. É significativo que o Neoplatonismo florentino tenha recorrido apaixonadamente ao próprio Platão para fundar sua concepção da imanência; cf. Marsilio Ficino, *Comment. in Tim.*, XV (*Op.* II, p. 1.444): "Ele (Platão) diz também com freqüência que as formas estão no modelo... assim como aquele que compreende as *idéias* das coisas não pensa que elas existam nas nuvens, conforme a calúnia de alguns maledicentes, mas no *espírito do arquiteto do mundo*."[d]

73. Agostinho, *Liber octoginta trium quaestionum*, qu. 46 (citado segundo a ed. de 1569, Basiléia, III, col. 548); cf. Cícero, *Topica*, e *Orator*, II, 9.

Agostinho

"Podemos portanto designar as Idéias pelo termo latino formas ou tipos, para traduzirmos literalmente. Mas se lhes dermos o nome de princípios fá-lo-emos usando o direito de interpretar..., e quem quiser utilizar esse termo não incorrerá em erro. Com efeito, existem certas formas originárias ou certos princípios das coisas, invariáveis e imutáveis, que não foram formados, sendo *eternos e idênticos, por esse motivo, e encerrados na inteligência divina*. E, dado que esses princípios não nascem nem morrem, é a partir deles, não obstante, que se forma, digamos, tudo aquilo capaz de nascer e de morrer, tudo aquilo que nasce e morre."[d]

Cícero

Tópicos, VII: "... as formas... que os gregos designam pelo termo idéias[b], nossos autores, quando lhes ocorre tratar delas, denominam-nas tipos... Quanto a mim, se chegar a dizê-lo em latim, não gostaria de falar de tipos... gostaria, ao contrário, de poder falar de formas. Mas, como os dois termos possuem o mesmo sentido, creio que é preciso levar em conta a comodidade da linguagem."[d]

Orator, II, 9: "As formas das coisas, Platão chama-as de idéias... *diz que elas não são engendradas, que são eternas e encerradas na razão e na inteligência*: o restante dos seres nasce e morre, passa e desaparece, não conservando por muito tempo o mesmo estado."[d]

Agostinho, portanto, só precisou acrescentar à "inteligência" de Cícero o qualificativo "divina" para obter uma definição "cristã" da Idéia, edição que o Renascimento (cf. Melanchton e Dürer) posteriormente suprimiu.

Kroll (*op. cit.*, p. 26 e nota) e outros sublinharam que a mesma passagem do *Orador* de Cícero comanda uma outra declaração de Agostinho (*De vera religione*, 3, Basiléia, Aug. I, col. 701): "...é preciso curar o espírito para que ele possa contemplar a forma imutável das coisas, assim como a beleza sempre idêntica e semelhante a si mesma, a qual não difere conforme o lugar nem muda conforme o tempo mas conserva totalmente o mesmo estado, e em cuja existência os homens talvez não acreditem, embora ela seja verdadeiramente suprema; *o restante dos seres nasce e morre, passa e desaparece*, mas, na medida em que existem, subsistem nesse Deus eterno que nos produziu graças à sua própria verdade; e, nesses seres, apenas à alma racional e intelectual foi dado aproximar-se e gozar da contemplação de sua eternidade, assim tornar-se mais bela e poder merecer uma vida eterna."[d]

74. Agostinho, *op. cit.*, qu. 46: "Quem ousaria afirmar que Deus criou o mundo de forma irracional? Ora, não sendo possível afirmá-lo nem acreditar honestamente nisso, resulta que o mundo foi criado *racionalmente* e que o homem não tem o mesmo princípio racional que o cavalo; com efeito, seria absurdo pensá-lo. Portanto, todos os seres singulares são criados segundo princípios racionais que lhes são *próprios*. Mas esses princípios, onde devemos pensar que eles existem, senão *no próprio espírito do criador*? Não havia nada que ele pudesse contemplar fora dele e a partir do que pudesse edificar o que ele queria edificar: pensar o contrário seria, de fato, um sacrilégio. Mas se esses princípios de todas as coisas por criar, ou já criadas, estão contidos no espírito divino, nada pode existir nele que não seja eterno e imutável, e Platão chama esses princípios originários das coisas de Idéias: tais princípios não são simplesmente Idéias mas são verdadeiros por serem eternos e permanecerem imutáveis e semelhantes a si mesmos; é participando deles que tudo aquilo que é existe, seja o que for. Mas a alma racional, dentre as coisas criadas por Deus, supera as demais e está muito próxima de Deus quando

é pura; e quanto mais apegada à caridade, mais ela é inundada, num certo sentido, e iluminada pela luz inteligível que vem de Deus, e tanto mais ela vê — não com os olhos do corpo mas com o que há nela de originário e que lhe dá sua superioridade, ou seja, com sua inteligência — esses princípios racionais cuja visão faz sua beatitude. Esses princípios, como dissemos, podem receber o nome de idéias, ou de formas, ou de tipos, ou de princípios, sendo permitido designá-los por uma pluralidade de termos, mas só a muito poucas pessoas acontece de contemplar o que é verdadeiro.''[d]

75. Se G. von Hertling (*Augustinus-Zitate bei Thom. v. Aquin*, Sitz.-Ber. d. K. Bayr. Akad. d. Wiss., Phil.-Hist. Kl., 1904, p. 542) define a transformação das Idéias — que faz com que passemos das ''essências platônicas existentes em si e por si'' aos ''pensamentos de Deus'' — como uma espécie de ''desvio da teoria das Idéias no sentido do cristianismo'', cumpre considerar também que essa transformação já havia sido feita, no essencial, por Fílon e Plotino.

76. Dionísio, o Areopagita, *De divin. nomin.*, cap. VII; cf. sobre esse assunto Boaventura, *Liber Sententiar.*, I, dist. 35, qu. 1 (*Opera*, Magúncia, 1609, t. IV, pp. 227 ss.).

77. Tomás de Aquino, *De veritate*, qu. 3 (Fretté-Maré XIV, pp. 386 ss.).

78. Cf. Tomás de Aquino, *Summa Theol.*, I, i, qu. 15 (Fretté-Maré, I, pp. 122 ss.). Aristóteles pode, também aqui, dar à concepção cristã um testemunho capital: ''É assim que Aristóteles condena a opinião de Platão segundo a qual as Idéias existiam por si e não no intelecto.''[d] A concepção medieval das Idéias é, poderíamos dizer, subjetivista, só que o ''sujeito'' é o intelecto divino.

79. Cf. de Wulf, *op. cit.*, II/III. Tomás deu a seguinte definição das relações entre o ''belo'' e o ''bem''[d]: ''*Do ponto de vista do objeto*'' (nós diríamos: ''ontologicamente'') ''eles são *idênticos*, pois constituem algo que está além do louvor, isto é, da forma, e esta a razão pela qual se louva tanto o bem como o belo. Mas *do ponto de vista do conhecimento*'' (diríamos: ''metodologicamente''), ''eles são *diferentes*, pois o *bem* está propriamente relacionado ao *desejo*: com efeito, é um bem aquilo que todos os seres desejam, e é nesse sentido que tomamos conhecimento dele como de um objetivo... Ao passo

que o *belo* está relacionado com a faculdade *cognitiva*, pois dizemos que as coisas são belas quando as olhamos com prazer."[d] (*Summa Theol.*, I, i, qu. 5, art. 4; Fretté-Maré, I, p. 38)

80. Cf. a conclusão da passagem de Agostinho citada na nota 74, bem como o texto que precede: "Sustentamos que a alma não poderá contemplá-las (as idéias) se não for racional, isto é, se não for por essa parte dela mesma que constitui sua superioridade, pela inteligência e a razão, que de certo modo são seu rosto ou seu olhar interiores e inteligíveis. E inclusive afirmamos que somente uma alma que se santificou e purificou, e não uma alma racional qualquer, é que é capaz dessa visão."[d] Para a Idade Média mais tardia, ver a mística franciscana (cf. Cl. Baeumker em *Beitr. z. Gesch. der Renaissance u. Reformation, Festgabe für J. Schlecht*, 1917, p. 9; cf. também Jos. Eberle, *Die Ideenlehre Bonaventuras*, Diss. Strassb., 1911) ou ainda, em Nicolau de Cusa, a doutrina da "contemplação das Idéias"[d]. Naturalmente, todas essas concepções remontam, no fundo, ao Neoplatonismo e, finalmente, ao próprio Platão. — E as Idéias se transformam num conhecimento puramente conceitual (como veremos adiante em Marsilio Ficino e em Zuccari, cf. notas 132 e 211) somente na medida em que esses "modelos inteligíveis"[d] contidos no pensamento divino deixam, "como traços impressos por eles em nosso espírito, as semelhanças das realidades inteligíveis"[d]. Ver, por exemplo, Guillaume d'Auvergne (*De univ.*, II, i. *Guilielmi Parisiensis Opera*, 1674, I, p. 821).

81. Cf. por exemplo Fr. v. Bezold, *Das Fortleben der antiken Götter im mittelalterl. Humanismus*, 1922, p. 53.

82. À "arte" (convém naturalmente compreender aqui as diferentes "artes"[d]) é expressamente negada a capacidade de "criar" no sentido próprio da palavra: a forma envolvida na matéria, quando a consideramos sob o ângulo do ato criador, não é uma forma existente por si mas apenas uma forma inerente, isto é, desaparece quando a matéria é destruída; por isso a atividade da arte — assim como a da natureza, a bem dizer, na medida em que a compreendemos como uma "natureza naturada"[d] — não se revela tanto como uma atividade de criação e sim como uma atividade de simples transformação (é o que parece indicar Tomás de Aquino, *Summa Theol.*, I, i, qu. 45, art. 8, Fretté-Maré, I, p. 306).

83. Por exemplo, quando se trata de saber se a alma, no momento da ressurreição da carne, recebe o mesmo corpo ou um outro (Tomás, *Comment. in Sent.*, lib. IV, dist. 44, art. 1, vol. 2, Fretté-Maré XI, p. 209); é aqui que a distinção estabelecida entre o homem e a estátua serve para elucidar a questão; o homem que ressuscita não deve ser comparado com a estátua que é refundida e moldada de novo, pois esta só é idêntica à primeira em sua materialidade, mas quanto à forma é totalmente diferente, já que a primeira forma desapareceu com a destruição da estátua (cf. a nota precedente). Mas a forma do homem é a alma, impossível de desaparecer como tal. Encontramos outro exemplo disso em Anselmo de Canterbury (reproduzido por P. Deussen, *D. Philos. d. Mittelalt.*, 1915, p. 384) quando deve ser elucidada a distinção, tão importante para a análise da prova ontológica, entre "a existência de uma coisa no conhecimento" e o "conhecimento da existência de uma coisa".

84. *De opif. mundi*, cap. 5.

85. Cf. por exemplo Boaventura, *Liber Sententiarum* 1, dist. 35, qu. 1, citado na nota 76, ou ainda a citação de Mestre Eckhart reproduzida na p. 39. Também Zuccari refere-se à exposição de Tomás de Aquino (cf. p. 85 e nota 203).

86. *Summa Theol.*, 1, qu. 15 (Fretté-Maré, I, pp. 122 ss.).

87. Por exemplo Tomás, *Quodlibeta*, IV, i, 1 (Fretté-Maré XV, p. 431): "O termo idéia significa que uma certa forma foi, evidentemente, compreendida pelo agente, à semelhança da qual ele busca produzir a obra exterior, assim como, por exemplo, *o arquiteto conheceu em seu espírito, antes de construir, a forma da casa, que é de certo modo a idéia da casa*[d] *a edificar materialmente*[d]." Sobre o mesmo assunto, ver também *Summa Theol.*, I, i, qu. 47, art. 1 (Fretté-Maré II, p. 305): "... conforme aquilo que é a *forma artificial na concepção do artista*"[d]; *Summa Theol.*, II, i, qu. 93, art. 1 (Fretté-Maré II, pp. 570 ss.): "Respondo dizendo que, assim como *em cada artista preexiste a razão das coisas que são constituídas pela arte*, assim também convém que em cada governante preexista a razão da ordem das coisas que são submetidas a seu governo... Ora, *Deus*, em razão de sua sabedoria, é o criador da *totalidade das coisas*, no que ele deve ser comparado como *o artista às obras de arte*[d]." Tomás aborda os diferentes significados do conceito de

"forma"[d], com clareza exemplar, em *De veritate* III (Fretté-Maré XIV, pp. 386 ss.), onde distingue a "forma a partir da qual uma coisa é formada"[d], a "forma segundo a qual uma coisa é formada"[d] e finalmente a "forma à semelhança da qual uma coisa é formada"[d]. É a esse último significado apenas que corresponde o conceito de "Idéia".

88. No que concerne à comparação entre as obras de arte e a realidade, é preciso pronunciar-se diferentemente, conforme se aplique o critério da "beleza" ou o da "verdade" (que é fundamentalmente platônico e completamente alheio à arte), ou ainda o da "autenticidade". No primeiro caso — precisamente porque a concepção da arte não é de maneira alguma "realista" — normalmente a decisão favorece a obra de arte, a tal ponto que a beleza humana, na poesia medieval igualmente, é indicada com freqüência por frases feitas do tipo: "nenhum pintor jamais fez algo semelhante" (outros exemplos encontram-se em Borinski, *op. cit.*, p. 92, e von Bezold, *op. cit.*, pp. 47-54; evidentemente deve-se buscar a origem dessas frases na poesia antiga). Mas no outro caso (as belas-artes parecem então colocadas de novo no mesmo plano das outras "artes"[d]) a decisão necessariamente favorece o objeto e a natureza, pois a obra de arte está justamente privada das qualidades próprias da coisa que, na natureza, lhe correspondem, e também porque — do mesmo modo como falamos ainda hoje de pedras preciosas ou de flores "artificiais" — ela não passa de um produto "inautêntico" e até mesmo "falso" (donde a notável etimologia das "artes mecânicas"[d] a partir de "*moechus*", pervertido). Encontramos um outro exemplo disso em Geiler von Kaisersberg (reproduzido por Borinski, *op. cit.* p. 91; outros exemplos, *ibid.*, p. 89): "Ainda que a arte imite a natureza, a natureza mesmo assim ultrapassa cada uma das artes; é o que diz Aristóteles. E jamais existiu mestre tão excelente e tão engenhoso para poder igualar a natureza em cores ou em vivacidade e pintar verdes, violetas ou vermelhos tão belos quanto o capim ou as flores, tais como a natureza os produz com sua arte... Ainda não nasceu quem pudesse fazer isso." Reencontramos essa idéia da impotência própria da habilidade artística[a] do homem, mas reelaborada de acordo com o espírito do Renascimento (na expressão "arte símio

da natureza''[d], cf. adiante a nota 95), em Dürer; pois quando ele diz: ''Teu poder é sem força, confrontado à criação de Deus'' (Lange e Fuhse, *Dürers schriftl. Nachlass*, 1893, p. 227, 3), isso significa, no seu contexto, que se renuncia, não à ambição de igualar a natureza (o que se pressupõe como possível, sem maiores explicações), mas à de querer arbitrariamente fazer melhor do que ela.

Tudo o que foi dito vale apenas para as declarações relativas à essência da arte em geral; nas indicações e descrições de obras determinadas, sobretudo quando provêm de um autor de grande cultura humanista como o notável ''Mestre Gregório''[d] (cf. von Bezold, *op. cit.*, pp. 50 ss.), naturalmente encontramos com freqüência os louvores, retomados da Antiguidade, à ''ilusão da vida''[a] que reproduz o real, aos lábios em que vemos de algum modo circular o sangue, etc. Mas é significativo que uma ''imitação tão perfeita da vida''[a], sobretudo quando se trata das obras da Antiguidade pagã, dê facilmente a impressão de uma certa magia demoníaca; o refinado e culto Gregório, por exemplo, explica que uma Vênus antiga, objeto de sua admiração, não o seduziu tanto por sua beleza, mas por ''não sei que mágica persuasão''[d].

89. Cf. a nota precedente, bem como a nota 95. Quando, no final do século XIII, julgou-se perceber os primeiros sinais de um ''Realismo'' caracterizado pela fidelidade ao modelo, uma contradição se fez também sentir. Cf. a célebre ironia (notavelmente levada a sério por Borinski, *op. cit.*, p. 90) de Ottokar von Steier (*Österr. Reimchronik*, V. 39 125-39 170) dirigida ao realizador do túmulo de Rodolfo de Habsburgo. É significativo que, mesmo um artista do século XIII como Villard de Honnecourt, quando não se baseia numa ''cópia''[b] mas num original tomado na natureza[a] (ainda que este não seja inteiramente concebido ''à maneira de um modelo''[a]), sinta a necessidade de sublinhar essa circunstância com a inscrição seguinte: ''e saibam que é preciso imitar o vivo''[f].

90. Cf. Dvořak, *op. cit.*, *passim*. Num outro contexto voltaremos talvez a abordar o paralelismo entre as transformações sofridas pela ''vontade artística'[a] e as que concernem às teorias psicológicas das relações entre alma e corpo.

91. Cf. A. Dyroff, *Zur allg. Kunstlehre des Hl. Thomas*, em Beitr. z. Gesch. d. Phil. d. Mittelalters, Suppl.-Bd, II. (Festgabe z. 70. Geburtstage Clemens Bäumkers), 1923, p. 200, com a citação das passagens correspondentes à questão. Sobre a retomada dessa teoria no final do *Cinquecento*, ver adiante a nota 210. Sobre Agostinho, ver Eschweiler, *op. cit.*, p. 15.

92. Mestre Eckhart, *Predigten*, nº 101 (em *Dtsch. Mystiker d. XIV Jahrh.*, ed. F. Pfeiffer, II, 1857, p. 324). O autor discute, em estreita correspondência com o "Mestre Tomás", as célebres questões relativas às "imagens preexistentes" em Deus, e a passagem citada no texto é destinada a esclarecer a diferença entre o sentido "especulativo" e o sentido "prático" dessas "imagens". O exemplo do arquiteto, que serve inicialmente para elucidar a função especulativa do espírito, elucida a seguir sua função prática: "De certa maneira, uma imagem da obra preexiste também na faculdade criadora (= "ato"[b]), tal como existe na razão e não na natureza; assim como a casa não existe na pedra ou na madeira, sua imagem prévia existe na razão operante do artista, que constrói a casa conforme essa imagem e do jeito que quer. E o mesmo acontece com Deus..."

O texto de Tomás (*Summa Theol.*, I, 1, qu. 35, art. 1, Fretté-Maré I, p. 238) utilizado por Dvořak, *op. cit.*, p. 75, onde é definido, em estreita correspondência com Agostinho, o conceito de "imagem"[b] nada tem que ver com a questão das relações entre arte e natureza; esse texto quer apenas estabelecer claramente que, além da "semelhança" formal entre a imagem e o modelo, pertence ainda ao conceito de imagem uma "relação de ser" entre ambos, isto é, uma relação que fez da imagem um "ser derivado"[a] (o que faria, por exemplo, um ovo ser uma "imagem" do outro). "Digo que é a semelhança"[d] que faz a natureza da imagem. No entanto, não é qualquer semelhança que basta para definir a natureza da imagem, mas uma semelhança relativa à forma da coisa ou, pelo menos, a um certo índice formal (ou seja, como o texto mostrará a seguir, uma semelhança relativa aos contornos e não apenas à cor, por exemplo). Mas a própria semelhança formal, como a dos contornos, não é suficiente; o que se requer, para a definição da imagem, é a *origem*[a], porque, como diz Agostinho no livro LXXXIII das *Questões*, qu. 74: ''Um ovo não é a imagem de um outro, precisamente porque não é obtido[d] dele. O que é preciso, para que uma coisa seja verdadeiramente uma imagem, é que ela proceda de outra coisa e lhe seja semelhante quanto à forma ou ao menos quanto a um índice formal.''[d] A expressão ''proceder de outra coisa''[d] deve ser entendida no sentido puramente ontológico de um ''ser derivado''[a], mas não no sentido estético de um ''ser que seria pintado conforme o natural''[a], e podemos afirmar que Tomás relegou por completo essa última interpretação, já que define (como o próprio Dvořak assinala numa outra passagem, p. 43) o valor de verdade de uma obra de arte não por sua concordância com um objeto da natureza mas por sua concordância com uma representação imanente ao espírito: ''Daí que os produtos da arte sejam chamados verdadeiros em razão da ordem que ocupam em relação ao nosso intelecto: uma casa, com efeito, é chamada uma verdadeira casa quando consegue se assemelhar à forma imanente ao espírito do artista.''[d] (*Summa Theol.*, I, 1, qu. 16, art. 1, Fretté-Maré, I, p. 127) É evidente que esse ''deslocamento da objetividade do objeto para o sujeito'' (ou melhor, talvez: do intuitivo para o cognitivo), que encontra aqui sua expressão, já recebera em Aristóteles sua formulação teórica: ''é um produto da arte tudo aquilo cuja forma reside na alma''[b]. (Cf. anteriormente p. 22 e nota 40.)

Quando a escolástica considera de um modo geral a dependência da arte em relação a um modelo imediatamente visível, ela pensa menos — o que é significativo — na imitação de um objeto determinado da natureza do que na imitação de uma obra de arte semelhante àquela que é preciso criar de novo (traduzido em linguagem de ateliê, significa que pensa menos na utilização de um ''modelo''[a] do que na de uma ''cópia''[d] ''... como quando um artista, *ao ver uma obra de arte*, concebe uma forma segundo a qual procura criar a sua.''[d] (*De veritate* III, 3, Fretté-Maré, XIV, p. 394)

93. Essa frase de Dante (*De monarchia*, II, 2) não tem outro sentido senão o de estabelecer, dentro de um sistema mais vasto de relações, uma comparação: ''Eis portanto o que devemos saber: *assim como a arte* encontra-se em três níveis, isto é, no espírito do artista,

no instrumento e na matéria enformada pela arte, *também* podemos contemplar a *natureza* em três grau diferentes[d]'' (a saber: em Deus como seu criador, no céu como seu instrumento e na matéria).

O termo ''*idea*'', como se pode perceber expressamente, será empregado por Dante num sentido exclusivamente metafísico-teológico: a Idéia, para ele, é o modelo criado por Deus, à semelhança do qual tudo o que há de mortal e de imortal (isto é, de um lado o mundo corpóreo, de outro as almas e os anjos) é concebido; seus raios, ''como por um jogo de reflexos'', penetram as diferentes esferas do mundo e — conforme a maior ou menor ''receptividade da matéria'' — iluminam mais ou menos o que é material.

Ciò che muore e ciò può morire
Non è se non splendor di quella Idea
Che partorisce amando il nosto Sire;
Che quella vira luce che si mea
Dal suo lucente, che non si disuna
Da lui, nè dall'amor, che in lor s'intrea,
Per sua bontate il suo raggiare aduna,
Quase specchiato, in nuove subsistenze
Eternamente rimanendosi una.
Quindi discende all'ultime potenze
Giù d'atto in atto, tanto divenendo,
Che più non fa che brevi contingenze;
E queste contingenze essere intendo
Le cose generate, che produce
Con seme e senza seme il ciel movendo.
La cera di costoro, a chi la duce,
Non stà d'un modo, e però sotto il segno
*Ideale poi più e men traluce.**

---

* O que não morre e o que pode morrer / Não é senão o esplendor dessa Idéia / Que faz nascer amando nosso Mestre; / Pois essa viva luz que brota / De sua chama, que não se separa / Dele, nem do amor, seu terceiro termo, / Reúne, por sua bondade, seu raio / Em novos seres, como

Se Dante atribui a Santo Tomás de Aquino uma teoria inteiramente neoplatônica (cf. nota 68), é porque o sistema tomista conserva de fato e emprega tantos elementos neoplatônicos que, no seu conjunto, pode ser definido como uma grandiosa síntese de Aristotelismo e de Neoplatonismo (cf. Cl. Baeumker, *Der Platonismus im Mittelalter*, *op. cit.*, pp. 26 ss.; *ibid.*, p. 19, cf. a referência às passagens do *Paraíso* que implicam justamente a mesma relação, XXX, 27 ss. e XXXIII, 115 ss.).

Quanto ao conceito de "*Idea*" enquanto tal, Dante o abordou mais detalhadamente em outra passagem (*Convito*, II, 5), definindo as Idéias (num sentido próximo das "faculdades incorpóreas"[b] de Fílon) como "inteligências"; são os "motores do terceiro céu"[c], isto é, "substâncias separadas da matéria e as *inteligências* que o povo chama de *anjos*"[c]. Vários filósofos admitem que existem apenas tantas Idéias quantos são os movimentos celestes; mas outros, como Platão (homem excelentíssimo[c]!), admitem "que elas são tantas quantas são as espécies de coisas..., uma agrupando, por exemplo, todos os homens, e outra, tudo o que é ouro...; e, assim como as inteligências celestes engendram as deste mundo, cada qual segundo sua espécie própria, também estas serão, para o restante das coisas, geradoras e *exemplares, cada qual segundo sua espécie*. E Platão chama de '*idéia*' tudo o que pode ser definido como '*forma*' e como '*natureza universal*'. Os gentios as chamavam de *deuses* ou *deus*, porque não se interessavam como Platão pela filosofia"[c]. Assim, por uma espécie de retrospectiva histórica, tem início aqui a associação etimológica entre *idea* e *deus* ou *dea* (idéia = deus ou deusa), associação que mais tarde será cada vez mais freqüente e mais lúdica. Cf., por exemplo, Bellori: "Essa Idéia, ou melhor, essa deusa da pintura e da es-

---

em espelhos, / Permanecendo eternamente una. / Desce então às últimas potências / De ato em ato, num tal devir / Que não faz mais que breves contingências; / E essas contingências, assim as compreendo, / São as coisas criadas, que produz / Com e sem semente o céu em movimento. / Feitas de cera, essas coisas / Não são constantes mas deixam, mais ou menos, / O signo Ideal transparecer.

cultura''[c] e: ''essa Idéia e deidade das belezas''[c] (cit. p. 79 e p. 76), ou então este comentário de Landino ao livro XIII do *Paraíso*, que não deixa de ter interesse pela maneira apaixonada com que ele rejeita as objeções de Aristóteles à teoria das Idéias: ''A idéia é um nome proposto por Platão e rejeitado por Aristóteles, não através de argumentos verdadeiros, pois o verdadeiro só pode ser refutado pelo verdadeiro, mas por meio de embustes sofísticos (!). Mas Platão tem a seu favor a concordância de Cícero, de Sêneca, de Eustratio, de Agostinho, de Boécio, de Altividius, de Calcidius e muitos outros. Existe portanto, *no espírito divino, um modelo e uma forma*, à semelhança dos quais a sabedoria divina produz todas as coisas, visíveis e invisíveis. Platão e Hermes Trimegisto escrevem que cada coisa conhece a Idéia por toda a eternidade. Conseqüentemente, residem na inteligência e na sabedoria divinas os conhecimentos de todas as coisas, e Platão chama esses conhecimentos de Idéias; mas não me estenderei sobre esse assunto, pois seria mais difícil do que convém ao nosso propósito... Portanto, ele (Dante) disse muito bem '*Idea*', isto é, '*Iddio*', pois o que está em Deus (*in Dio*) é '*Iddio*', e a *Idea* está em Deus.''[c]

III

O RENASCIMENTO

94. Cennino Cennini, *Trattato della pittura*, ed. H. Ilg, 1871, cap. 88, p. 59: ''Se queres fazer um bom esboço de montanhas que se assemelhem à natureza, toma grandes pedras, toscas e brutas, e, dispondo-as conforme luz e sombra, terás prontamente o aspecto delas.'' (Cf. também o cap. 28, onde o estudo da natureza é enaltecido como ''o melhor guia'', como ''o leme e a porta triunfal do desenho''.)

É interessante observar que o método preconizado por Cennini persiste ainda no século XVIII em Pahlmann ou Salomão Gessner (cf. o trabalho ainda inédito de Ludwig Münz, *Rembrandts Bedeutung Für die deutsche Kunst d. XVIII Jahrh.*); mas, se em sua ''Carta sobre a pintura de paisagem'' (*Schriften*, V. Teil, 1772, pp. 245 ss.) Gessner conta que só chegou a ''contemplar a natureza como um quadro'' (já que inicialmente só era capaz de vê-la em detalhe) através do estudo dos diferentes mestres, ele acrescenta em seguida: ''Quando meu olho se acostuma a descobrir, descubro sempre, numa árvore medíocre, um elemento isolado, um par de ramos bem desenvolvidos, uma bela massa de folhagem, um detalhe do tronco, que, reproduzidos inteligentemente, conferem a minhas obras beleza e verdade. Uma simples pedra pode representar para mim a mais bela das massas rochosas; está em meu poder colocá-la em plena luz, o que me permite observar nela os efeitos de luz e sombra, de claro-escuro e de reverberação.'' Assim anuncia-se uma concepção inteiramente nova em relação às antigas normas de ateliê, concepção que reaparecerá mais tarde, com mais clareza, em Schiller e em Goethe; o seixo converte-se num rochedo, e mesmo num ''esplêndido'' rochedo; e isso não porque o creiom do artista o aumente mecanicamente, mas porque o olhar espiritual do pintor, pelo jogo de sentimentos estéticos e conhecimentos teóricos, contempla as leis da natureza que são realizadas em miniatura e são igualmente determinantes para o que é grande (''Na observação da natureza, olha sempre cada coisa como uma totalidade''). E se Gessner adquiriu essa educação estética — que lhe permitia não aumentar os detalhes, mas antes vê-los em tamanho grande — estudando Waterloo e Berchem, o mesmo aconteceu com Schiller estudando os antigos; quando Goethe elogia o caráter natural e verdadeiro dos remoinhos do mar descritos no poema do *Taucher*, Schiller responde-lhe que simplesmente havia visto um espetáculo semelhante num moinho (cujos remoinhos eram o análogo perfeito daqueles do mar, como os seixos de Gessner eram o análogo dos rochedos); ''mas'', acrescenta Schiller, ''é talvez por ter estudado atentamente a descrição de *Caribde* em Homero que esse espetáculo me foi dado pela natureza'' (carta v. 6-10, 1797; cf. sobre esse ponto H. Tietze em *Repert. f. Kunstwiss.*, XXXIX, 1916, pp. 190 ss.).

95. Cf. a *Crônica* de Filippo Villani. (Sobre o assunto, ver principalmente J. van Schlosser, *Die Denkwürdigkeiten Lorenzo Ghibertis*, 1912, introd.; cf. também do mesmo autor *Kunstgesch. Jarhrh. d. Zen-*

tralKomm., IX, 1910, pp. 5 ss., e *Materialen zur QuellenKunde der Kunstgeschichte*, 1914, II, pp. 60 ss.) Na boca de um Villani, a expressão estereotipada "arte, símio da natureza" tornou-se um elogio. Aliás, convém reconhecer (cf. Borinski, *op. cit.*, pp. 89 e 271) que a comparação estabelecida na Idade Média entre a arte e o macaco — em Clemente de Alexandria, por exemplo, e de maneira particularmente significativa em Alanus das Ilhas (que, em virtude de sua orientação platônica, define justamente a arte como o produto de uma "sofística") — ainda não tem nada a ver com a concepção de uma fidelidade à natureza; ao contrário, significa apenas que as produções das belas-artes não são as "verdadeiras" imagens da natureza e que, "macaqueando" apenas a natureza, elas lhe são inferiores sob muitos aspectos (cf. nota 88). É assim que Dante (*Inferno*, XXIX, 139) pode falar de um falsificador de moedas como de alguém "que macaqueia bem a natureza" (um elemento dessa concepção medieval figura também no conto de Boccaccio sobre a metamorfose do "estatuário" Epimeteu em macaco: sobre a ilustração desse conto num teto de Munique que se deve ao ateliê de Piero di Cosimo, ver G. Habich em *Sitz, Ber. d. Bayr. Akad. d. Wiss., phil. hist. Kl.*, 1920, nº 1 e K. Borinski, *ibid.*, nº 12). Mas Borinski engana-se completamente quando, a partir de uma interpretação engenhosa mas equivocada, procura associar à recusa medieval da "verdade" a célebre observação de Villani sobre Stefano, discípulo de Giotto. Com efeito, se Villani escreve: "*Stefano foi o símio da natureza e a imitou tão bem* que, nos corpos humanos por ele representados, os próprios naturalistas enumeram as artérias e as veias, os nervos e os ligamentos, inclusive os mais finos, parecendo faltar às suas figuras apenas a inspiração e a expiração de ar"[d], seguramente não é para sublinhar que, apesar de seu esforço, o artista não conseguiu (a pretexto de que falta a respiração) o próprio efeito da vida; ao contrário — e essa inversão é realmente esclarecedora —, o que Villani faz é enaltecer a fidelidade à natureza de uma reprodução que, como diria Dürer, revela em todas as suas particularidades "as menores rugas e veias" e pode servir de lição até aos médicos. É deste modo que o Renascimento (na sobrevivência da concepção em Landino, Vasari e Shakespeare, cf. Schlosser, *Jahrh. d. ZentralKomm.*, *op. cit.*, p.

132) modificou o sentido da comparação com o símio que, após ter significado e criticado a não-realidade (efetiva!) das produções da arte, passa a enaltecer sua verdade (artística!). Aliás, o Neoclassicismo concebe igualmente essa comparação no sentido de uma imitação perfeitamente verdadeira da natureza, com a diferença de que, recusando doravante esse tipo de verdade que constitui a conformidade à natureza, fala antes em ''escolher'' idealizando e em ''sobrevoar'' em linhas gerais os detalhes ínfimos; a comparação é portanto retomada no sentido de uma crítica bastante severa. Em *Vidas de artistas*, de Bellori, aparece uma gravura na qual a ''Sábia imitação''[d] esmaga aos pés o símio, visto como a imitação insensata e despida de espírito, que se limita a ''copiar'' o modelo; e a sensibilidade artística de Winckelmann, que é a de um idealista, jamais se sentiu tão ofendida quanto por esta expressão: ''os símios da comum natureza'' (C. Justi, *Winckelmann u. s. Zeitgenossen*, 1898, I, p. 357). Por isso a história das mudanças de sentido da expressão: ''arte, símio da natureza'' contém em germe toda a história da concepção da arte, e de certo modo retorna a seu ponto de partida. Pois a comparação com o símio — e isso nos parece indubitável — foi forjada inicialmente, na Antiguidade, a partir da arte mimética ''por excelência''[b], isto é, a partir da arte do ator, e, nessa primeira acepção, ela designa o naturalismo excessivo e esteticamente repreensível de um Calípides, por exemplo, que foi apelidado de ''o símio''[b] (cf. Aristóteles, *Poética*, cap. 26, bem como outros autores). A Idade Média, transpondo esse aspecto da arte dramática para as outras artes, modificou seu sentido ao ponto de fazê-lo designar a representação inadequada porque não correspondente à realidade da natureza (por exemplo, numa transposição ainda mais ampla, designando o diabo como ''símio de Deus''). A época moderna, por outro lado, fez disso a característica de uma representação perfeitamente adequada porque absolutamente conforme à verdade da natureza. Num caso, a categoria estética do ''naturalismo'' era assimilada por completo à categoria teórica da ''macaquice, isto é, da inautenticidade e da irrealidade''. No outro, as considerações estéticas são reabilitadas em relação às teóricas, com a única diferença de que o perfeito naturalismo parecia representar para o

Renascimento, e sobretudo para o primeiro Renascimento, uma espécie de "suplemento" estético, ao passo que representaria para o Neoclassicismo uma espécie de "falta" estética, impossível de compensar.

96. Cf., por exemplo, Vasari, ed. Milanesi, I, p. 250: "Esse estilo tosco, canhestro e ordinário, que numerosos pintores dessa época haviam ensinado uns aos outros durante anos e anos, não pelo estudo mas por uma espécie de costume."[c]

97. Leonardo, *Trattato*, *op. cit.*, n.º 411.

98. Cf. E. Panofsky, *Dürers Kunsttheorie, vornehmlich in ihrem Verh, z. Kunsttheorie d. Italianer*, 1915, pp. 6 ss.

99. Alberti, *Della pittura* (*L. B. Albertis kleinere Kunsttheoret. Schriften*, ed. Janitschek, 1877), p. 151; citado, entre outros, por Panofsky, *op. cit.*, pp. 157-158. Cf. na mesma obra passagens semelhantes de Dolce, Biondo e Armenini.

100. Leonardo, *Trattato*, n.º 270 (citado, entre outros, por Panofsky, *op. cit.*, p. 143) e n.º 137.

101. Alberti, p. 151: "O que agradava não era apenas reproduzir com semelhança todos os elementos, mas antes acrescentar-lhes a beleza. E Demetrius, pintor da Antiguidade, não conquistou a glória suprema porque se preocupou em produzir coisas muito mais semelhantes em tudo à natureza do que graciosas.

Por isso convinha tomar emprestado de todos os belos corpos cada elemento digno de elogio, e estudar e exercitar sempre para aprender o máximo sobre a graça; ainda que isso seja difícil, porque a beleza não se encontra realizada num único corpo mas é rara e dispersa em vários, deve-se no entanto dedicar todos os esforços para descobrir e aprender essa graça. É como para quem deseja abordar e empreender grandes coisas: como é fácil apoderar-se das menores. E nada é tão difícil que o estudo e a constância não possam vencer."[c]

102. B. Scheurl afirma, por exemplo (*Libellus de laudib. Germaniae*, editado por Schlosser, *Mat. Z. QuellenKunde d. Kunstgesch.*, III, p. 71, que o cãozinho de Dürer farejou o auto-retrato de seu dono, "acreditando adular seu amo"[d]. Essa pequena anedota tem sua autenticidade confirmada pelo fato de aparecer tal e qual, mas sem que

nome algum seja mencionado, no *Trattato* de Leonardo (n.º 14), de onde Scheurl possivelmente a extraiu; cf. outros exemplos desse tipo em Federico Zuccari, *L'Idea de'pittori, Scultori e Architetti*, 1608 (citado por nós segundo a edição de Bottari, *Raccolta di lettere sulla Pittura Scultura ed Architettura*, VI, 1768), p. 131.

103. Ariosto, *Orlando furioso*, XI, st. 71.

104. Já a carta de Giov. Dondi, escrita em 1375 (Schlosser, *Jahrh. d. Kunstslg. d. Allerh. Kaiserh.*, XXIV, 1903, p. 157), fala de um escultor, apaixonado por estátuas antigas, que dizia que "se aquelas obras tivessem vida, teriam sido mais do que vivas"; com isso ele queria dizer que a natureza não era apenas imitada, mas ultrapassada pelo gênio dos grandes artistas. Do mesmo modo, mas inversamente, Boccaccio (*Decameron*, VI, 5) afirma, a propósito de Giotto, que o rosto humano causava tal ilusão em suas obras que era tomado por verdadeiro, embora fosse apenas pintado.

105. Na Idade Média, o conceito de "original" não desempenha qualquer papel no âmbito científico; pelo contrário, procura-se pôr em evidência a concordância das próprias opiniões com as das autoridades mais antigas. Sobre esse ponto, cf. o recente e interessante estudo de J. Hessen, *Thomistische und Augustinische Erkenntnistheorie*, 1920.

106. Cf., por exemplo, Bellori, que — tomando ao mesmo tempo o partido da idealidade e da naturalidade — censura os imitadores por fazerem obras que "não são filhas mas bastardas" da natureza, e por terem "sepultado neles o gênio ao copiar as idéias dos outros" (Citado no Apêndice II, pp. 174 ss.).

107. Leonardo, *Trattato*, n.º 81 (ocorre-nos a célebre frase de Lisipo; ao lhe perguntarem com que artista rivalizava, respondeu: "Imito a natureza, não imito artista nenhum"); e também Alberti, p. 155, que acrescenta de forma característica: se alguém quisesse copiar as obras dos outros, conviria escolher uma escultura maciça de preferência a uma boa pintura, pois assim (a escultura constituindo, num certo sentido, enquanto figura de três dimensões, um objeto da natureza) aprenderia ao menos a descobrir e a reproduzir a verdadeira iluminação. A advertência de Leonardo naturalmente se refere apenas a um "imitar a *maneira* do outro"[c], isto é, à au-

sência fundamental da independência que caracteriza a criação artística. Porém, como meio de estudo, o desenho conforme o modelo é inteiramente autorizado, e inclusive aconselhado: *Trattato*, nº 63, 82.

A desvalorização da imitação pode portanto basear-se tanto numa visão naturalista quanto numa visão conceitualista da arte (em Bellori, como vimos na nota 106, as duas concepções se juntam). Contudo a imitação a princípio não é, e por muito tempo não será, algo de desonroso: atesta certamente a pobreza do artista, mas não faz dele ainda um "ladrão". Pois o que ele toma de outros não é, inicialmente, visto como propriedade deles: a natureza pertence a todos, e a Idéia é considerada na origem como uma representação cujo valor é transcendente e normativo em relação ao sujeito, mesmo que apareça no interior do sujeito. Somente o século XIX haveria de se arrogar o direito de criar a noção de "plágio", pois via na obra de arte a manifestação de uma experiência inteiramente pessoal e vivida da natureza ou do sentimento.

108. Cf. Vasari, I, p. 250.

109. A concepção da arte do Renascimento caracteriza-se portanto, em relação à da Idade Média, por uma "objetivação" de um novo tipo desse objeto artístico que constitui a obra e, conseqüentemente, por uma "personalização" de um novo tipo de subjetividade do artista. Isso concerne também, *mutatis mutandi*, à consciência cultural dessa época em sua totalidade, e mais particularmente em suas relações com a "Antiguidade clássica": a literatura e a arte da Antiguidade haviam sobrevivido bem durante a Idade Média, mas, longe de se apresentarem como "objetos", eram apenas os elementos e os instrumentos da atividade espiritual; é somente com o Renascimento que aparecem a filologia e a arqueologia, e é somente o Renascimento que redescobre a poética e a retórica antigas, com a mesma necessidade que o fez restaurar a antiga teoria das artes plásticas e da arquitetura.

110. É significativo que essa "bela invenção" (isto é, a de uma fábula cheia de interesse e de encanto) seja menos atribuída ao talento do que à cultura do pintor (Alberti, p. 145). Ora, mesmo essa declaração sem equívoco, que sublinha expressamente a significa-

ção propriamente estética do tema tomado em sua materialidade — significação que jamais será contestada antes de Caravaggio — ("a bela invenção é tão poderosa que já por si mesma, e mesmo sem ser pintada, provoca o arrebatamento"), essa declaração ajudou a fazer de Alberti, que não era fundamentalmente filósofo, o defensor "inteiramente consciente de um ponto de vista crítico-idealista" e uma espécie de neokantiano antecipado, na medida em que, como esteta do "puro sentimento", havia aconselhado tomar emprestada essa fábula aos retóricos e aos poetas porque ela constituía para ele um "simples material". Cf. sobre esse ponto W. Flemming, *Die Begründung der modernen Asthetik und Kunstwiss. durch L. B. Alberti*, 1916, pp. 52 ss.

111. Cf., por exemplo, Alberti, p. 139.

112. Cf. sobre esse ponto, e para o que segue, Panofsky, *op. cit.*, pp. 78 ss., bem como, do mesmo autor, *Monatshefte f. Kunstwiss.*, XV, 1921, pp. 188 ss.

113. Sobre a posição específica de Dürer, cf. Panofsky, *Dürers Kunsttheorie, passim.*

114. Leonardo, *Trattato*, n.º 137.

115. Alberti, pp. 199-201 (*De statua*).

116. Cf. pp. 42-43 e notas 43, 50, 86, 87, 91, 116 e 146.

117. Não se poderia demonstrar mais desconhecimento da essência do Platonismo do Renascimento do que ao afirmar (como o faz Flemming, *op. cit.*, p. 91) que Platão, nessa época, "reviveu como filósofo crítico" e ao exigir, por conseguinte, que esse período da história da filosofia seja historicamente considerado como uma "separação radical entre o Neoplatonismo místico e Platão". É com razão que recentemente M. Meier ("*Gott und Geist bei Marsiglio Ficino*", na homenagem a Jos. Schlecht antes mencionada, pp. 236 ss.) declara: "Platão é, para Ficino, o verdadeiro teólogo, que, em oposição a Aristóteles, o naturalista, quer nos reconduzir a Deus, verdadeira pátria de nossa alma."

118. Ficino, *Opera*, II, p. 1.576. Citação nota 133.

119. Alberti, p. 125. "Qualquer que seja a coisa que se move de seu lugar, ela pode fazê-lo segundo sete direções: primeiro, para cima; segundo, para baixo; terceiro, à direita; quarto, à esquerda;

quinto e sexto, no sentido do comprimento, movendo-se para a frente ou para trás; e sétimo, de acordo com o movimento circular."[c] Essa subdivisão dos movimentos encontra-se tanto no *Timeu* quanto em Quintiliano (cf. Borinski, *Die Rätsel Michelangelos*, 1908, p. 179); mas é significativo ver que Alberti se abstém de qualquer interpretação simbólica ou, pelo menos, de qualquer paráfrase estética consagrada às diferentes possibilidades do movimento, atendo-se antes a uma pura e simples subdivisão. A tripartição do "movimento em geral" em movimento quantitativo, qualitativo e local, que abrange a subdivisão do movimento "segundo o lugar" em sete movimentos diferentes, é, como Janitschek demonstrou (p. 242), aristotélica (cf. *Meta.*, XI, 12, 1.608 *a*).

120. Assim Ficino, *Opera*, II, p. 1.115 e, mais detalhadamente, p. 1.063; sobre isso convém referir-se a Borinski, *Die Rätsel Michelangelos*, pp. 177 ss.

121. Ficino, *Opera*, II, p. 1.576: "A beleza nos corpos é uma semelhança mais expressiva da idéia."[d] Do mesmo autor, *ibid.*, p. 1.575, citação nota 133.

122. Ficino, II, pp. 1.336 ss. (*Comentário ao Banquete*), cf. a separata publicada em 1544 e citada em detalhe no Apêndice I, pp. 125 ss. Sobre os paralelos mais antigos com essa doutrina neoplatônico-cristã da beleza, ver notas 68 e 93; sobre seu ressurgimento no Maneirismo, cf. pp. 91 ss. É significativo que Ficino tenha se apropriado inteiramente da etimologia proposta e desenvolvida por Dionísio, o Areopagita, que deriva κάλλος de καλέω: "O próprio da beleza é, portanto, ao mesmo tempo atrair e arrebatar. Daí que em grego o belo seja designado como provocante."[d] (*Opera*, II, p. 1.574).

123. Alberti, *De re aedif.*, IX, 5: "... Podemos portanto afirmar que a beleza é um acordo e uma conspiração das partes que compõem a coisa, conforme um número, uma delimitação e uma disposição definidos e exigidos pela harmonia, isto é, pela razão absolutamente primeira da natureza."[d] Cf. a definição ainda mais célebre do *De re aedif.*, VI, 2: "Eis aqui, brevemente, a definição que iremos propor: a beleza é uma harmonia racionalmente determinada de todas as partes que compõem a coisa, de modo a se tornar

muito improvável que algo possa ser acrescentado, suprimido ou alterado."[d] J. Behn (*L. B. Alberti als Kunstphilosoph*, 1911, p. 25) já identificou a segunda definição como sendo aristotélica.

124. Alberti, p. 111, citado entre outros por Panofsky, *Dürers Kunsttheorie*, p. 143.

125. Encontram-se em Alberti, retomadas do Platonismo e do Neoplatonismo: a) a expressão do *De re aedif.*, Ix, 5: "Penso haver mostrado que a beleza está difundida em todo o corpo que é belo, e que ela lhe pertence de forma, por assim dizer, inata"[d], pois, como escreve Behn, *op. cit.*, p. 24, "o que está no corpo, sem estar localizado em alguma parte, mas que existe 'em si', é aquilo que, juntamente com Plotino e os idealistas posteriores, chamamos de 'ideal'". Mas a continuação da frase, "... saber, por outro lado, que o *ornamento* pertence mais à natureza do artifício e do acréscimo do que àquilo que é inato", mostra que aqui Alberti deve pura e simplesmente elucidar a diferença entre a "beleza" considerada como valor inerente à coisa e o "ornamento" tido como acessório; é assim que, referindo-se a Cícero (*De natura deorum*, I, 79), ele recomenda aos jovens que não são naturalmente belos que usem "ornamentos" para ocultar seus defeitos e realçar seus atrativos.

b) A suposta exigência segundo a qual, no domínio da arte, "forma" e "matéria" deveriam estar em harmonia (Behn, *op. cit.*, p. 22; Fleming, *op. cit.*, p. 21). Mas uma grosseira confusão aparece aqui. Eis o que diz Alberti (*De re aedif., Prooem.*): "Observemos que uma edificação é uma espécie de corpo que, como todos os corpos, é composta de linhas e de materiais; as primeiras são produzidas pelo espírito, os segundos são tomados da natureza. Compreendemos que o primeiro caso requer o espírito e o pensamento, o segundo preparativos e uma escolha; mas nenhuma dessas operações, consideradas separadamente, tem poder sobre a coisa se não vier se acrescentar a mão experiente do artista, capaz de dar aos materiais, graças às linhas, seus contornos."[d] Ora, essas afirmações não encerram nenhuma exigência estética que esteja de acordo, quanto ao sentido, com a tese (platônica ou plotiniana) de que deve existir uma harmonia entre a forma e o conteúdo; elas encerram antes uma definição ontológica essencial que concorda, no sentido, com a concepção (aristotélica!) de que cada objeto corporal, seja uma obra de arte, seja um produto da natureza, só pode provir da inserção de uma matéria definida numa forma igualmente definida. Alberti conclui explicitamente que esse modo de definir a obra de arte não obtém seu valor do fato de ser ela uma obra de arte, mas do fato de ser corporal; não requer portanto que haja uma harmonia entre a forma e a matéria (o contrário, isto é, a oposição entre forma e matéria teria sido completamente impensável para ele); Alberti constata simplesmente a existência dessa harmonia, afirmando que a obra de arte só pode provir de uma "enformação"[d] da matéria por meio das "linhas"[d], que são identificadas à forma. Se Alberti negligenciou, como o deplora justamente J. Behn, definir a beleza como uma "perfeita união da forma e da matéria", nada há de espantoso nisso mas, pelo contrário, nada há que não seja absolutamente necessário: entre essas declarações sobre as condições de existência da obra de arte considerada como um objeto corporal e uma definição da beleza como valor estético, a distância não é apenas imensa, ela é completamente intransponível.

c) A evocação do mito de Narciso, que Fleming (*op. cit.*, pp. 103 ss.) caracteriza como uma "citação direta" de Plotino. Em realidade, essas duas passagens, quando confrontadas, mostram o seguinte:

Alberti (pp. 91 ss.): "Direi, entre amigos, que Narciso, metamorfoseado em flor — segundo a palavra dos poetas —, foi o inventor da pintura. Que a pintura seja realmente e por toda parte a flor das artes, é o que a lenda de Narciso dá a entender. E dirás que pintar é algo mais do que abraçar com a arte o que se encontra como que à superfície das águas?"[c]

Plotino (*Enéadas*, I, 6, 8): "Se corrêssemos para elas (as belezas corpóreas) com o desejo de agarrá-las, como se fossem reais, faríamos como aquele que deseja capturar o reflexo de sua própria beleza sobre as águas; é isso, parece-me, o que dá a entender a lenda daquele que, por ter se inclinado sobre as profundezas da água, desapareceu dos olhares. O mesmo acontecerá com o que se apega às belezas corporais

> e não renuncia a elas: não é seu corpo, mas sua alma que cairá nos abismos obscuros e desoladores para o espírito; como um cego habitando o Hades, ele será, já neste mundo, uma sombra entre as sombras.''

Portanto, se é verdade que Plotino evoca o mito de Narciso para nos advertir do perigo da beleza simplesmente visível, Alberti, em contrapartida (de acordo com Ovídio, cf. a nota de Janitschek, p. 233) refere-se a ele para explicar a origem da pintura pelo amor do belo e para comparar a atividade pictórica com o desejo de abraçar um reflexo análogo (mas que não é apenas aparente!); portanto, dificilmente se pode afirmar que, em ambos os casos, a comparação possui ''exatamente o mesmo sentido''.

126. Alberti, p. 95, cf. Overbeck, *Schriftquellen*, n.º 1.951, 1.952. De uma maneira geral, não convém exagerar a importância dos conhecimentos gregos de Alberti; R. Förster demonstrou (*Jahrh. d. Kgl. Preuss. Kunstsamml.*, VIII, 1887, p. 34) que ele só utilizava Luciano, por exemplo, numa tradução latina.

127. Sobre essa passagem de Leonardo (*Trattato*, 108, 2, e igualmente 109, 499), cujos pressupostos são platônicos mas que é totalmente não platônica em sua conclusão, ver Panofsky, *Dürers Kunsttheorie*, pp. 192 ss.

128. Ficino, *In Parmenidem* (*Opera*, II, p. 1.142): ''Platão, no *Timeu* e no livro VII da *República*, afirma expressamente que existem verdadeiras substâncias, mas que nossas realidades são as imagens dessas realidades verdadeiras, isto é, das idéias.''[d] Essas referências, juntamente com as que são citadas nas notas seguintes, dispensam evocar uma infinidade de outras, que têm mais ou menos o mesmo sentido.

129. Ficino, *Argum. in VII Epistul.* (*Opera*, II, p. 1.535): ''Platão ensina que a idéia difere do restante das coisas de quatro maneiras principais, a saber: que a idéia é substancial, simples, imóvel e isenta de toda contradição.''[d]

130. Cf. p. 85.

131. Ficino, *Comment. in Phaedr.*, sobretudo *Opera*, II, pp. 1.177 ss.

132. Ficino, *Comment. in Phaedr.*, *op. cit.*: cf. toda uma série de provas favoráveis em Meier, *op. cit.* Particularmente significativa é esta passagem da *Theologia platonica* (XI, 3, *Opera*, I, p. 241): "Do mesmo modo que uma parte do corpo, fecundada pela *introdução de sementes*, se modifica, engendra, nutre e cresce, também o sentido inferior e o espírito, graças às '*fórmulas*' que lhes são *inatas* e quando são *estimulados* pelas coisas exteriores, julgam todas as coisas"[d], as impressões dos sentidos não tendo outra função que não a de dar ao conhecimento seu "impulso".

133. Ficino, *Comment. in Plotin, Ennéad.*, I, 6 (*Opera*, p. 1.574): "A beleza, onde quer que a encontremos... agrada-nos e suscita nossa aprovação, por corresponder à idéia de beleza que nos é inata e por concordar com ela em todos os pontos."[d] (Cf., a esse respeito, a frase citada na nota 121.) Cf. igualmente, do mesmo autor, *ibid.*, p. 1.575: "Além disso, a alma racional depende estreitamente do espírito divino e conserva em si a idéia de beleza que este lhe imprimiu..."[d], ou ainda, p. 1.576: "Que homem é belo? ou que leão? ou que cavalo? Seguramente aquele que é formado e que nasceu tal como o *espírito divino* o constituiu, conforme sua própria *idéia* e tal como a *natureza* universal o concebeu em função de seu *poder seminal*. *Portanto* nossa alma doravante detém, *inata* em nosso espírito, *a 'fórmula' dessa idéia*; detém também, por sua natureza própria, uma razão identicamente seminal; é portanto por uma espécie de julgamento natural que se costuma julgar, a propósito do homem, do leão, do cavalo ou de qualquer outra coisa, que um é belo e outro não o é, conforme esteja *de acordo* ou *em desacordo com a 'fórmula' e a razão*; além do mais, entre os seres que são belos, um é mais belo que o outro, conforme esteja mais de acordo com a fórmula e a razão... Assim, quando julgamos da beleza de uma realidade, consideramo-la bela em relação às outras por ser dotada de uma alma, de uma razão e de uma forma tais que, pelo *espírito*, ela satisfaz à fórmula da beleza que reside em nosso espírito e que, pelo *corpo*, corresponde à casa seminal da beleza que possuímos por nossa natureza e nossa

alma secundária. Com efeito, a *forma*, num corpo bem formado, é *semelhante à idéia* desse corpo, assim como a configuração material de um edifício é semelhante ao modelo que se acha no espírito do arquiteto...; do mesmo modo, se fizéssemos abstração do que há de material no homem, subsistiria sua forma, e esta constitui a idéia mesma segundo a qual o homem foi formado...''[d]

Naturalmente a beleza sensível é muito inferior à beleza inteligível (Ficino são seria o ''pai de uma família platônica''[d] se não tivesse constantemente retomado e sublinhado essa idéia com toda a energia, especialmente nos comentários às *Enéadas*, I, 6, 4 (*Opera*, II, P. 1576): ''Lembra, se te deleitares...''[d] e *ibid.*, *in fine* (p. 1.578): ''Para terminar, a conclusão de todo esse livro é que...''[d]; mesmo assim a beleza sensível significa ''a soberania da forma sobre o substrato''[d] (*Comment. in Ennéad.*, I, 6, 3, *Opera*, II, p. 1.576) e o que permanece é ''algo de divino e de soberano, que significa soberania e reinado da forma, vitória da razão e da arte divina sobre a matéria, e que representa claramente a própria idéia''[d] (*Comment. in Ennéad.*, I, 6, 2, *Opera* II, p. 1.575).

134. Alberti, p. 151 (passagem imediatamente seguinte à citada na nota 101). Ele escreve a seguir: ''Zêuxis, pintor excelente, tendo de fazer um quadro que deveria ser exposto no templo de Lucina nas proximidades de Crotona, não confiou cegamente em seu gênio, como fazem hoje os pintores, pois sabia não poder encontrar num único corpo toda a beleza que procurava...''[c]

135. Petrarca, Son. LVII:

> *Ma certo il mio Simon fù in paradiso,*
> *Onde questa gentil Donna si parte;*
> *Ivi la vide e la ridusse in carte*
> *Per far fede quaggiù del suo bel viso.* *

136. Cennini, *Tratt. della pittura*, cap. I, ed. por J. von Schlosser, *Jahrh. d. Zentr.-Komm.*, *op. cit.*, p. 131.

137. Leonardo, *Trattato* 28: ''E nisto (o olho) é superior à na-

---

* Por certo meu caro Simão foi ao Paraíso, / Para onde partiu essa bela Dama; / Foi lá que a reviu e fez seu retrato / Para aqui testemunhar tão belo rosto.

tureza, porque as simples coisas naturais são finitas, ao passo que as obras que o olho ordena à mão executar são infinitas, como o demonstra o pintor quando procede à determinação de uma infinidade de formas de animais, ervas, plantas e lugares."[c]

138. Baldass. Castiglione, *Il Cortigiano*, IV, 50 ss. A concepção neoplatônica e metafísica da beleza chega a coincidir nesse ponto, de forma particularmente notável, com a concepção clássica e fenomênica; o que permite o aparecimento da beleza é fundamentalmente uma "influência vinda da bondade divina"[c] (de sorte que a beleza externa é necessariamente a expressão de uma bondade interior), mas, para que essa beleza se torne visível, é preciso que a influência divina, por si mesma difundida "em *todas* as criaturas", se realize num corpo que, em boa terminologia ciceroniana e albertiana, deve ser "bem proporcionado e bem composto em virtude de uma bela harmonia entre as cores, ou seja, em virtude do 'equilíbrio das proporções... acrescido da beleza do colorido'[b], a que se somam o jogo de luz e sombra, a ordem das distâncias e o contorno das linhas"[c]. Cf. *ibid.*, I, 50, através de uma dessas "comparações" então em uso entre a pintura e a escultura, uma apreciação da arte plástica como pura imitação.

139. Reproduzido, entre outros, por Passavant, *Raphael von Urbino*, 1839, I, p. 533. Inteiramente superficial é a concepção de Mario Equicola, que, numa referência equivocada a Cícero, entende apenas por "*Idea*" a "forma" que unifica uma pluralidade de indivíduos e que nós chamamos de "semelhança". "Os platônicos", escreve ele, "afirmam que o conhecimento e a conformidade da Idéia, do Gênio e da sorte encontram-se necessariamente no princípio do amor. Por *Idea* entendemos a forma, no sentido de Tullius, e esta (ou seja, a conformidade com a Idéia) não é senão a semelhança. Não gostaria de discutir aqui as Idéias de Platão; ele as consignou em vários de seus escritos, principalmente no *Parmênides*; Aristóteles criticou-as na *Ética* e na *Metafísica*, e Agostinho, que as louva enquanto tais, chama-as de razões eternas das coisas. É suficiente dizer aqui que a semelhança das formas e do aspecto dos membros e dos traços pode causar uma benevolência mútua entre os seres..."[c] (*Di natura d'amore*, IV, na edição de Veneza a que tivemos acesso, 1583, pp. 180 ss.)

140. Lange e Fuhse, p. 227, 4.

141. Cf. sobre esse ponto pp. 105 ss.

142. "O desenho"[c] é, com efeito, masculino em italiano. A "mãe" das artes é a "invenção"[c] (Vasari, II, p. 11) e ocasionalmente também a "natureza" (Vasari, VII, p. 183), cf. sobre esse ponto W. v. Obernitz, *Vasaris allgemeine Kunstanschauung auf dem Gebiet der Malerei*, 1897, p. 9.

143. Vasari, I, p. 168: "Dado que o desenho, pai de nossas três artes... extrai de uma multiplicidade de coisas um julgamento universal análogo a uma forma, ou melhor, a uma idéia das coisas da natureza, a qual é inteiramente singular (o texto deveria dizer: "regular"!) em suas proporções, conhecemos por isso mesmo as proporções características não apenas dos corpos humanos e animais, mas também das plantas, dos objetos fabricados, das esculturas e das pinturas, proporções que definem as relações do todo com as partes bem como das partes entre si e com o todo. E como esse conhecimento forma no espírito esta realidade que, ao ser expressa pela mão, chama-se desenho, podemos concluir daí que o próprio desenho não é mais que a expressão e a manifestação evidentes do conceito que está em nosso espírito e que os outros imaginaram e produziram no seu, graças à idéia..."[c]

A passagem só aparece por inteiro na segunda edição de 1568. O rascunho (reproduzido na edição comentada de Vasari por Karl Frey, 1911, p. 104) permite corrigir o "inteiramente singular" da primeira edição por "inteiramente regular", o que corresponde bem melhor à citação do provérbio: "*ex ungue leonem*" que vem a seguir (a regularidade inflexível da natureza permite, com efeito, inferir o todo a partir da menor parte).

144. O único teórico da arte que procura pautar-se pela doutrina das Idéias, tal como ela existe no Platonismo original, não chega a ser desprovido de espírito mas encontra-se totalmente fora da evolução das idéias: trata-se de Gregorio Comanini, que na verdade não é um artista mas um homem do alto clero possuidor de grande cultura; em seu diálogo "*Il Figino*" (Mântua, 1591) ele aborda de maneira particularmente interessante uma série de problemas que só serão parcialmente retomados bem mais tarde (por exemplo os

problemas da arte e do jogo, da imaginação plástica e da imaginação poética, etc.). É assim (pp. 14 ss.) que as artes são inicialmente divididas conforme as célebres categorias do Platonismo: são as "artes de utilização"[d], que, como as da guerra, da navegação e do alaúde, não fazem mais que utilizar os instrumentos; as "artes da fabricação"[d], que, como a arte de construir, de forjar, etc., produzem os instrumentos e os objetos habitualmente utilizados pelas outras artes; e enfim as "artes de imitação"[d], que se contentam em imitar os produtos das artes da fabricação. Eis aqui, totalmente platônica e correspondendo ao ponto de vista desenvolvido no Livro X da *República*, a exposição relativa a essas "artes de imitação":

"*Guazzo*: ...A arte de imitação é portanto a que imita as coisas fabricadas pela arte de fabricação: assim é a pintura que, com suas cores, imita as armas fabricadas pelo ferreiro, os navios construídos pelo carpinteiro e as violas realizadas pelo mestre em instrumentos de música. É também o caso da arte poética, que imita e exprime com palavras o que é fabricado pela arte de fabricação; por isso Platão diz, dessa arte de imitação, que ela produz coisas distantes da verdade em três graus, e que todo imitador situa-se em terceiro lugar em relação à verdade.

Figino: Não compreendo isso perfeitamente. Gostaria que me explicásseis.

Guazzo: De bom grado. Consideremos três freios de cavalo. O primeiro conforme a arte de utilização no espírito do cavaleiro; o segundo produzido pela arte de fabricação, e este será o freio propriamente dito; e o terceiro reproduzido pela arte de imitação, digamos, a pintura. O freio no espírito do cavaleiro situa-se no primeiro grau de verdade, porque o cavaleiro saberá explicar melhor o freio e sua forma do que o ferreiro que o fabricou: portanto, é próprio à arte de utilização comandar, e à arte de fabricação, obedecer. O freio do ferreiro, produzido pela arte de fabricação e dependente da arquitetônica, ocupará o segundo grau de verdade, logo abaixo do freio que está no espírito do artífice ordenador. O freio desenhado em pintura, que é arte de imitação, encontra-se no terceiro grau de verdade, em relação ao freio imaginário da arte de utilização. *Não quis citar-vos o exemplo dos três leitos, dado por Platão no*

Livro X da República, um no espírito de Deus, o outro formado pela arte de fabricação e o último figurado pela arte de imitação, para que não acreditásseis, Martinengo, que tomo ao pé da letra a teoria platônica sobre as idéias das coisas criadas artificialmente. Pois sei muito bem que o grande mestre da Academia só dizia tudo isso *a título de exemplo e não de outro modo*. Esse filósofo concluiu que o imitador está três categorias abaixo da verdade, portanto mais afastado dela do que qualquer outro artífice. Mas não me obrigueis a levar adiante esse discurso, Figino, pois dele haveríeis de retirar bem pouco prazer."[c]

É significativo que, a partir desse momento, nem todos os dialogantes admitam a inferioridade das artes de imitação; sua refutação, no entanto, é protelada para mais tarde.

"*Martinengo*: Isso quer dizer, em suma, que Platão, ao afirmar que o imitador produz uma coisa afastada da verdade em três graus, rebaixa conseqüentemente tanto a pintura como a poesia, como sendo artes cujas obras não são imitações da verdade mas de imagens aparentes; ele chega até a atacar Homero, a quem acusa de maneira rude: eis por que, Figino, vós, que sois tão douto em poesia e sentis grande amor pela pintura, não poderíeis suportar com paciência tais maledicências. Vedes aí somente delicadeza de forasteiro que não vos deseja ofender sob vosso teto. Mas não sei como ele se comportaria se estivesse fora.

Guazzo: Darei armas e cavalos para defender essas duas nobilíssimas artes, e serei sempre o defensor delas.

Martinengo: Nobres palavras na casa de outrem.

Guazzo: Melhores atos, quando eu tiver partido.

Fino: Agrada-me acreditar que será assim: senão por outro motivo, ao menos para defender vossa reputação, já que haveis composto versos com tanta doçura e pureza que ouvi dizer por vários homens cultos que não estaria equivocado aquele que vos chamasse de Horácio Toscano."[c]

Para resumir, o "*freio inteligível*"[c], isto é, a Idéia do freio, acha-se em oposição, uma vez mais e de forma autenticamente platônica, ao "*freio fabricável*"[c] considerado como freio real, bem como ao "*freio imitável*"[c] considerado como freio imitado. (Cf. também p. 192:

"Quero acrescentar ainda duas palavras, Guazzo, antes de encerrar minha explanação. Todas as coisas que vemos neste vasto teatro do mundo são apenas, segundo a doutrina de Sócrates no *Fédon*, imagens e sombras. O céu é um simulacro de sua idéia. As coisas sublunares são sombras, enquanto fugazes e não permanentes em seu ser. Além disso, se considerarmos o homem segundo suas partes, que são inumeráveis, poderemos dizer um número infinito de vezes que essa parte não é homem, tampouco aquela; é somente uma única vez que podemos dizer do todo: isso constitui o homem. O mesmo vale para o cavalo, os outros animais e tudo o que é composto. O *Timeu* afirma que todos os elementos são formados de duas partes, e que se chamamos o fogo, o ar, a água e a terra com esses nomes não é por causa de sua matéria mas de sua forma, e se tal coisa se diz fogo, tal outra água, tais outras ainda ar e terra, isso não corresponde ao todo mas a uma parte apenas; donde se segue que o todo não é verdadeiramente fogo, mas ígneo, nem água, mas aquoso, nem ar, mas aéreo, nem terra, mas terrestre. Ora, conclui o *Timeu*, acima dessas formas confusas e incompletas da matéria, esta possui outras, puras, separadas e inteiras: *são as idéias*; e é destas que Sócrates diz no *Fédon* que *as coisas naturais são apenas as imagens e os simulacros.*"[c])

O mais interessante talvez seja a discussão dedicada à distinção, estabelecida no *Sofista*, entre imitação "*icástica*" e imitação "*fantástica*". Essa oposição não é compreendida por Comanini, conforme a acepção propriamente platônica (ver acima p. 10), como a oposição entre a imitação do objeto e a imitação da aparência (por exemplo, no caso das estátuas colocadas no alto), mas é compreendida, conforme a significação "moderna" da expressão φαντασία, já utilizada pela Antiguidade tardia (cf., por exemplo, a frase de Filóstrato citada na nota 37), como a oposição entre a representação de uma coisa efetivamente existente e a de uma coisa que não o é; vale dizer que essa oposição só é compreendida por referência a uma imaginação[a] que cria as coisas (pp. 25 ss.): "uma é chamada por Platão, no *Sofista*, representação semelhante, ou melhor, icástica; a outra, pelo mesmo autor e no mesmo diálogo, é dita fantástica. A primeira imita as coisas, tais como elas existem; a segunda 'imagina' coisas inexistentes."[c] Assim, o exemplo privilegiado da imitação "icástica" é dado pela arte do retrato; o da imitação "fantástica", pelas obras de Arcimboldo (cf. nota 238), que, a partir de frutas, plantas e animais, compõe figuras humanas. Difíceis problemas colocam-se então (por exemplo, o de saber se a representação dos anjos ou de Deus é "icástica" ou "fantástica", pp. 60 ss.), e Comanini, não sem perspicácia, percebe que a principal diferença entre o pintor e o poeta deve-se ao fato de, no poeta, prevalecer a representação "fantástica" e, no pintor, a "icástica": "a imitação 'fantástica' é mais apreciada pelo poeta do que a 'icástica'. Mas no pintor é exatamente o contrário que ocorre, pois a imitação icástica é mais apreciada por ele do que a fantástica"[c] (p. 81).

145. "É no seu espírito que *residia* a forma"[d] (citado nota 20).

146. "Assim como a casa *preexiste* no espírito do arquiteto"[d], ou: "Em todo arquiteto *preexiste* a razão das coisas que são arte construída"[d] (citado notas 86 e 87). No que concerne ao "*praeconcipit*" da passagem citada precisamente na nota 87, o paralelismo completo, que existe entre essa frase e as outras passagens, mostra já que o verbo *praeconcipere* não deve ser entendido aqui no sentido de uma psicologia das funções, mas no sentido de uma teoria do conhecimento. Dizer que "o arquiteto tem uma preconcepção"[d] significa que algo "preexiste no espírito do arquiteto"[d]. Para um pensamento que se formou na escola de Aristóteles, isso é óbvio, já que o artista, para Aristóteles, não "cria" nem a forma nem a matéria, sua tarefa consistindo apenas em introduzir uma na outra (ou inversamente) (cf. Aristóteles, *Meta.*, VII, 8).

147. Ficino (cit. anteriormente nota 133): "*innata*", "*ingenita*".

148. Rafael (cit. anteriormente p. 78): "vem-me à mente"[c].

149. G. B. Armenini, *De' veri Precetti della Pittura*, Ravena, 1587 (citado em detalhe, nota 200): "vem a nascer"[c].

150. Vasari (cit. anteriormente nota 143): "ele extrai"[c].

151. Fil. Baldinucci, *Vocabulario Toscano dell'arte del disegno*, 1681, p. 72: "A *idéia* é um conhecimento perfeito do objeto inteligível; ela é adquirida e se acha confirmada pela teoria e pelo uso. Nossos artistas servem-se desse termo para designar as obras oriundas de um belo capricho e de uma bela invenção."[e] (Cf. também Fr. Pache-

co, *Arte de la pintura*, 1648, p. 164: "As belas idéias que foram adquiridas pelo artista de valor."[e]

152. Armenini (citação, nota 200): "se forma e esculpe"[c].

153. No poema didático de Karel von Mander (ed. R. Hoecker, 1905, pp. 252-253), no verso: "*Ons Ide' hier toonen most haer ghewelden*" (X, 30; convém aliás não traduzir esse verso por: "Cumpre aqui que a Idéia nos mostre sua força" mas por "Nossa Idéia deve aqui mostrar sua força"), a Idéia recebe a seguinte definição: "*imaginacy oft ghedacht*", isto é, "a Idéia é o equivalente da imaginação[a] ou do pensamento". Cf. também *ibid.*, XII, 4 (pp. 266-267): van Mander não pretende aliás criticar os bons pintores que, sem nenhum preparativo, pintam de memória o que "*in hun Ide is geschildert te wooren*" (cf. a passagem de Vasari citada na nota 157).

154. Vasari (citação, nota 143). Nessa passagem, as expressões "conteúdo da representação" e "faculdade da representação" coexistem na mesma frase. É em pleno acordo com Vasari que Raf. Borghini dá essas definições, *Il Riposo*, Florença, 1534, pp. 136-137.

155. Cf. por exemplo S. P. Lomazzo, *Trattato dell''arte della pittura*, 1584 (publ. em 1585), II, 14, p. 158: "... le cose immaginate... *nell'Idea*".

156. Guido Reni, citação, p. 148.

157. Vasari I, p. 148: "A escultura é uma arte que, retirando o que é supérfluo na matéria proposta, a reduz àquela forma que se encontra de certo modo desenhada na idéia do artista."[c]

158. Cf. pp. 105 ss.

159. Citação, p. 148.

160. Pacheco, *op. cit.*, pp. 164 ss. "Pois nunca se deve perder de vista esse modelo. E eis que chegamos ao lugar onde havíamos prometido tratar desse ponto. Ora, toda a importância do estudo não poderia excluir esse original... pois convém acrescentar aos preceitos e à maneira correta de pintar a arte de julgamento (= o discernimento) e escolher as obras esplêndidas que são as de Deus e da Natureza. E é em relação a essas obras que devem ser ajustados e corrigidos os bons pensamentos do Pintor. *E, se faltasse esse modelo, não se poderia encontrar a beleza adequada nem explorar admiravelmente, por impossibilidade de tempo e de lugar, as belas idéias adquiridas pelo artista de valor*. Como deu a en-

tender Rafael de Urbino... (segue a citação da carta a Castiglione). De modo que a perfeição consiste em *passar* (o que é natural) *das Idéias à natureza e da natureza às Idéias*, buscando sempre o que há de melhor, de mais seguro e mais perfeito. Assim procedia também o mestre de Rafael, Leonardo da Vinci; esse homem, de um gênio muito sutil e atento aos ensinamentos dos antigos, procurava, antes de inventar um "tema" qualquer, todos os efeitos próprios e naturais que podia obter de uma figura conforme sua Idéia."[e] (Segue, cantada num magnífico poema, a anedota de Zêuxis e das cinco virgens.)

161. Tanto Pacheco (cf. nota precedente) como Bellori ilustram a teoria das Idéias com a história das virgens de Crotona; e é particularmente significativo que Junius (*De pictura veterum*, Catalogus, em nome de Zêuxis) traduza justamente por "*idea*" a expressão "Beleza perfeita"[b] utilizada por Dionísio de Halicarnasso: a frase "a arte, reunindo uma pluralidade de elementos, constitui a partir daí uma beleza perfeita"[b] é traduzida por ele por "a arte constitui uma obra de uma beleza perfeita representando uma idéia"[d]. Cf. também Fil. Baldinucci em seu discurso acadêmico de 5 de janeiro de 1691 (1692), reproduzido na edição de sua *Notizie de' professori del disegno* de 1724, t. XXI, pp. 124 ss.: "Leio... que Zêuxis, desejoso de dar aos habitantes de Crotona uma pintura de Helena que representasse a *idéia mais perfeita da beleza feminina*..., escolheu nos corpos de cinco virgens o que elas pudessem ter de mais perfeito e mais belo... Mas isso não deve ser entendido como a síntese de alguns elementos simples e publicamente reconhecidos, como se Zêuxis, vendo numa das virgens uma parte da perfeição, a tivesse recopiado na tela tal como a via no original, para daí passar a uma outra perfeição numa outra virgem, e assim sucessivamente; *ora, é preciso saber* que um belo olhar só revela sua beleza *se estiver relacionado ao rosto que é o seu*, e que uma bela boca, quando aplicada sobre um rosto que lhe é estranho, perde todo o valor de sua beleza; esta, com efeito, só pode reaparecer num ser diferente, que revele por sua vez um conjunto de partes proporcionadas à totalidade à qual pertencem... Por isso convém dizer que, após ter tomado dos diferentes corpos a proporção que era universalmente a mais bela e após ter

discernido a relação de cada parte com a beleza que imaginava em seu pensamento, Zêuxis conseguiu, à força de acréscimos, supressões e adições das proporções, integrar esses elementos nessa *bela totalidade que ele imaginava em pensamento.*"[c] Baldinucci critica aqui as objeções de Bernini, que, experimentando o sentimento muito intenso da unidade vital e indivisível que caracteriza todo organismo natural, havia interpretado como "lenda" a anedota de Zêuxis (cf. também, em termos quase idênticos aos da passagem anteriormente citada, Fil. Baldinucci em sua *Vita del Cav. Gio. Lor. Bernini*, ed. Burda & Pollak, 1912, p. 237): ele preserva a teoria da "eleição", substituindo uma síntese operada mecanicamente por uma síntese pensada pelo espírito — mas disso resulta que a "Idéia da beleza feminina"[c] assim obtida define-se sobretudo como uma representação de conjunto existente *a posteriori*.

Aliás, também Bacon de Verulam, e por motivos semelhantes aos de Bernini, toma partido contra a teoria da eleição (à qual também se opunha, e de forma declarada, a concepção do gênio segundo Heinse): se um artista da Antiguidade tivesse operado realmente como contam de Zêuxis, o resultado não poderia agradar a ninguém mais do que a ele mesmo; contra essa concepção, ver também a polêmica de S. van Hoogstraaten, *Inleyding tot de Hooge Schoole der Schilderkonst*, 1678, VIII, i, pp. 279 ss.

162. Cf. pp. 105 ss.

163. Cf. a carta de Guido Reni, citada à p. 171.

164. Cf. por exemplo Petrarca, *Soneto* LVIII.

> *Quanto giunse a Simon l'alto Concetto,*
> *Ch'a mio nome gli pose in man lo stile...* *

165. Assim, num projeto de arquitetura, figura por exemplo, na edição de Vitrúvio por Cesarianus (Como, 1520) a seguinte inscrição: "Idéia de torre octogonal e piramidal"[d]. Cf. também, particularmente apreciados a partir da metade do século nos países latinos, títulos de obras como *Idea del teatro* (de Giulio Camillo, 1550), *Idea del Tempio della Pittura* (de G. P. Lomazzo, 1590), *L'Idée du Peintre Parfait* (de Roger de Piles, 1699).

---

* Assim como Simão atinge a antiga Idéia/Que, em meu nome, põe em sua mão o estilo..."

166. Cf. nota 43. Isso permite compreender que a teoria do Maneirismo, de orientação escolástica, para a qual "*Idea*" equivalia por um lado ao "tema" mas por outro à "forma", desse em muitos casos à noção de "forma" o sentido em que hoje empregamos a de conteúdo. Cf. sobre esse ponto o trabalho de F. Saxl a ser publicado em breve e que trata de um *Discorso* desconhecido do pintor Jacopo Zucchi.

167. Pacheco, *op. cit.*, citação nota 160; em Pacheco, a ambivalência do termo "*Idea*" torna-se particularmente clara. Num caso (como o da passagem indicada acima), e à luz da história de Zêuxis e das virgens de Crotona, o termo vale como representação específica da beleza. No outro (é o caso do debate relativo à "invenção", citado na nota 197), vale como "o conceito ou a imagem daquilo que deve ser realizado"[e]; isso permite — de acordo com a nova orientação especulativa da teoria da arte, e sobretudo de acordo com Zuccari — discutir o sentido da Idéia à luz da teoria escolástico-peripatética do conhecimento e, como por exemplo o próprio Zuccarri, considerar e decifrar esse termo como um conceito "teológico".

168. Baldinucci, *Vocabulario...*, citado nota 151.

169. Giordano Bruno, *Eroici Furori*, I, i (*Opere*, ed. A. Wagner, 1830, II, p. 315, mencionado por Schlosser, *Materialen z. Quellenk*, VI, p. 110, e Walzel, *op. cit.*, pp. 75 ss.). "A conclusão é que a poesia não decorre das regras poéticas, a não ser muito acidentalmente; pelo contrário, são as regras poéticas que derivam da poesia: por isso existem tantos gêneros e espécies de regras verdadeiras quantos forem os gêneros e as espécies de verdadeiros poetas."[c]

IV

O "MANEIRISMO"

170. Quanto a essa tripartição, seguimos a exposição de Walter Friedländer a ser publicada em breve (*Burger-Brinckmannschen Handbuch der Kunstwissenschaft*), agradecendo aqui a gentileza do autor de nos tê-la comunicado.

171. O "Naturalismo" estritamente indutivo encontrou em Bernard Palissy, pelo menos, um destacado defensor; esse francês, industrial e artista, pesquisador e teórico da natureza que, sob muitos aspectos, se aproxima de Leonardo, até mesmo plagiando-o eventualmente, é objeto de um estudo do Dr. E. Kris a ser divulgado em breve.

172. Cf. E. Panofsky, em *Zeitschr. f. Asth. u. allg. Kunstwiss.*, XIV, 1920, pp. 321 ss.

173. Lomazzo, *Trattato*, VI, 34, p. 363:

Numa crucificação, um dos personagens deve ser representado "olhando para o espectador enquanto chora, como se quisesse confiar-lhe a causa de sua dor e fazê-lo participar emocionalmente de seu sofrimento"[c].

Alberti, p. 123:

"O que apreciamos numa história pintada é o que nos anuncia e nos indica o que acontece; ou é uma mão que nos convida a olhar; ou então um rosto aflito e olhares inquietos e ameaçadores que... ninguém é capaz de encarar... ou ainda o fato de sermos convidados a chorar ou a rir com os personagens."[c]

Pode-se demonstrar, a partir de inumeráveis "concordâncias" desse tipo — e igualmente em outros teóricos dos séculos XVI e XVII — o quanto a teoria da arte, sob múltiplos aspectos, é e deve ser uma das disciplinas mais conservadoras.

174. Cf. Schlosser, *Materialen z. Quellenk. d. Kunstgesch.*, IV, pp. 17 ss.; VI, pp. 45 ss.; VI, pp. 57 ss.

175. É significativo que essa época tenha podido entusiasmar-se por um quadro tão "sobrecarregado" como o *Suplício dos dez mil* de Dürer, quadro "tão bem composto que o espectador não sofre de maneira alguma com a multidão de personagens, mas ao contrário aprecia todas as coisas" (Comanini, *op. cit.*, p. 250).

176. Ascanio Condivi, *Vita de Michelangelo Buonarroti*, 1553, c. 52; na nova edição de Karl Frey (*Samml. ausgew. Biographien Vasaris*, II), 1887, p. 192.

177. Leonardo, *Trattato*, nº 267 ss.

178. Lomazzo, *Trattato*, I, i, p. 23; cf. *ibid.*, VI, 4, p. 296.

179. Borghini, *op. cit.*, p. 150. "As medidas... seu conhecimento é necessário; mas devemos observar que nem sempre convém respeitá-las. Com efeito, ocorre freqüentemente que, tendo de representar figuras que se inclinam, se levantam ou se voltam, tais gestos obrigando a estender ou recolher os braços, será preciso ora alongar as medidas, ora encurtá-las se quisermos reproduzi-las com alguma graça" (conforme as tentativas de Dürer, Leonardo, Piero della Francesca!); "mas convém que o artista dedique-se a isso dotado de seu julgamento natural."[c]

180. Zuccari, *Idea*, II, 6, pp. 133 ss.: "Afirmo, e é verdade, que a arte da pintura não extrai seus princípios das ciências matemáticas e que não há necessidade de recorrer a estas para aprender as regras e as normas de tal arte, nem mesmo para raciocinar especulativamente sobre ela; a Pintura não é filha das Matemáticas, mas da Natureza e do Desenho. Uma mostra-lhe a forma, o outro ensina-lhe a trabalhar. Assim o pintor, após ter recebido de seus predecessores a inteligência dos primeiros princípios e noções, é capaz, por seu julgamento natural e uma observação atenta do bom e do belo, de se tornar um perfeito artífice sem qualquer necessidade ou auxílio das Matemáticas. Direi igualmente, como afirma o Mestre, que há proporção e medida em todos os corpos produzidos pela Natureza: mas, se quiséssemos considerar e conhecer todas as coisas pela especulação da teoria matemática e agir de acordo com ela, o resultado seria uma grande e inútil perda de tempo, além do aborrecimento insuportável. É o que acontece com a tentativa realizada por um de nossos mestres, homem muito culto, que cedeu ao capricho de querer representar corpos humanos segundo uma regra matemática; cedeu a seu próprio capricho, acho eu, não porque acreditasse poder ensinar os mestres a agir conforme essa regra, o que teria sido vaidade e loucura declarada, pois disso ele nada poderia extrair de bom, mas antes algo prejudicial — pois, com exceção dos escorços e das formas esféricas, tais regras não servem nem convêm a nosso trabalho. Nosso entendimento deve ser não apenas claro, mas livre, e nosso espírito deve ser solto, e não escravo de regras mecânicas, dado que nossa nobilíssima profissão requer um julgamento

saudável e uma boa prática como norma e regra do bom trabalho. Assim, meu caríssimo irmão e predecessor já me havia ensinado, no estudo das primeiras regras e medidas do corpo humano, que deve haver tantas cabeças, e não mais, nas proporções perfeitas e graciosas. Mas convém, dizia-me ele, que você se familiarize com essas regras e medidas em seu trabalho, tendo o compasso e o esquadro nos olhos e o julgamento e a prática nas mãos. Por isso essas regras e termos matemáticos não são nem podem ser bons ou úteis para o nosso trabalho. Pelo contrário, em vez de enriquecer nossa prática de espírito e de vivacidade, eles a suprimiriam, já que nosso entendimento se degradaria, nosso julgamento se debilitaria, tirando da arte toda graça, todo espírito, todo sabor. Creio portanto que, se Dürer suportou tanta fadiga, foi sobretudo para distrair e divertir aqueles espíritos mais seduzidos pela contemplação do que pela ação, e para demonstrar que o Desenho e o espírito do pintor conhecem e podem realizar tudo aquilo que se propõem. Igualmente vã e infrutífera foi a tentativa desse outro grande homem de nossa profissão (Leonardo da Vinci) que deixou escritos redigidos de trás para frente; que complicação também a sua de querer estabelecer preceitos matemáticos que permitissem mover e torcer as figuras de acordo com linhas perpendiculares, traçadas com esquadro e compasso — coisas engenhosas, certamente, mas de um espírito caprichoso e sem o menor proveito para nós. Seja qual for a opinião dos outros, cada um pode trabalhar conforme seu próprio gosto. Penso que essas regras matemáticas deveriam reservar-se às ciências especulativas da geometria, astronomia, aritmética e outras semelhantes que, com suas demonstrações, tranqüilizam o entendimento. Mas nós, professores de Desenho, não temos necessidade de outras regras a não ser aquelas que a Natureza nos fornece a fim de imitá-la. Assim, se fazemos questão de que nossa profissão tenha uma mãe como todas as outras ciências especulativas e práticas, cumpre dizer que sua única mãe, que nutre e ampara, é a própria Natureza, e, para ser considerada sua filha legítima, cara e virtuosa, deve imitá-la com muita diligência e observação; assim também nossa profissão não tem outro pai digno dela que não o Desenho interior e prático, artificial, que lhe é próprio e particular e que ela engendra e produz.''[c]

Naturalmente, semelhante polêmica é injusta com Dürer, na medida em que ele mesmo reagiu com rigor contra as tentativas de se "inventar" um sistema de proporções (Lange-Fuhse, pp. 351, 4 ss.) e em que sublinhou expressamente que "era de todo inútil medir cada coisa absolutamente", considerando ao contrário a medida exata das coisas como o simples meio de encontrar o "ponto de vista correto" (Lange-Fuhse, pp. 230, 16 ss.). Seja como for, essa violenta crítica é a marca característica das concepções artísticas do Maneirismo, tais como aparecem, mas de uma forma às vezes mais comedida, em vários outros escritores da mesma época; à passagem de Borghini, citada na nota 179, e à passagem de Vincenzo Danti, citada na nota 182, convém acrescentar ainda a observação de Comanini que, após recordar as proporções de Vitrúvio, faz a seguinte reserva: "É verdade que o pintor, na prática de sua arte, deve freqüentemente ter, como dizia Miguel Ângelo, o compasso no olhar; mas é impossível respeitar as medidas com o compasso ao fazer os escorços; e isso apesar de Albrecht Dürer haver ensinado o procedimento do escorço através das linhas... Mas penso que a regra, além de ser pouco utilizada, para quem pratica a arte de pintar apresenta pouca ou nenhuma utilidade."[c] (*op. cit.*, p. 231) No círculo dos teóricos holandeses da arte, devemos mencionar, como crítico de Dürer, o exemplo de Willem Georee, *Naturlijk en schilderkonstig ontwerp der Menschkunde*, 1682, p. 45.

É digno de nota, apesar de tudo, que Zuccari tenha sido o único a procurar legitimar o processo que move contra o método matemático, não apenas em função do objeto (isto é, da mobilidade dos corpos a representar), mas também em função do sujeito (a necessidade de liberdade de espírito do artista).

181. Cf. B. Schweitzer em *Mitt. d. dtsch. archael. Inst., röm. Abtgl.*, XXXIII, 1918, pp. 45 ss.

182. Vinc. Danti, *Il primo libro del Trattato delle perfette proporzione*, 1567 (Extraído de Schlosser, em *Jahrbuch d. Kunstsamml. d. Allerrh. Kaiserh.*, XXXI, 1913, pp. 14 ss.), cap. XI; na nova edição (Florença, 1830), à qual tivemos acesso, pp. 47 ss.: "A prática das artes do desenho é imperfeita quando a subordinamos, como querem alguns, a uma medida quantitativa qualquer."[c] Para a arqui-

tetura, o autor concede que é possível determinar proporções normativas, mas julga isso irrealizável para a pintura e a escultura: "É verdade que alguns autores, antigos e modernos, descreveram com precisão a arte de pintar o corpo humano; mas seu projeto parece manifestamente inútil; com efeito eles quiseram basear suas regras em medidas quantitativas, quando estas jamais se aplicam perfeitamente ao corpo humano, por ele ser móvel em seu princípio e em sua prática."[c]

183. Danti, *op. cit.*, prefácio e cap. XVI (na nova edição, pp. 12 ss. e 95).

184. Cf. Zuccari, *Idea* II, 2, p. 110, onde se encontram expostas considerações ainda mais detalhadas sobre "as regras de simetria do corpo humano"[c]: "Vemos assim que os corpos humanos oferecem uma grande variedade de formas e de proporções; algumas são esguias, outras atarracadas; algumas são secas, outras empastadas e moles; algumas têm proporções de sete cabeças, outras de oito, de nove e meia, e até de dez, como o Apolo do Belvedere de Roma, as Ninfas e as Virgens Vestais. Os antigos representavam com proporções de oito cabeças e meia e nove cabeças Júpiter, Juno, Plutão, Netuno e outros deuses semelhantes; com nove e nove cabeças e meia, Marte, Hércules, Saturno e Mercúrio. Com sete e sete cabeças e meia, Baco, Silene, Pan, os Faunos e os Silvanos. Mas a proporção mais difundida e mais bela, para o corpo humano, é a de nove a dez cabeças, tida como a mais expressiva dessas regras e dessa simetria do corpo humano, sobre as quais falaremos no curso de Desenho que projetamos incluir na continuação deste segundo livro."[c]

185. Lomazzo, *Trattato*, I, cap. 5-18, cf. sobre esse ponto Panofsky, *Monatshefte f. Kunstwiss.*, XV, *op. cit.* Os capítulos 20 e 21 propõem ainda as proporções do cavalo, os capítulos 22 e 28, as da arquitetura. A teoria dos movimentos ligados às expressões é tratada no livro II, cap. 7 e ss., enquanto nos capítulos 22 e 23 são descritos diferentes movimentos possíveis das plantas e das vestimentas.

186. Danti, *op. cit.*, cap. XVI (na nova edição, pp. 20 ss.) e principalmente à p. 73: "... deve-se notar que, em todas as coisas

que emprega, o desenho procura sempre representar as coisas como elas deveriam ser e não como elas são.''[c]

187. Danti, *op. cit.*, cap. XVI, pp. 93 ss.: ''Assim o artista que, para progredir em arte, tomar os dois caminhos (o do ''retrato'' e o da ''imitação''), ou seja, que utilizar a imitação para as coisas que são imperfeitas e aspiram à perfeição, e o retrato para as que são perfeitas, esse artista estará no caminho correto e verdadeiro do desenho.''[c] Contudo, não é inteiramente exato, como escreve Schlosser, que, segundo a opinião de Danti, seja suficiente o ''retrato''[c] para representar os ''corpos inanimados''[c] das plantas e dos animais desprovidos de razão. Danti certamente reconhece que é tanto mais fácil representar o objeto quanto mais embaixo ele se situa na hierarquia dos seres; reconhece ao mesmo tempo que o artista que só soubesse reproduzir as coisas inanimadas não poderia ser contado entre os ''verdadeiros'' artistas (p. 92). Mas ele sugere, inclusive insistindo particularmente na questão das plantas (cap. XIII, sobretudo pp. 72 ss.), que, em caso de necessidade, ou seja, diante de uma imperfeição real no objeto natural a representar, o artista recorra sempre ao procedimento da imitação (vale dizer, em sua terminologia, ao procedimento da idealização).

188. Armenini, *op. cit.*, II, 3, p. 88. Citado por K. Birch-Hirschfeld, *Die Lehre der Malerei im Cinquecento*, 1912, p. 107. Cf., sobre esse ponto, uma declaração como a de Junius, inspirada precisamente em J. C. Scaligero, *Esotericae Exercitationes... ad Cardanum*, CCCVII, ii (na edição de Frankfurt, 1576, que consultamos, p. 937): ''(O sábio) prefere um retrato que seja belo a um retrato que seja semelhante e represente a natureza. A arte, com efeito, ultrapassa a natureza; em razão das numerosas peripécias que se sucederam desde o primeiro homem, a natureza perdeu sua bela harmonia. Em compensação, nada impede o artista de realçar ou rebaixar a natureza, de acrescentar-lhe ou suprimir-lhe algo, de curvá-la ou endireitá-la. De resto, eis minha opinião: a natureza (com duas exceções, evidentemente, uma concernente ao primeiro homem, outra ao homem verdadeiro, isto é, ao Deus verdadeiro) jamais produziu artisticamente qualquer corpo que pudesse ser comparado àqueles que são modelados hoje com perfeição pelas mãos experientes de nossos artistas.''[d]

189. Lomazzo, *Trattato*, VI, 50, p. 434 (citado por Birch-Hirschfeld, op. cit., p. 92), escreve a propósito do retrato de mulher: "É sobretudo na mulher que, com um gosto primoroso, se revela a beleza; por pouco que se suprimam, como a arte é capaz de fazer, as imperfeições da natureza."[c] O retrato do homem deve igualmente, segundo ele, atenuar os defeitos suscetíveis de alterar as proporções e o colorido; ele acrescenta no entanto esta restrição: "mas de tal maneira e em virtude de uma tal 'acomodação', que o retrato não perca sua semelhança"[c] (Lomazzo, *Trattato*, I, 2, cita por Birsch-Hirschfeld, *op. cit.*, p. 90; quanto a Vasari, ele hesita ainda em prescrever a fidelidade absoluta à natureza [IV, pp. 462 ss.] ou em reconhecer o princípio de uma idealização da natureza [VIII, p. 24], pois para ele o objetivo mais digno de ser buscado consiste em conciliar as duas posições [IV, 463]).

Não deixa de ser interessante comparar esses preceitos com as declarações de Alberti, que em si mesmas são parecidas com eles e servirão ulteriormente de modelos (Lomazzo vale-se também, p. 434, dos mesmos exemplos tirados da Antiguidade e invoca os modelos de Antígona e de Péricles): "As partes do corpo de aspecto grosseiro e pouco graciosas são ocultas por um tecido, por uma folhagem ou por um gesto da mão. Os antigos pintavam o retrato de Antígona, mas de um ponto de vista que não revelasse os defeitos; diziam também que Péricles tinha uma cabeça alongada e feia, e que por isso os pintores e escultores representavam-no com capacete. E Plutarco diz que os pintores antigos, ao fazerem o retrato dos reis, não queriam, se eles tivessem algum defeito, que este fosse representado, procurando na medida do possível emendá-lo, embora preservando a semelhança. Recomendo, pois, que sejam respeitados, para cada tema, o decoro e o pudor..."[c] Pois Alberti considera que é menos importante retocar os "defeitos" do que mascará-los, o que de resto não infringe o princípio da fidelidade à natureza; e ele trata dessa questão, estreitamente relacionada com o nosso estudo, adotando o ponto de vista, não da "beleza", mas da "conveniência" (como o testemunha também o fato de ter inserido a referida passagem não no livro II, mas no livro III de seu tratado). Com efeito, exigir que os defeitos físicos sejam subtraídos aos olhares equivale, para ele, a exigir que sejam recobertas as partes chocantes do corpo, levando em conta as categorias universais do "decoro"[d], da decência e do pudor; do mesmo modo, o que ele entende por "defeitos" são menos as "imperfeições" da beleza do que as doenças e as deformidades do corpo.

190. L. Dolce, *L'Aretino, Dialogo della pittura*, 1557; nova edição por Ciampoli, Lanciano, 1913, p. 43: "O pintor deve buscar, em primeiro lugar, não tanto imitar a natureza, mas ultrapassá-la — ultrapassá-la em parte, quero dizer, pois de resto já é milagroso, não o fato de alcançá-la, mas de alcançá-la às vezes. Isso significa revelar, num único e mesmo corpo, todas as perfeições e belezas que, na natureza, dificilmente se revelam num milhar de corpos."[c] Nossa tradução segue a de C. Cerri, Viena, 1871.

191. É em concordância quase literal com a definição de Vasari (citada na nota 143) que o "desenho"[c] é definido também em Borghini (*op. cit.*, II, p. 106) e em Baldinucci (*Vocabolario*, p. 51). De forma ainda mais acentuada a interpretação "conceitualizante" do "desenho"[c] reaparece em Armenini, que deixa de lado a impressão natural herdada de Vasari (I, 4, p. 37); diz-se que, reproduzindo a opinião de outros, ele define o desenho como "*a atividade artística da inteligência que consiste em atualizar seus próprios poderes em conformidade com a bela Idéia*"[c], e resume assim seu ponto de vista: "O desenho é a *viva luz emanada de uma bela inteligência*, e essa luz é tão forte e tão comumente necessária que aquele que é privado dela é uma espécie de cego; e isso embora sejam o nosso olho e sua visão que dêem a conhecer ao nosso espírito tudo o que o mundo oferece de gracioso e de belo."[c] Essa interpretação aparecerá mais tarde em Zuccari (citada nas notas 199 e 200) e depois em Francesco Bisagno (*Trattato della pittura*, Veneza, 1642, p. 14), o qual, depois de referir-se a outras concepções, filia-se às de Zuccari.

O Maneirismo formulou além disso uma outra definição mais relacionada ao sentido intuitivo do que ao sentido cognitivo do ato de "desenhar", e que ao mesmo tempo enfatiza mais a espontaneidade do que a receptividade do sujeito; essa definição encontra-se em Armenini e em Bisagno: "Outros autores sustentam que o desenho deve ser *uma ciência das proporções rigorosas e belas* aplicadas a todo o visível, que ele deve ser o objeto de uma *composição* bem ordenada, e que reconhecemos sua beleza nas proporções convenientes que lhe são próprias."[c] Contudo, os dois autores reproduzem essa definição como uma "simples referência", e não como uma "afirmação"; Lomazzo, por sua vez (*Trattato*, I, i, p. 24, fonte provável de Armenini), defende, como sendo sua, uma concepção muito semelhante, cujos fundamentos profundos são certamente metafísicos e cosmológicos: "O autor quer dizer que só o desenho é capaz de estabelecer *proporções entre as quantidades*."[c]

192. É significativo, para essa interpretação conceitualizante da arte que começa a tomar forma na metade do século, que Francesco Doni (*Il disegno*, 1549, pp. 8 ss.) dê uma descrição personificada da *Escultura*, referindo-se à *Melancolia* de Dürer (cf. Schlosser, *Materialen z. Quellenkunde*, II, p. 26).

193. Armenini, *op. cit.*, citação nota 191.

194. Cf. Schlosser, *Materialen z. Quellenkunde*, VI, p. 118. A relação entre o "Desenho"[c], que surge espontaneamente, e a "Pintura"[c], que se limita a realizá-lo, encontrou sua expressão pictórica numa tela de Guercino (Galeria de Dresden, nº 369) já mencionada por Birsch-Hirschfeld (*op. cit.*, p. 31): a "Pintura"[c], sob os traços de uma bela jovem, pinta um Cupido segundo uma gravura que lhe propõe o "Desenho"[c], representado como um velho e sábio pensador. Ora, a relação entre o "Desenho"[c] e a "Pintura"[c] encontra-se naturalmente também entre o "Desenho"[c] e as outras artes "do desenho", que são a escultura e a arquitetura; assim, Vasari já havia definido o desenho como "o pai de nossas três artes"[c]. Convém notar que essa concepção influenciará a seguir um ponto de vista difundido até na estética mais recente, segundo o qual o "desenho" deve ter o primado sobre o "colorido", pois, em relação à cor, ele deve ser considerado (conforme a expressão utilizada por Lomazzo, *Trattato*, I, i, p. 24) como o elemento "substancial" da pintura.

195. Lomazzo, *Trattato*, Proemio, p. 8: "Ora, supondo-se que um Rei confie a um pintor e a um escultor a tarefa de fazer cada qual seu retrato, não resta dúvida de que ambos terão no espírito a mesma idéia e a mesma forma correspondente a esse Rei."[c] Se

a "idéia"[d] daquilo de que é preciso fazer o retrato é aqui, conforme a teoria escolástica do conhecimento defendida tanto por Zuccari como por Lomazzo, uma representação que transcende o real, mas que transcende também o sujeito[a] (donde resulta ela ser teoricamente idêntica para todos os artistas), ela irá tomar com Bernini um caráter inteiramente pessoal: "Bernini disse que até então havia quase sempre trabalhado com base na imaginação...; que ele olhava principalmente ali dentro, mostrando sua fronte, onde disse que estava a idéia de sua Majestade (Luís XIV); que de outro modo teria feito apenas uma cópia, e não um original..." (Chantelou, *Journal de Voyage du Cav. Bernin en France*, Gaz. d. Beaux-Arts, 1885, p. 73)

196. Cf. v. Obernitz, *op. cit.*, 9.

197. Sob muitos aspectos, o espanhol F. Pacheco, já mencionado, aparenta-se com Zuccari (no mesmo contexto, acima, nota 167). Reproduzimos aqui sua teoria das Idéias, tal como aparece no início de seu capítulo sobre a invenção, teoria inteiramente escolástica (*op. cit.*, pp. 170 ss.): "A pintura não resulta do acaso, mas da escolha e da arte do Mestre. Com efeito, para executar seu trabalho, este tem necessidade de um modelo, ou idéia interior, que reside em sua imaginação e em seu entendimento conforme o modelo exterior e objetivo que se oferece aos olhos... Explicando mais detalhadamente: os *teólogos* chamam de Idéia o que os filósofos chamam de modelo. (O autor dessa denominação foi Platão, a se acreditar em Túlio e Sêneca.) Esse modelo ou Idéia pode ser exterior ou interior; em outras palavras, objetivo ou formal. O que é exterior é a imagem, o signo ou o escrito, que se oferecem à visão. É aquilo a que se referia Deus, quando disse a Moisés: olha e 'age conforme o modelo que é visível na montanha'. O que é interior é a imagem que a imaginação cria e o conceito que o entendimento forma. Essas duas noções levam o artista a imitar, com seu lápis ou seu pincel, quer o que está em sua imaginação, quer a figura exterior. É nesse sentido que os teólogos dizem que a Idéia de Deus em seu entendimento constitui a viva representação das coisas que são possíveis. Foi ela que, em nossa opinião, dirigiu a mão do Senhor para que este lhes desse a luz, fazendo-as passar do ser possível para o ser atual, tarefa maravilhosa cantada por Boécio (*Liv. da consol.*)[e]:

Tu diriges todas as coisas
A partir do modelo supremo
E presides à beleza do mundo
Tu que és o mais belo.[d]

Tu que, seguindo o modelo da Idéia santa que está em ti,
Dás luz a tudo o que os olhos contemplam,
E que, na vivacidade de teu conceito, te representas
A beleza do mundo, tu que és mais belo ainda.

Por conseqüência, Santo Tomás define a Idéia interior ou exemplar dizendo: 'A Idéia é a forma interior que forma o entendimento. E seus efeitos são imitados pela vontade do artista.' (*quest. 2, De veritate*) Daí infere-se que apenas os agentes intelectuais, como os Anjos ou os homens, têm idéias, e eles só se aproveitam delas quando operam livremente.

A idéia é portanto, conforme o que foi dito, um conceito ou uma imagem daquilo que deve ser criado, e é imitando e referindo-se, como a um modelo, à imagem que tem no entendimento que o artista faz outra coisa semelhante. De sorte que, quando o artista olha a Arquitetura ou a materialidade de um Templo, ele compreende o Templo; mas, quando compreende a imagem que o seu julgamento formou do Templo, então ele compreende o que é a idéia da arte — se não a do Soberano Artista, pelo menos a de seu substituto humano.

Deus deu a luz a tudo o que vemos, ao imitar sua idéia; ele foi pintor, na medida em que, guiado pela vivacidade de sua imagem, dava existência ao mundo exterior conforme seu modelo interior, favorecendo assim o mundo das imagens, que constitui o objeto e a finalidade da pintura."[e]

198. Cf. W. Fränger, *Die Bildanalysen des Roland Fréart de Chambray*, Diss. Heidelber, 1917, p. 23; Birsch-Hirschfeld, *op. cit.*, pp. 19, 27; H. Voss, *Die Spätrenaissance in Florenz und Rom*, 1920, pp. 464 ss.

199. Zuccari, *Idea*, I, 3 (pp. 38 ss.): "Mas, antes de tratar de qualquer outro assunto, convém definir seu nome, como ensina o

príncipe dos filósofos, Aristóteles, no livro da *Lógica*, senão seria como aventurar-se sem guia por um caminho desconhecido, ou como entrar no labirinto de Dédalo sem estar munido de um fio. Para começar, portanto, direi o que entendo pelo nome *Desenho interior*, e, seguindo o bom senso tanto dos sábios quanto do vulgo, direi que entendo por *Desenho interior* o conceito formado em nosso espírito para poder conhecer qualquer coisa e agir exteriormente conforme a coisa assim compreendida; é deste modo que nós, pintores, quando queremos desenhar ou pintar uma nobre história, como por exemplo a *Anunciação a Maria*, quando o Mensageiro celeste anunciou-lhe que seria mãe de Deus, formamos inicialmente em nosso espírito um conceito de tudo aquilo que podemos pensar a respeito, daquilo que teria se produzido no céu e na terra, tanto em relação ao Anjo Anunciador quanto em relação à Virgem Maria a quem a Mensagem era transmitida, como também em relação a Deus, que foi o autor da Mensagem. Seguindo esse conceito interno, em seguida representamos e desenhamos no papel com o lápis, e depois com o pincel e as tintas na tela ou nas paredes. Certamente que pelo nome *Desenho interior* entendo não apenas o conceito interno formado no espírito do pintor, mas também o conceito formado por qualquer entendimento; é para maior clareza e compreensão de meus colegas que defini inicialmente assim o Desenho interior; mas, se quisermos definir melhor esse nome, diremos que ele é o conceito ou a idéia que, para conhecer e fazer, qualquer um se forma. Ora, se nesse *Tratado* dou o nome particular de Desenho a esse conceito interno que qualquer um pode formar para si, e se não utilizo o nome *intenção*, como fazem os lógicos e os filósofos, nem o *modelo* ou *idéia*, como fazem os teólogos, é porque falo enquanto pintor e me dirijo principalmente a pintores, escultores e arquitetos, para os quais, a fim de realizarem bem seu trabalho, o conhecimento e o auxílio desse Desenho são necessários. Todos os que são um pouco instruídos sabem que devemos utilizar os nomes conforme o uso que deles se faz em suas respectivas atividades. Que ninguém se espante, portanto, se deixo os outros nomes aos lógicos, filósofos e teólogos e me atenho ao nome *Desenho*, uma vez que me dirijo a colegas."[c] Cf. II, 15, p. 192: "Dez atributos do Desenho interior e exterior.

1) Objeto comum interno de todas as inteligências humanas.

2) Termo último de todo conhecimento humano completo.

3) Forma expressiva de todas as formas intelectivas e sensíveis.

4) Modelo interno de todos os conceitos que podemos produzir artificialmente.

5) Qual um novo *Numen*, uma outra Natureza naturante, onde vivem as coisas artificiais.

6) Uma centelha ardente da Divindade em nós.

7) Luz interna e externa do intelecto.

8) Primeiro motor interno e princípio e fim de nossas operações.

9) Alimento e vida de toda teoria e prática.

10) Fermento de virtude e estimulante de glória, permitindo finalmente que a arte e a indústria tragam ao homem todos os benefícios.''[c]

A propósito da linguagem utilizada por Zuccari, deve-se observar que, apesar das severas críticas que dirige a Vasari (p. 96), censurando-lhe por ter empregado o termo ''*Idea*'' no sentido de ''faculdade de representar-se'' e não no sentido de conteúdo da representação, ele próprio utiliza o termo ''Desenho''[c] (= Idéia)[d] em dois sentidos, designando tanto o processo quanto o objeto correspondente ao ato de ''desenhar''. Para empregar uma expressão que reproduzisse essa ambivalência, traduzimos freqüentemente ''desenho'' por ''representação''.

200. Zuccari, *Idea*, I, 3, p. 40: ''E afirmo principalmente que o Desenho não é nem matéria, nem corpo, nem acidente de qualquer substância, mas que ele é forma, idéia, ordem, regra, ou objeto do entendimento, e que nele estão expressas as coisas compreendidas; e este se encontra em todas as coisas exteriores, quer divinas ou humanas, como explicaremos a seguir. Seguindo pois a lição dos filósofos, afirmo que o Desenho interior em geral é uma *idéia e forma no entendimento que representa distinta e expressamente a coisa que ele compreende*, sendo também o termo e o objeto do entendimento. Para compreender ainda melhor essa definição, convém observar que, uma vez que existem dois tipos de operações, umas externas, como as de desenhar, traçar e formar linhas, pintar, esculpir, fabricar, e outras internas, como as de compreender e querer, e uma vez que é

necessário que todas as operações externas tenham um objetivo, do mesmo modo também é preciso que as operações internas tenham um termo a fim de que sejam realizadas e perfeitas; e esse objetivo não é outro senão a coisa compreendida; assim, por exemplo, se quero compreender o que é um leão, é preciso que o leão conhecido por mim seja o termo de minha intelecção; não falo do leão que corre pela floresta e caça os outros animais para se alimentar, pois esse leão situa-se fora de mim; falo de uma forma espiritual produzida em meu intelecto, que representa explicitamente a natureza e a forma do leão, mas que no entanto permanece distinta de meu intelecto; e é por essa forma ou ídolo presente em meu espírito que meu intelecto pode ver e conhecer claramente não só o *leão simples* em sua forma e natureza, mas igualmente *todos os outros leões*. E aqui percebemos não apenas o que aproxima as operações externas e internas — isto é, o fato de ambas terem um termo afastado, a fim de que sejam realizadas e perfeitas —, mas igualmente sua diferença (e é o que mais nos interessa aqui); pois, onde o termo da operação externa é uma coisa material, como o é uma figura pintada ou desenhada, uma estátua, um templo ou um teatro, o termo da operação interna do intelecto é uma forma que representa a coisa compreendida.''[c]

Cf. sobre esse ponto Armenini, *op. cit.*, p. 137: ''O Pintor deve primeiramente ter no espírito uma Idéia muito bela das coisas que quer representar, para que nada realize sem consideração nem reflexão. Quanto ao que é a Idéia, direi brevemente que, para os Pintores, ela não deve ser senão a *forma aparente das coisas criadas, concebidas na alma* do Pintor, donde se segue que a Idéia do homem é esse *homem universal* à imagem do qual todos os outros homens foram criados depois. Outros afirmaram que as Idéias eram as imagens das coisas figuradas por Deus, porque, antes de criá-las, ele esculpiu e pintou em seu espírito as coisas que queria criar. Pode-se portanto dizer que a Idéia do Pintor é *essa imagem, que de início ele forma e esculpe* em seu espírito, da coisa que quer desenhar ou pintar, imagem que lhe nasce assim que encontra seu tema.''[c]

201. Zuccari, *Idea*, II, i, p. 101: ''Afirmo portanto que o Desenho externo nada mais é do que o desenho circunscrito quanto

à sua forma e despojado de qualquer substância corpórea; simples traço, circunscrição, medida e figura de qualquer coisa imaginada e real; esse desenho assim formado e circunscrito por uma linha é o exemplo e a forma da imagem ideal. A linha é portanto o corpo próprio e a substância visual do Desenho exterior, de qualquer modo que este seja formado; e não me cabe aqui definir o que seja uma linha, nem demonstrar que ela nasce de um ponto, seja ela reta ou curva, como querem os matemáticos. Muito pelo contrário, estes cometem um grave erro quando querem submeter o Desenho ou a pintura a essa linha ou a esses traços; pois a linha não é mais que uma simples operação que permite formar uma coisa qualquer, estando submetida ao conceito e ao Desenho universal, assim como as cores estão submetidas à pintura e a matéria sólida à escultura. Mas essa linha, enquanto coisa morta, não é a ciência nem do Desenho nem da pintura; é apenas uma operação do Desenho. Para retornar ao nosso propósito, essa imagem ideal formada em nosso espírito, expressa e declarada em seguida por uma linha, é chamada vulgarmente de Desenho porque designa e mostra aos sentidos e ao entendimento a forma da coisa concebida no espírito e impressa na idéia.''[c]

202. Zuccari, *Idea*, I, 7, p. 51 (''Centelha da Divindade'') ou II, 14, p. 183 (''Centelha divina impressa em nossa alma''). Cf. também II, 1, p. 102: ''A alma é uma força interior e uma centelha divina; diremos, para maior clareza, que o fiozinho de luz que penetra em nossa alma é de certo modo a imagem do Criador em nós, e que essa força criadora de formas, que chamamos de alma do Desenho, é o conceito e a Idéia. Ora, esse conceito e essa idéia, unindo-se à alma que, como as formas e as imagens divinas, é imortal, reavivam na inteligência a totalidade das sensações e das concepções.''[c]

203. Zuccari, *Idea*, I, 5, p. 44: ''Platão portanto situou as idéias em Deus, em seu espírito e entendimento divino (interpretação neoplatônica-patrística de Platão); e ele compreendia sob o nome de idéias todas as formas representando qualquer objeto do mundo. Mas convirá compreender esse ponto se não quisermos cair no mesmo erro ou em outro pior: Platão não afirmou que as idéias ou formas que representam todas as coisas de Deus eram distintas nele como o são as que se encontram no entendimento criado, humano ou an-

gélico; muito pelo contrário, ele compreendia por essas idéias a própria natureza divina, a qual, como um espelho, representa por si mesma, enquanto ato puríssimo, todas as coisas mais clara e perfeitamente do que nossos sentidos as representam para nós; e é essa interpretação que é a mais verdadeira e a mais sábia. Assim, visto que as idéias se encontram em Deus, é igualmente em sua divina majestade que se encontra o desenho interno. Além das autoridades filosóficas, citarei esta passagem que os teólogos me assinalaram no Doutor Santo Tomás de Aquino, na primeira parte, questão 15, artigo primeiro, segundo o qual é necessário supor as idéias, caso contrário não haveria possibilidade de ciência; ademais, como a língua grega emprega para designar a idéia a palavra que os latinos empregam para nomear a forma, é claro que se entende por idéias as formas realmente distintas das coisas que existem em si mesmas. E essas formas são necessárias, já que é necessário, para todas as coisas que não são criadas ao acaso, que a forma seja o objetivo da criação; porque o agente não opera segundo a forma, senão na medida em que a semelhança da forma encontra-se nele mesmo; o que se produz de duas maneiras...''[c]

204. Zuccari, *Idea*, I, 6, pp. 46 ss.

205. Zuccari, *Idea*, I, 7, p. 50: ''Considerando que Deus, causa suprema, máxima e melhor de todas as coisas, para agir exteriormente, olha e contempla necessariamente o Desenho interior no qual conhece tudo o que realizou, que realiza, que realizará ou poderá realizar com um único olhar; considerando que esse conceito, no qual e pelo qual ele compreende todas as coisas, lhe é consubstancial, dado que nele não pode haver nem há acidente, pois ele é ato puro; e considerando ainda que, por efeito de sua bondade e para mostrar uma imagem em miniatura da excelência de sua arte divina ele criou o homem à sua imagem e semelhança, dando à alma uma substância imaterial, incorruptível e as faculdades do entendimento e da vontade a fim de que o homem ultrapasse e domine todas as outras criaturas do mundo exceto o Anjo, tornando-se como que um segundo Deus, considerando tudo isso afirmo que Deus quis igualmente dar ao homem a faculdade de formar em si mesmo um Desenho interior intelectivo a fim de que pudesse conhecer assim

todas as criaturas e formar dentro dele um novo Mundo, e a fim de que interiormente, em seu ser espiritual, pudesse dispor e usufruir aquilo que ele usufrui e domina exteriormente enquanto ser natural; a fim de que, igualmente, por esse desenho, como que imitando Deus e rivalizando com a Natureza, pudesse produzir infinitamente coisas artificiais semelhantes às naturais; e de que, através da escultura e da pintura, nos fizesse ver novos paraísos na Terra. Mas o homem, quando forma esse Desenho interno, é muito diferente de Deus, pois onde Deus tem um único Desenho, muito completo quanto à sua substância, compreendendo todas as coisas e não sendo diferente de Deus, porque tudo o que está em Deus é Deus, o homem, por sua vez, forma em si diferentes desenhos conforme as diferentes coisas que compreende, e além disso seu desenho é acidente; sem contar que a origem deste último é vulgar, pois nasce a partir dos sentidos, como iremos expor a seguir.''[c]

206. Zuccari, *Idea*, II, 16, p. 196.

207. Zuccari, *Idea*, II, 15, p. 185.

208. Sobre o início da extensão ilimitada do termo ''Desenho''[c], firmando uma espécie de aliança com o conceito de Idéia[d], ver nota 191.

209. Zuccari, *Idea*, I, 8 e 9, pp. 52 ss.

210. Zuccari, *Idea*, I, 10, pp. 59 ss.: Tomás, *Phys.*, II, 4 (Fretté-Maré, XXII, p. 348):

''Ademais, a razão pela qual a arte imita a natureza é que o desenho interior que preside à arte, assim como a própria arte, procedem na produção das coisas da arte do mesmo modo como procede a Natureza. E, se quisermos saber ainda por que a Natureza é imitável, o motivo é que ela é ordenada, quanto a seus fins e a suas obras, por um princípio inteligente; é o que faz

''A arte imita a natureza... Mas a razão que faz a arte imitar a natureza é que o princípio da atividade artística reside no conhecimento... *As coisas da natureza são portanto imitáveis pela arte, em razão de ser a natureza inteira ordenada, quanto a seus fins, por um princípio inteligente; disso resulta que as obras da natureza dêem a impressão de serem obras da inteligência, já que é por meios determinados que ela* com que suas obras sejam obra de uma inteligência não errante, segundo a expressão dos filósofos; pois é por meios ordinários e determinados, ao mesmo tempo, que ela persegue seus fins; é isso o que a arte observa ao operar, sobretudo através do que chamamos de Desenho, e que permite à natureza ser imitada pela arte e à arte imitar a natureza."[c]

persegue fins definidos: ora, é isso o que a arte imita ao operar."[d]

Tomada nesse sentido, a "imitação"[d] pode naturalmente compreender também a representação "idealizante", assim como a expressão pode ser tomada — nem sempre, e sobretudo não em Aristóteles nem em Tomás de Aquino — no sentido do chamado "Realismo"[d]: em Danti (cf. p. 79 e nota 187), a "imitação" (por oposição ao simples "retrato"[d]) designa a maneira "idealizante" de reproduzir a natureza. Cf. também, sobre a solução aristotélico-escolástica dada por Zuccari ao problema da imitação, Lomazzo, *Trattato*, I, 1: "O pintor deve também utilizar essas linhas proporcionadas segundo uma ordem determinada"[d] e p. 22: "*regra que não é outra senão aquela que utiliza e com a qual procede a própria natureza quando compõe a seu modo*; por isso ela pressupõe primeiro a *matéria*, que é uma realidade sem forma, sem beleza e sem determinação, introduzindo a seguir na matéria a forma, que é uma realidade bela e determinada"[d]. O que distingue Lomazzo de Zuccari é que o primeiro, embora seus interesses especulativos tenham se desenvolvido com e contra os autores antigos, serve-se no entanto, no *Trattato*, de uma teoria da arte ainda intensamente orientada para a prática, no sentido dos antigos: ele continua a querer instruir imediatamente o artista, e sua especulação representa antes uma introdução ou um suplemento a preceitos concretos tomados em sua maior parte de fontes antigas. Zuccari lançou-se ao problema puramente especulativo enquanto tal, a ponto de, renunciando quase completamente a toda utilidade imediata e a tudo o que se refere à prática, dedicar todo um livro importante à discussão sistemática desse problema.

211. Zuccari, *Idea*, I, ii, pp. 63 ss.: "Eis o que os sentidos impõem à nossa alma a fim de que ela compreenda e sobretudo forme seu Desenho interno. E, já que os exemplos facilitam a compreensão das coisas, vejamos um exemplo de como o Desenho se forma em nosso espírito.

Assim como, para obter o fogo, o ferro bate na pedra, da pedra saem faíscas, essas faíscas inflamam a acendalha e, aproximando a mecha da acendalha, o candeeiro acaba por iluminar-se, também a virtude intelectiva bate na pedra dos conceitos no espírito humano; e o primeiro conceito a saltar, qual uma faísca, inflama a acendalha da imaginação e aciona os fantasmas e as imaginações ideais; esse primeiro conceito é indeterminado e confuso, e não é compreendido pela faculdade da alma ou intelecto agente e potente. Mas essa faísca torna-se pouco a pouco forma, idéia, fantasma real e espírito produzido por essa alma especulativa e formativa; a seguir os sentidos inflamam-se e acendem o candeeiro do intelecto agente e potente; e, uma vez aceso, este difunde então sua luz a fim de especular e ver todas as coisas; daí nascem idéias mais claras e julgamentos mais seguros, que aumentam a inteligência intelectiva voltada ao conhecimento ou formação das coisas; assim, das formas nascem a ordem e a regra, e da ordem e da regra nascem a experiência e a prática; e é deste modo que o candeeiro se torna claro e luminoso."[c]

É muito significativo que Zuccari, em seu excerto de Tomás, citado na nota 210, tenha deixado de lado a frase: "Mas todo conhecimento vem de nossos sentidos e tem por origem as coisas sensíveis e naturais."[c] Cf. também as notas 80 e 132.

212. Zuccari, *Idea*, II, ii, p. 164: "Algum erudito poderá objetar aqui que esse conceito ideal ou esse Desenho intelectivo, embora primeiro motor e primeira luz do entendimento, não opera por si mesmo, já que é o entendimento recorrendo aos sentidos que opera tudo.

Oposição sutil, mas vã e desprovida de qualquer fundamento: com efeito, assim como as coisas comuns pertencem a todos, e cada um pode livremente servir-se delas, porque enquanto bens da república cada um tem direito a elas, e assim como ninguém apesar disso pode tornar-se seu dono absoluto exceto o próprio Príncipe, também podemos afirmar, já que o entendimento e os sentidos são submissos ao Desenho e ao conceito, que esse Desenho, enquanto Príncipe, Regente e Governador daqueles, serve-se deles como coisas de sua propriedade."[c]

213. Cf. sobre esse ponto Schlosser, *Materialen zur QuellenKunde*, VI, p. 117.

214. Cf. a distinção já sublinhada por Schlosser (*Materialen*, VI, p. 118) entre os bons e os maus artistas; estes últimos têm necessidade de um modelo, os primeiros não (mas os piores são os que tomam como modelo uma outra obra de arte). Zuccari, *Idea*, II, 3, p. 115: "Embora esse modelo seja absolutamente necessário para aperfeiçoar nossas operações de pintura, escultura e arquitetura, não menos necessário, além desse Desenho exterior natural, é o Desenho interior, intelectual e sensitivo; mas o primeiro funciona como um modelo menos apropriado e menos perfeito. É nisso também que consiste a diferença entre os pintores, escultores e arquitetos excelentes e os de pouca excelência em nossa profissão, ou seja, que ali onde estes não sabem desenhar, esculpir ou edificar sem o modelo do Desenho exterior, aqueles fazem as mesmas coisas tendo como guia interior apenas essa outra inteligência, como vemos por experiência."[c]

215. Zuccari, *Idea*, II, 4, pp. 118 ss. Mesmo "caprichos"[c] desse tipo devem ter suas regras e suas proporções (p. 121). Cf. as observações interessantes de Pacheco (nota 197), segundo o qual mesmo criações tão estranhas à natureza como as quimeras, por exemplo, em realidade são apenas uma nova maneira de reunir formas que, em si mesmas, são naturais.

216. Zuccari, *Idea*, II, 1, pp. 101 ss.; II, 3, p. 114. O "Espírito"[c], conforme a concepção difundida em todo o Renascimento, é um intermediário entre o "Corpo"[c] e a "Alma"[c].

217. Zuccari, *Idea*, II, 6, p. 132: "O objetivo verdadeiro, próprio e universal da pintura é ser a imitadora da Natureza e de todas as coisas artificiais que iludem e enganam os olhos dos vivos e dos mais sábios. Além disso ela exprime, nos gestos, nos movimen-

tos e nas agitações da vida, nos olhos, na boca e nas mãos, tanto a vida quanto a verdade. Ela descobre também as paixões interiores, a dor, a esperança, o desespero, o temor, a audácia, a cólera, a especulação, o ensinamento, a disputa, a vontade, o comando, a obediência e, em suma, todas as operações e todas as realizações próprias do homem."[c]

218. Isso não impede naturalmente Zuccari (*Idea*, II, 2, pp. 109 ss.) de relatar a inevitável anedota das virgens de Crotona, mas sem que a exortação a praticar uma "escolha", que acompanha essa anedota, esteja relacionada sistematicamente à sua concepção de conjunto, e com a expressa reserva de que essa "eleição" não pode ser confundida com a "imitação da natureza": "Dado que todos os indivíduos da natureza padecem de alguma imperfeição e que a a perfeição é muito rara, principalmente no corpo humano, que apresenta freqüentes defeitos quanto às proporções e à disposição de suas partes, é necessário que o pintor e o escultor tenham um bom conhecimento das partes e das proporções do corpo humano, escolhendo suas partes mais belas e graciosas, a fim de constituir a partir delas uma figura de total perfeição, não obstante imitando as obras mais belas e perfeitas da natureza."[c]

219. Na *Idea* de Zuccari, não podemos reconhecer mais elementos platônicos ou neoplatônicos do que os herdados pelo próprio tomismo: a concepção de Zuccari é, no seu conjunto, inteiramente aristotélico-escolástica.

220. O aristotelismo — e é também o caso de Lomazzo em seu *Trattato* — contentou-se sempre em dar da beleza uma definição puramente fenomênica, no sentido do "equilíbrio das proporções" e da "beleza do colorido"[b]. É assim que Scaligero, por exemplo, dá a seguinte definição da "beleza"[d]: "uma forma que provém do equilíbrio das partes, de seus contornos, de sua localização, de seu número e de sua cor. Chamo de equilíbrio das partes a quantidade adequada"[d] (citado por Brinkschulte, *op. cit.*, p. 46). Juntamente com a "harmonia", propõe-se com freqüência como critério da beleza a "proporção média", mas essas duas exigências significam fundamentalmente o mesmo (Cf. Panofsky, *Dürers Kunsttheorie*, pp. 140 ss.).

221. Cf. por exemplo Vincenzo Danti, *op. cit.*, cap. VII, VIII, pp. 37 ss. (sobre esse ponto, cf. Schlosser, *Jahrb. d. Kunstsamml. d. Allerh. Kaiserh.*, *loc. cit.*, e *Materialen zur QuellenKunde*, VI, 119 ss.): ao lado da beleza externa, que resulta de proporções perfeitas naquilo que é corpóreo e visível, existe uma outra que é definida como o que tem "graça"[d], e consiste "... em poder descobrir, conhecer e julgar bem as coisas"[c], o que supõe a existência de proporções perfeitas no interior daquilo que é corpóreo mas invisível, ou seja, nas partes do cérebro; mas esses dois tipos de beleza agradam apenas na medida em que são a expressão do Bem, que por sua vez "depende do bem supremo"[c]. É assim que, em Danti, o espírito da metafísica platônica (esse espírito observa-se não somente pelo fato de se fazer derivar o belo do bem e se explicar a feiúra pela resistência da matéria, mas também pelo fato de se reconhecer na feiúra exterior o próprio princípio de uma beleza interior "que se revelou com muita freqüência em homens feios"[c] e cujo protótipo é geralmente o Sócrates de Platão) mescla-se de forma particularmente significativa com o espírito da filosofia peripatética da natureza e do racionalismo socrático, e exprime-se ao reduzir a beleza interior a um jogo de relações entre as partes do cérebro e ao identificar a "perfeita proporcionalidade" e a "perfeita finalidade": "A proporcionalidade não é senão a perfeição a que se chega ao reunir coisas, na expectativa de que, conformando-se entre si, elas atinjam sua finalidade própria."[c] (V, 31) Para Danti, portanto, é belo o que realiza perfeitamente seu objetivo, seu "telos"[b] natural: por exemplo, a árvore mais bela é aquela cujas ramagens cumprem melhor sua missão, que consiste em proteger as raízes de um solo demasiado ardente e de chuvas muito fortes, a fim de que toda a planta tenha a maior fecundidade possível.

Pode-se observar que essa teoria teleológica da beleza, remontando em última instância à identificação socrática do "belo" e do "útil"[b] pode ser encontrada tanto na Escolástica (Tomás, *Summa Theol.*, I, 2, qu. 54, art. I c) quanto na filosofia árabe do século XI (Al Ghasâli, *Das Elixir der Glückseligkeit*, ed. H. Ritter, 1923, pp. 147 ss.). Mas o filósofo árabe e o filósofo escolástico estão muito longe de pensar que a vocação da arte seja realizar "o homem perfeito" ou o "cavalo perfeito"[b].

222. Assim R. Borghini, *op. cit.*, p. 122, onde a beleza se acha também relacionada às boas disposições humorais. Já vimos antes, nota 136, que um autor como Castiglione considerava a beleza como uma irradição da graça divina e, portanto, como a expressão de uma bondade interior; mas é característico que só cinqüenta anos mais tarde essa concepção chegasse a elaborar os conceitos relativos a uma teoria da arte.

223. Além de Lomazzo (citação, pp. 161 ss.), podemos citar Cesare Ripa, *Iconologia*, Roma, 1603, no artigo "*Bellezza*": "Representa-se a Beleza com a cabeça escondida nas nuvens, pois não há nada de que seja mais difícil falar utilizando a linguagem dos mortais e que seja menos acessível ao entendimento humano; quanto à Beleza que caracteriza as criaturas, esta é (para falar metaforicamente) *um esplendor que decorre da luz emanada da face de Deus*, segundo a definição dos platônicos; pois a primeira beleza é aquilo através de que a Idéia, em virtude da bondade de Deus, comunica-se com suas criaturas, e aquilo que faz com que estas se voltem num certo sentido para a Beleza inteligível."[c] Ora, a figura que encarna a beleza deve levar numa das mãos um lírio e na outra uma esfera e um círculo, pois, considerada fenomenicamente, essa beleza "consiste em medidas e em proporções".[c]

Referindo-se a Ripa e a Lomazzo, Francesco Scanelli, em seu *Microcosmo della Pittura* (Cesena, 1657, I, 17, p. 107), dá a seguinte definição: "... a beleza tão desejada não é mais do que um reflexo da suprema luz e como que um raio da divindade, e ela me parece constituída de um equilíbrio harmonioso das partes somado à doçura das cores, que representam na terra as relíquias e os sinais da vida celeste e imortal."[c] A relação entre as definições neoplatônico-metafísicas e as clássico-fenomênicas aparece muito claramente aqui.

224. Cf. Zuccari, citado nota 218; cf. também Alberti, cit. nota 134; Dolce, cit. nota 190.

225. Zuccari, *Idea*, I, 10, p. 59: "... matéria exterior apta a produzir tais efeitos..."[c], "matérias, vastos temas da pintura"[c], etc. Quando se trata de determinar as insuficiências de certos fenômenos naturais ou artísticos, sua causa profunda não é a resistência

oposta pela matéria ao artista, mas a imperfeição do "agente", ou seja, da potência atuante e informante; cf. por exemplo I, 10, p. 60, onde se explica a inferioridade das obras de arte em relação às coisas da natureza: "Parece ainda que a imitação de um animal pela pintura ou pela escultura obtém-se menos imitando, propriamente, do que pintando ou esculpindo; a causa disso está na diferença entre a arte divina que produz as coisas naturais e nossa arte que produz as coisas artificiais, pois a primeira tem mais perfeição, generalidade e infinita virtude, características essas que faltam à nossa arte; a causa está também na diferença entre o desenho divino e o desenho humano, pois o primeiro é inteiramente perfeito e infinitamente poderoso, ao passo que o nosso é imperfeito (cf., em contradição com isso, as palavras de Leonardo da Vinci citadas na nota 303); e, onde nosso desenho produz efeitos que são menores e de pouca importância, o desenho divino é causa de efeitos muito importantes e grandes."[c] Cf. também mais adiante, II, 6, pp. 132 ss., onde (para evitar concluir sobre a arte como tal a partir de algumas obras artísticas medíocres) é mencionado o fato de que a própria natureza produz às vezes monstruosidades: "Todos portanto devem louvar e estimar a pintura, e não rebaixá-la, como aqueles que fazem dela nobre profissão, por causa deste ou daquele acidente infeliz sobrevindo para ela ou para eles; ou então, uma vez que vemos grosseiras pinturas desonrarem tão nobre profissão, deveríamos do mesmo modo censurar as obras da Natureza e a própria Natureza, já que vemos freqüentemente monstruosidade em suas obras; e no entanto sabemos que, apesar dos defeitos que apresentam certas coisas da natureza, e que são devidos às imperfeições de certos agentes, a natureza em si mesma é perfeita, quando é obra de agentes também perfeitos; e pode-se dizer o mesmo da arte pictórica."[c] (Cf. sobre esse ponto Aristóteles, *Phys. Ausc.*, I, 8, 199, assim como o comentário de Tomás, Fretté-Maré XXII, p. 375.)

226. Cf. por exemplo Carlo Ridolfi, *Le Maraviglie dell'Arte*, 1648, I, p. 3 (citado por Birsch-Hirschfeld, *op. cit.*, p. 107). "E, como durante sua formação os corpos naturais são freqüentemente manchados de numerosos defeitos devidos às *más disposições da matéria*, a pintura tem por única e digna tarefa reconduzi-los a seu primeiro es-

tado, tais como foram criados pelo eterno Artífice, e devolver-lhes os graus de perfeição e beleza que a graça divina lhes havia dispensado."[c] Cf. ainda V. Danti (cf. Schlosser, *loc. cit.*), Bellori (citado à p. 143) e já Vasari (*Proemio delle Vite*, I, p. 216): "Por isso o divino arquiteto do tempo e da natureza, na medida em que é perfeitíssimo, quis mostrar como acrescentar e como subtrair às *imperfeições da matéria*, conforme o sonho dos bons escultores e dos bons pintores..."[c]

227. Ridolfi, citado na nota precedente.

228. V. Danti, *op. cit.*, XVI, p. 91.

229. Não é necessário insistir particularmente no fato de que, nem em Lomazzo nem em outros autores, a devoção ao Neoplatonismo não exclui uma influência do Aristotelismo, filosofia que mesmo os membros da "Academia platonica" de Florença não rejeitam, apropriando-se dela, ao contrário. Mas pode-se observar em Lomazzo de que maneira os elementos aristotélico-escolásticos, que predominavam no *Trattato*, de certo modo são recobertos, na *Idea del Tempio della Pittura*, por elementos neoplatônicos.

230. Milão, 1590.

231. Cf. por exemplo o próprio Lomazzo, *Trattato*, VI, 9, pp. 310 ss. (Teoria dos temperamentos); II, 7, pp. 110 ss. (Pranchas). Cf. também Zuccari, *Idea*, II, 15, pp. 187 ss.

232. Lomazzo, *Idea*, cap. 26, pp. 72 ss.: "Sobre a maneira de conhecer e de construir as proporções que são conformes à beleza."[c]

233. Cf., sobre essa concepção, a indicação da nota 93; suas raízes remontam ao helenismo tardio; cf. por exemplo H. Ritter em *Vorträge der Bibliotek Warburg*, I, 1922, pp. 94 ss.

234. As "*Formulae idearum*" são de certo modo as marcas deixadas pelas Idéias propriamente ditas, as quais, tomadas na estrita acepção de seu conceito, em última instância só podem residir nas inteligências sobre-humanas. A concepção de que apenas a participação dos fenômenos terrestres nas Idéias torna possível o conhecimento do Belo aparece também nas palavras de Cesare Ripa citadas na nota 223.

235. Em particular a frase: ''Devemos saber primeiramente que a beleza nada mais é do que uma certa graça marcada de vivacidade e de espiritualidade.''[c] Dizem que, com essa frase, Lomazzo teria definido a beleza como uma ''graça animada''; essa definição haveria de ser aproximada à inclinação maneirista pela potência e a liberdade de movimento, e oposta à concepção ''florentina'' da beleza, considerada como uma ''conveniência''[c] resultante de uma correspondência das proporções entre si. (Cf. Birch-Hirschfeld, *op. cit.*, p. 40; W. Weisbach em *Zeischr. f. bild, Kunst*, N. F. XXX, 1919, pp. 161 ss.) Mas a proposição relativa que segue — ''beleza que em primeiro lugar penetra nos anjos''[c] — já deveria colocar uma reserva ante essa interpretação; em realidade, essa frase é uma citação literal tomada do capítulo de Ficino que trata desse assunto e cuja definição final foi simplesmente retomada por Lomazzo e colocada no início de sua exposição.

Mesmo Lionello Venturi, numa obra aliás bastante instrutiva, *La critica e l'arte di Leonardo da Vinci* (1919, pp. 111 ss.), chega a explicar a metafísica da luz — que Lomazzo emprestou de Ficino e que, em última análise, tem sua origem no Neoplatonismo cristão — como uma interpretação particularmente arguta do ''claro-escuro'' de Leonardo.

236. O capítulo 26 de Lomazzo acha-se reunido, com as passagens em questão do comentário de Ficino ao *Banquete*, num apêndice especial (pp. 125 ss.). Observamos, por outro lado, que as relações entre Lomazzo e Ficino já haviam sido sublinhadas num pequeno tratado de orientação teosófica; Paul Vuilliard, *De la conception idéologique et esthétique des dieux à l'époque de la Renaissance*, Paris, 1907, p. 30.

237. A *Iconologia* de Cesare Ripa, que mereceria talvez um estudo mais minucioso (cf. nota 223), é uma obra que ilustra de modo particularmente claro as relações profundas do Maneirismo com a Idade Média, sendo já suficiente para caracterizar a tendência dessa época. Uma ilustração mostra como o próprio conceito da Idéia pôde tornar-se o objeto de uma tal representação alegórico-simbólica (Ces. Ripa, *Iconologia*, Veneza, 1645 [passagem que falta na edição romana de 1603], pp. 362 ss.): ''Uma mulher muito bela, levada

pelos ares, aparecerá despida, mas recoberta por um finíssimo véu branco; terá sobre a cabeça uma chama de intenso brilho, sua fronte será cingida por uma faixa de ouro esplêndido e pedras preciosas; terá em seus braços a Natureza personificada, que ela amamenta como a uma criança; sua mão direita mostra com o indicador uma magnífica paisagem que se estende abaixo, e onde estão pintadas uma cidade, montanhas e planícies, cursos d'água e plantas, luzes e pássaros percorrendo os ares, assim como outras realidades terrestres.''[c] O texto subseqüente, e que se inspira sobretudo em São Tomás, mas invocando também vários outros filósofos da Antiguidade e da Idade Média, procura explicar — como é comum nas obras desse tipo, e de acordo com os hábitos medievais — os diferentes elementos constitutivos da representação figurativa: a Idéia deve flutuar nos ares porque é imaterial e imutável; deve estar nua porque (segundo Ficino!) representa uma ''substância extremamente simples''[c]; o véu branco simboliza sua pureza e sua veracidade, o fogo significa o ''Bem'', o diadema de ouro a ''perfeição espiritual''; ela nutre a natureza, o que significa ''a alma do mundo'' irradiando do espírito divino, como o brilho da luz se irradia; mostra enfim a paisagem porque a totalidade do mundo sensível depende do mundo das Idéias.

238. Desses dois fatos, o ''*Figino*'' de Comanini propõe exemplos notáveis: Por um lado (pp. 45 ss.), ele propõe os ''*Capricci*'' de Arcimboldo, já mencionados acima, nota 144, cujas pesquisas obedecem rigorosamente aos princípios da Alegoria. (O ''*Outono*'', por exemplo, só pode ser representado por frutos, e a ''*Primavera*''[c], por flores; e, quando se trata de compor um rosto humano a partir de figuras de animais, é o elefante, por exemplo, que deve constituir as faces, porque estas, em razão de seu poder de corar, são valorizadas como a sede do pudor, sendo que já no *Physiologus* o elefante é caracterizado como animal ''pudico''.) Por outro lado, a obra propõe uma interpretação, realmente divertida e já recusada por Loz. Pignoria, de um baixo-relevo de Mitra considerado como ''a alegoria da perfeita agricultura''; Mitra, com seu gorro frígio, é um ''jovem camponês''[c], o touro imolado significa a terra lavrada, a serpente representa a sabedoria que o agricultor deve ter pa-

ra realizar bem e a tempo todas as suas ocupações; Cautes e Cautopates representam o dia e a noite (percebe-se o quanto essa interpretação, desprovida aliás de qualquer fundamento, ocasionalmente coincide com aquilo que se pode revelar como historicamente "correto"); quanto ao escorpião, indagamo-nos se, em razão de seu sono hibernal, simboliza a potência criadora da terra ou se, pelo fato de viver na umidade da noite, simboliza o orvalho.

Os *Capricci* de Arcimboldo já são aliás mencionados por Lomazzo (*Idea del Tempio*, cap. 37, pp. 137 ss.) e parecem ter sido prefigurados por caricaturas como as dos célebres e ridículos medalhões fálicos de Paolo Giovio.

239. Cf. M. Dvořak, *Jahrbuch für Kunstgeschichte*, I (XV), 1922, pp. 27 ss.

V

O NEOCLASSICISMO

240. Sobre a oposição ocasional ao culto de Rafael, inseparável do Neoclassicismo, cf. Schlosser, *Materialen zur QuellenKunde*, VIII, pp. 6 ss., e sobretudo e interessante dissertação de O. Kutschera-Woborski em *Mittlg. d. Ges. f. vervielfält. Kunst*, 1919, pp. 9 ss.

241. Cf. pp. 45 ss. e nota 95.

242. Cf. nota 96.

243. Também as teorias do Renascimento são fundamentalmente opostas a um "realismo" puramente imitativo, mas de tal modo — e isso é particularmente evidente em Alberti (cf. notas 101 e 134) — que o postulado da beleza se apresenta sobretudo como uma retificação ou como uma restrição em relação à exigência da verdade. Originariamente a ênfase recai, o que é natural, sobre o combate travado contra a "antinatureza" medieval: é assim que Alberti maneja a anedota das virgens de Crotona, não contra os "realistas", mas contra os que "julgam poder fazer obra bela pela mera virtude de sua livre inventividade".

244. Quanto ao termo "*maniera*", ver por exemplo, além das declarações de Bellori (citadas no Apêndice II, pp. 168 ss.), Fil. Baldinucci, *op. cit.*, XXI, p. 122: "em todos os pintores (exceto Miguel Ângelo, Rafael e A. del Sarto), pode-se entrever às vezes algo desse *defeito* que chamamos '*maneira*' ou modo '*amaneirado*' de pintar, e que constitui uma espécie de fraqueza da inteligência e sobretudo da mão, que deveriam 'obedecer ao verdadeiro' "; cf. também a carta do marquês de Giustiniani, mencionada na nota 245 (Bottari, *Raccolta*, VI, p. 250): "O décimo modo de pintar é chamado pintar '*di maniera*', o que significa que o pintor, graças à sua longa prática do desenho e da cor, representa em sua pintura *aquilo que tem* em sua imaginação, pautando-se por *essa própria imaginação e sem utilizar nenhum modelo*...; esse modo de pintar é praticado em nossa época por Barocci, Romanelli, Passignano e Giuseppe d'Arpino...; vários outros pintores serviram-se igualmente desse modo para pintar a óleo obras muito belas e muito dignas de elogio"[c]. Essa definição específica da expressão "*maniera*", no sentido de uma prática artística estranha ou exterior à natureza, não é porém a definição primeira; "*maniera*" (*di fare*) significa, a princípio, apenas um "modo de trabalhar", o que faz com que se possa falar tanto de uma "maneira correta" quanto de uma "maneira errada"[c] ou "canhestra"[c] de fazer; a expressão acabará sendo utilizada, em geral, quando convém definir o caráter artístico próprio de uma nação, de uma época ou de um grande mestre; fala-se assim de "*maniera antica*", "*maniera moderna*", "*maniera greca*", "*maniera tedesca*", "*maniera di Donatello*" (o estudo de John Grace Freedman, *The maniera of Vasari*, Londres, 1867, infelizmente não nos foi acessível). As declarações de Bellori, de Baldinucci e de Giustiniani revelam que, a partir do século XVII, começou-se a dar um sentido próprio e pregnante ao termo "*maniera*", até então perfeitamente insignificante; a tal ponto que, após ter sido usado por muito tempo apenas acompanhado de um adjetivo ou de um genitivo, doravante passa a ser empregado absolutamente; "*dipingere di maniera*" significa desde então pintar de memória ou, para respeitar a equivalência lingüística, pintar a pulso; e é somente essa profunda emancipação em relação ao modelo natural, mais do que uma referência qualquer a outros mes-

tres, que caracteriza, segundo os ''maneiristas'', o sentido originário da palavra (assim Goethe diz ainda do maneirista que ele ''inventa para si próprio uma maneira, e constitui uma linguagem, a fim de exprimir a seu modo o que sentiu em sua alma, e a fim de conferir ao objeto freqüentemente reproduzido a forma particular que o caracteriza, mas sem ter diante dele, no momento em que o reproduz, o modelo da natureza, e sem ter também uma lembrança muito intensa dele'').

É portanto no próprio cerne da teoria do Neoclassicismo (que bania tudo o que havia de ''subjetivo'' e de ''imaginativo'' na arte e que, a despeito de suas exortações ao ''Idealismo'', exigia absolutamente dela uma ''naturalidade'' e uma ''exatidão'' baseada numa experiência concreta) que a expressão ''*maniera*'', agora portadora de uma significação específica e encarregada de designar qualquer criação estranha à natureza, poderia receber o sentido pejorativo que conservou quase até nossos dias. E a inversão num sentido negativo do conceito de ''*maniera*'', que parece ter-se realizado no círculo de Bellori (em Giustiniani o matiz pejorativo ainda é completamente ausente, ao passo que Bellori e Baldinucci usam já expressamente os qualificativos ''vicioso'', ''defeituoso'', ''afetado'', enfim, ''amaneirado''[c], explica talvez a necessidade que sentiam os teóricos da arte de encontrar um outro termo, que fosse axiologicamente neutro e que, conforme o sentido de ''*maniera*'', antes de funcionar como um qualificativo depreciativo, pudesse designar apenas a maneira artística peculiar às épocas, às nações e aos indivíduos; é também no círculo de Bellori, que justamente havia dado à expressão ''*maniera*'' um sentido depreciativo, que se começou (o que parece hoje natural, mas que não o era até a metade do século XVII) a tomar emprestado da poética e da retórica o termo ''estilo'' e aplicá-lo às obras das artes plásticas; cf. as máximas ricas em teoria da arte de Poussin, reunidas por Bellori, *op. cit.*, pp. 460 ss.: ''Sobre o material, o conceito, a estrutura e o *estilo*... O estilo constitui uma maneira e uma habilidade particulares de pintar e de desenhar, que vem do gênio próprio de cada um para realizar e utilizar suas idéias; esse estilo, essa maneira ou esse gosto provêm da natureza e do talento''[c]. O termo ''estilo'' é utilizado aqui — seguramente pela primeira vez — para designar a maneira própria a um indivíduo de criar formas plásticas, propriedade que se designou por muito tempo pelo termo "*maniera*" (o estilo, aliás, só pode ser definido como uma "*maniera particolare*"). E esse termo, novo então para a teoria das artes plásticas, demorou bastante, exceto na França, para ser aceito em geral; na Alemanha, por exemplo, Joh. Fr. Christ utiliza ainda em seu lugar a expressão "*goût*" (cf. o "gosto" segundo Poussin); e o termo "estilo" só se firmou definitivamente com Winckelmann.

245. Interessante é o ponto de vista oposto, desenvolvido na carta do marquês Vinc. Giustiniani (Bottari, *Raccolta*, VI, pp. 247 ss.), que vê na arte de Caravaggio uma reconciliação entre "*a arte de pintar 'di maniera'*" e "a arte de pintar tendo à frente os objetos da natureza"[c]. Esse documento, muito importante para o conhecimento da prática e da educação artísticas da época, distingue doze "graus" ou "modos"[c] da pintura:

1) A cópia mecânica, isto é, feita "com pó"[f].

2) A livre cópia, baseada numa simples observação ou com a ajuda de aparelhos óticos como a "grade"[c], ou seja a "retícula ótica"[f] (adotada por Alberti).

3) O desenho de tudo o que se apresenta à vista; principalmente a partir das estátuas e das telas antigas ou modernas.

4) Os estudos particulares de cabeças, de mãos, etc.

5) A representação pictórica de flores ou de outros pequenos objetos ("Caravaggio dizia que um bom quadro representando flores requeria tanto trabalho quanto um quadro representando personagens"[c]).

6) O desenho de arquitetura e a pintura de perspectiva.

7) A invenção de grandes temas, especialmente a pintura de paisagem, quer seja à maneira grandiosa de Ticiano, Rafael, Carracci e Reni, ou à maneira minuciosa de Civetta, Brueghel e Bril.

8) Os Grotescos.

9) A pintura ou a gravura "com um furor de desenhar e de contar devido à natureza"[c] (Polidoro da Caravaggio e Tempesta).

10) Pintar "*di maniera*" (cf. nota precedente).

11) A pintura baseada em modelo.

12) A reconciliação da décima e da décima-primeira regras, realizada apenas nos maiores mestres, como Caravaggio, Carracci, Guido Reni e alguns outros.

246. Bellori, *op. cit.*, p. 212.

247. Bertolotti, *Artisti Lombardi a Roma*, 1881, II, p. 59.

248. Carta do marquês Giustiniani, citada nota 245.

249. Tal é o veredicto de Bernini, Chantelou, *op. cit.*, p. 190.

250. Bellori, cit., p. 174.

251. Luigi Scaramuccia, *Le Finezze de' Pennelli Italiani*, 1674, p. 76: "Para terminar, esse Homem constitui um grande Tema, mas não um Ideal; o que quer dizer que não devemos fazer nada sem ter a natureza à nossa frente."[c] Cf. ainda Giov. Baglione, *Le Vite de Pittori, Scultori ed Architetti*, 1642, p. 139: Caravaggio possui uma boa "*maniera*", "que adquiriu pintando a partir da natureza, ainda que, na representação das coisas, não tenha tido muito juízo para escolher o que era bom e abandonar o mau"[c], ou ainda Scanelli, *op. cit.*, I, 7, pp. 52 ss.: "Dotada de um gênio particular, que permite descobrir na obra uma imitação extraordinária e realmente singular do verdadeiro, a pintura não é inferior às outras artes; talvez lhes seja até superior para transmitir força e brilho; mas, quando está privada dessa base necessária constituída pelo desenho, manifesta então por completo a ausência de invenção que a caracteriza e *vê-se privada totalmente de beleza e de idéia*, de graça e de dignidade, de arquitetura e de perspectiva, bem como de outros fundamentos similares."[c]

252. Foi Bellori quem disse: "*nossa época corrompeu-se*"[c]; com efeito, ele pensava que era preciso conquistar de novo o que o Renascimento julgara ter adquirido para sempre.

253. Bellori, citado p. 152.

254. Cf. por exemplo Bellori, citado pp. 153 ss.: os pintores e os escultores devem voltar à Antiguidade como a um guia conduzindo à natureza, e os arquitetos, igualmente, como a um contra-exemplo do Barroco moderno "*à la Boromini*". Sobre a fórmula goetheana segundo a qual "a Antiguidade pertence à natureza e, quando ela a leva em consideração, à natureza natural", ver Panofsky, *Dürers Stellung zur Antike*, Jahrb. f. Kunstgeschichte, I (XV), 1922, pp. 43 ss. (editado também em separata).

255. Cf. sobre esse ponto Schlosser, *Materialen*, VII, pp. 11 ss. e recentemente Kutschera-Woborski, *op. cit.*, pp. 22 ss.

256. A frase de Walzel (*op. cit.*, p. 5): "cada vez que se apresentar a expressão de Rafael (ou seja, a expressão concernente à famosa '*certa idea*'), ela é oposta à arte naturalista" merece ser sensivelmente completada: Bellori e, com ele, o conjunto dos teóricos neoclássicos utilizaram efetivamente essa expressão não apenas contra o "Naturalismo", mas também contra o "Maneirismo".

257. A "*Idea*" de Bellori encontra-se reproduzida *in extenso* no Apêndice II (pp. 143-158), enquanto documento fundamental das concepções artísticas do Neoclassicismo.

258. Cf. adiante nota 346.

259. Sobre esse ponto e sobre os seguintes, cf. as provas do Apêndice II. Sobre o par conceitual "pintores icásticos"[c] e "pintores fantásticos", cf. acima nota 144. Bellori filia-se (como de resto Junius) à concepção errônea de Comanini (cf. nota 144); mas ele agora se separa fundamentalmente dela, o que se compreende perfeitamente levando-se em conta suas opiniões profundas rejeitando simultaneamente os "pintores fantásticos"[c] e os "pintores icásticos"[c], e até mesmo os "fabricantes de retratos"[c], para usar sua expressão depreciativa; Comanini, por outro lado, ainda dá seu apoio aos defensores da imitação "icástica".

260. Os textos antigos, na medida em que não pertenciam ainda ao patrimônio comum da teoria da arte, foram, em sua maior parte, tomados por Bellori da compilação de Francisco Junius intitulada *Dei pictura Veterum* (cf. sobretudo cap. I, § 3, e cap. II, § 2) cuja primeira edição data de 1637, e que Hoogstraaten (*op. cit.*, VIII, 3, pp. 286 ss.) também utiliza abundantemente.

261. Bellori foi o "precursor de Winckelmann", não apenas como especialista da Antiguidade, mas como teórico da arte; a doutrina de Winckelmann sobre o "Belo ideal", tal como a expõe em *Geschichte der Kunst des Altertums*, IV, 2 § 33 ss., apresenta — até pelo quadro intensamente neoplatônico, talvez mais explicável pela influência de Shaftesbury do que pela de Raphaël Mengs — os mesmos conteúdos que a *Idea* de Bellori, a quem ele deve também o conhecimento da correspondência de Rafael e Guido Reni e em quem

se inspira expressamente em suas *Ammerkungen z. Gesch. d. Altertums*, 1.767, p. 36.

Tanto mais notável é que, inversamente, a teoria do Belo de Poussin se apresenta como muito diferente daquela de Bellori, isto é, como puramente neoplatônica; enquanto o célebre arqueólogo alemão retoma por conta própria e prolonga os pensamentos de Bellori, quando este já havia morrido, o célebre pintor francês, que durante sua vida manteve contato pessoal estreito com ele, retomou quase literalmente sua teoria do Belo no comentário ao *Banquete* de Ficino e na *Idea del Tempio della Pittura* de Lomazzo (obra para a qual o tradutor de Lomazzo, Hilaire Pader, havia chamado a atenção de Poussin); aliás, o encanto da metafísica neoplatônica era tão difícil de quebrar que, apesar de toda a sua clareza de espírito, o célebre representante francês do Neoclassicismo jamais pôde subtrair-se a ele. Reproduzimos a seguir (Bellori, *op. cit.*, pp. 461 ss.) as afirmações de Poussin (que devem ser comparadas com a passagem de Ficino, e também de Lomazzo, reproduzida nas pp. 125 ss.). "Da idéia da beleza. A idéia da beleza não poderá penetrar na matéria se esta não for, tanto quanto possível, preparada; essa preparação supõe três coisas: a ordem, o modo, o aspecto ou a forma. A ordem consiste no intervalo que separa as partes, o modo tem que ver com a quantidade, a forma é constituída por linhas e cores. Não basta haver ordem e intervalo entre as partes, nem que todos os elementos do corpo possuam seu lugar natural, se a isso não se acrescenta o modo, que confere a cada elemento o tamanho proporcionalmente adequado ao resto do corpo, e também o aspecto, que faz com que as linhas sejam penetradas de beleza e de uma suave harmonia de sombra e luz. Ora, tudo isso manifesta que a beleza está muito afastada da matéria corporal e que dela jamais se aproximará enquanto esta, por uma preparação incorpórea, não se dispuser a recebê-la."[c] E ele termina: "Deve-se concluir aqui que a Pintura não é mais do que a idéia das coisas incorpóreas, ainda que ela revele os corpos, contentando-se em representar a ordem, o modo e o aspecto das coisas; e essa mesma pintura está mais particularmente orientada para a idéia do Belo do que para qualquer outra idéia"; ora, essa conclusão é óbvia, por menos que se atribua à arte a vocação de realizar a beleza, tal como foi definida precedentemente — o que em Ficino, pelo menos, e pelo que sabemos, ainda não acontecia. Percebe-se aqui também com que prudência é preciso considerar as declarações dos artistas teóricos: seguramente o fato de um tal empreendimento já é por si só de uma significação essencial — e claro que mais ainda se os indivíduos levam a cabo seu empreendimento teórico —, mas é preciso sempre examinar escrupulosamente declarações como as de Poussin, antes de explicá-las como "concepções reveladoras da independência do artista em matéria de teoria da arte" e antes de interpretar, sem maiores pesquisas, sua "vontade artística"[a] (cf. por exemplo Gerstenberg, *Die ideale Landschaftsmalerei*, 1923, p. 108; inversamente, Fränger, *op. cit.*, p. 33, vai longe demais quando — desconhecendo as relações particulares entre as teorias de Poussin e a metafísica de Ficino ou, se quiserem, de Lomazzo — vê nisso apenas o reflexo de um platonismo "universalmente difundido"; ao mesmo tempo ele dá uma interpretação inexata da noção de "preparação"[c], que só pode ser compreendida por referência à teoria das influências do mundo supralunar sobre o mundo sublunar).

262. Sobre o conceito de "*Ideal*", cf. recentemente Cassirer, *op. cit.*; cf. também Schlosser, *Materialen...*, *passim*, e *Jahrb. d. Kunstslgn. d. Allerh. Kaiserh.*, XXXIX, 1910-1911, p. 249. Naturalmente, Bellori não é tão pouco perspicaz ao ponto de representar-se o Ideal como algo que seria simplesmente dotado de uma validade universal, isto é, como algo de indiferenciado; pelo contrário, trata-se de algo tanto mais individualizado, para ele, na medida em que a "Idéia" fornece a representação de um gênero que, embora reivindicando por sua generalidade uma validade universal, exprime de um modo particularmente "exemplar" certos tipos de manifestação da aparência ordinária (como a força, a graça, o ardor) ou do estado presente (como a cólera, a tristeza, o amor).

263. Talvez ainda mais intensamente do que em Bellori, essa mesma intolerância manifesta-se em teóricos franceses como Félibien, Du Fresnoy, Fréart de Chambray (cf. sobre esse ponto Fränger, *op. cit.*, e particularmente A. Fontaine, *Les doctrines d'art en France de Poussin à Diderot*, 1909). Inversamente, é na França que aparece

pela primeira vez o conflito que irá opor os "Modernistas", como Charles Perrault, aos que têm uma sensibilidade "pictórica", como Philippe de Champaigne, e sobretudo aos "*Amateurs*", como Roger de Piles (sobre esse assunto, ver *Materialen z. QuellenKunde*, IX, pp. 28 ss.).

264. Cf. também o importante Discurso Acadêmico de Bernini, de 5 de setembro de 1665 (Chantelou, *op. cit.*, p. 134).

265. Lomazzo, *Trattato*, I, 1, p. 19; citado por Birsh-Hirschfeld, *op. cit.*, p. 22. Ali encontra-se também a expressão de que a arte é "o símio da natureza"[c] (mas naturalmente num sentido laudatório).

266. Díon Crisóstomo, *ὑπὲρ τοῦ Ἴλιον μὴ ἁλῶναι*, ed. J. de Arnim, *op. cit.*, I, pp. 115 ss.

VI

MIGUEL ÂNGELO E DÜRER

267. *Michelangelo, eine Renaissancestudie*, 1892.

268. *Die Rätsel Michelangelos*, 1908.

269. *Michelangelo*, II, 1903, sobretudo pp. 191 ss.

270. Condivi, *op. cit.*, cap. 56, p. 204.

271. Karl Frey, *Die Dichtungen des Michelagniolo Buonarroti*, 1897, n.º CLXXII (= Ces. Guasti, *Le rime di Michelangelo Buonarroti*, 1863, p. 291).

272. Petrarca, I, *Canzone* IX:

> *Gentil mia Donna, io veggio*
> *Nel mover de'vostr'occhi un dolce lume*
> *Che mi mostra la via, ch'al Ciel conduce;**

cf. *Michelangelo*, Frey, CIX, 19:

> *Veggio co'bei vostr'occhi un dolce lume.***

---

* "Gentil Senhora, eu vejo / No mover de vossos olhos uma doce luz / Mostrando-me o caminho que ao Céu conduz;"

** "Vejo em vossos olhos uma doce luz."

273. Frey, LXIV.

274. Frey, CIX, 105; cf. também, entre outros, XXXIV, XCII, LXXV. Sobre a "Metafísica da luz", cuja expressão aparece com freqüência, ver novamente as notas 68, 93, 122, bem como pp. 92 ss.

275. Frey, CIX, 99.

276. Frey, XCIV. Ocasionalmente, o amor apaixonado pela "beleza empírica" solta-se e derruba sem escrúpulo todas as barreiras impostas pela educação platônica: Frey, CIX, 104.

277. Frey, LXXV.

278. Frey, XCI.

279. Frey, CIX, 24; cf. Frey, CXLVI.

280. Frey, XCI; cf. também Frey, XLIII, Guasti, p. 27.

281. Cf. acima nota 59. Para citar apenas o fundador da teoria da arte, eis o que se encontra já em Alberti: "Alguns não fazem senão suprimir: é o caso daqueles que, rejeitando o que é supérfluo, produzem a forma humana que é buscada e se encontra encerrada e escondida no bloco de mármore." (*op. cit.*, p. 171) A passagem correspondente de Vasari foi já citada num outro contexto (cf. nota 157).

282. Cf. Borinski, *Die Antike in Poetik und Kunsttheorie*, pp. 169 ss.

283. Frey, LXXXIV (cf. também Frey, CXXXIV, e Guasti, p. 171):

> *Simil di me model di poca stima*
> *Mio parto fu, per cosa alta e perfetta*
> *Da voi* rinascer po', *Donna alta e degna,*
> *Se'l poco accresce* e mio soverchio lima
> *Vostra mercè...* *

Uma tal inversão das idéias recebidas (cf. nota 59) pode ser aproximada do sentido subjetivo-erótico que, em Miguel Ângelo e no seu meio, caracteriza a interpretação alegórica dos antigos mitos

* "Semelhante a mim, modelo de pouca estima / Foi minha criação, mas coisa alta e perfeita / Ela pode *por vós renascer*, Dama nobre e digna, / Se acrescenta ao pouco e *ao muito desgasta* / Vossa Graça..."

(cf. Panofsky, *Jahrb. f. Kunstgeschichte*, I [XV], 1922, fasc. 3). Mas em Schiller, que em alguns momentos retoma por sua conta a simbólica do bloco de mármore, a inspiração subjetivo-erótica se apaga novamente diante de uma inspiração ético-objetiva: "Um bloco de mármore, embora seja e continue sendo privado de vida, pode no entanto, graças ao arquiteto e ao escultor, metamorfosear-se numa forma viva; por outro lado, embora esteja vivo e possua uma forma, nem por isso um homem é ainda uma forma viva." (*Uber die ästh. Erziehung d. Menschen, 15. Brief*). E, num teólogo como Geiler von Kaisersberg, a antiga concepção de subtração[b] já não simboliza o que permite a cada ser aperfeiçoar-se, mas o que permite à "visão de Deus" purificar-se: "O escultor que projeta uma estátua toma a madeira de tília ou de qualquer outra essência e não faz mais do que subtrair ao esculpir; o resultado é uma estátua realmente bela e preciosamente ornada. O pintor, em troca, se projeta uma tela, deve acrescentar..." Assim também o homem piedoso, "qual um escultor", deve retirar de Deus tudo o que é sensível, concreto e por isso mesmo imperfeito, isto é, os anjos e os santos, o céu e a terra, para atingir a intuição perfeitamente pura de Deus (*Brosamlein*, Estrasburgo, 1517, fol. XLIII v.).

284. Frey, LXXXIII.

285. Cf. Frey, LXV.

286. Num outro soneto, onde o mesmo problema é abordado sob forma de um diálogo entre o poeta e o amor (Frey, XXXII), pode-se perceber um notável paralelo com Giordano Bruno: "Sei que nem a forma nem o aspecto, sensível ou inteligível, são *por si mesmos* comoventes; pois, enquanto admiramos a forma visível, ainda estamos longe de amar; mas a partir do instante em que o *espírito concebe* nele mesmo uma forma não mais visível, mas inteligível, não mais divisível, mas indivisível, e dada não mais sob a aparência das coisas, mas sob as espécies do bem e do belo, então surge de repente o amor."[c] (*Eroici Furore*, I, 4, *op. cit.*, pp. 345 ss.).

287. Ver nota 143.

288. O terceiro termo, "*Forma*", utilizado freqüentemente em substituição a "*Idea*", não é levado aqui em consideração: em Miguel Ângelo, esse termo significa simplesmente a "forma" (por exem-

plo, Frey, CIX, 61) ou a "alma", conforme a significação e a terminologia escolástico-peripatética ("a alma é a forma do corpo"); cf. por exemplo em Frey, CIX, 105:

Per ritornar là donde venne fora
L'immortal forma al tuo carcer terreno... *

Essa interpretação (cf. sobre esse ponto Scheffler, *op. cit.*, p. 92, nota 2) é confirmada pelo fato de que, num contexto exatamente idêntico, a expressão "forma imortal" pode ser substituída por "alma divina" (Frey, CXXIII; cf. também Frey, CIX, 103, linhas 4-6).

289. Cf., sobre esse ponto, nota 92.

290. Assim Frey, XXXIV, linha 3; XXXVI, estrofe 10, linha 4; LXII, linha 3; CIX, 1, linha 12; CIX, 25, linha 7; CIX, 103, linha 2. Naturalmente, encontramos também os termos "*imagine*" e "*imago*", tomados no sentido concreto de forma real, pintada ou esculpida; por exemplo Frey, LXV, linha 3; CIX, 53, linha 2: CIX, 92, linha 3.

291. Assim Frey, CIX, 59, linha 2; CXLIV, linha 2.

292. Frey, CIX, 87, linhas 1 ss.

293. Frey CXLI, linha 7. Os termos "*imagine*" e "*concetto*" opõem-se de forma particularmente clara (cf. Frey, CIX, 50):

... *Negli anni molti e nelle molte prove,*
Cercando, il saggio al buon concetto *arriva*
D'una imagine *viva*
Vicino a morte, in pietra alpestra e dura. **

O "conceito"[c] é assim a Idéia da "imagem"[c] que, em conformidade com ela, será realizada na pedra. Cf. também Frey, CXLI: "Assim, ouvindo seu nome, concebi alguma imagem."[c]

---

* "Para retornar ao lugar de onde veio / A forma imortal encerrar-se em tua prisão terrestre..."

** "Após anos de buscas e provas / E da morte se aproximando, o sábio chega enfim / Ao bom *conceito* dessa viva *imagem* / Que reside na pedra alpestre e dura."

294. G. Milanesi, *Le lettere di Michelangelo Buonarroti*, 1875, nº 464, 465.

295. *Due lezioni di messer Benedetto Varchi*, 1594. A primeira lição do comentário desse soneto é reproduzida por Guasti, *op. cit.*, pp. LXXXV ss., a partir do qual citamos.

296. Varchi, *op. cit.*, p. XCIV.

297. Varchi, *ibid.* Convém mencionar que Varchi, numa referência explícita aos versos de Francesco Berni citados acima, p. 111, põe em evidência um elemento aristotélico do pensamento de Miguel Ângelo talvez pouco acentuado pela literatura recente: "Que ele é um novo Apolo e um novo Apeles e não diz palavras mas coisas, tomadas não só de Platão, mas de Aristóteles."[c] (Varchi, *op. cit.*, p. CXI)

298. Num poema de amor escrito em sua juventude (Frey, IV), Miguel Ângelo reinterpreta num sentido metafísico e mesmo teológico as teses da "teoria da eleição"; a "escolha do melhor" não é feita pelo homem mas (em vista da criação da amada) por Deus, o qual também não faz diferença entre o que é criado e o que deve ser criado:

Colui, che'l tutto fè, fece ogni parte,
E poi di tutto la più bella scelse,
Per mostrar quivi le sue cose excelse
Com'ha fatt'or con la sua divin'arte. *

299. Lange e Fuhse, *op. cit.*, p. 227. Pode-se aproximar a expressão daquela de Ficino, *Comentário ao Banquete* (*Opera*, II, p. 1.336).

Dürer:	Ficino:
"Eis o que revela o tesouro acumulado no fundo do coração."	"Sob o domínio dessa tendência, ele negligencia o *tesouro oculto no fundo dele mesmo.*"[d]

Mas o raciocínio é tão diferente nos dois casos que se pode indagar se existe entre os dois textos uma relação de dependência imediata.

* "Aquele que tudo fez, fez cada parte / E depois escolheu entre todas a mais bela / Para mostrar assim as coisas sublimes / Que sua arte divina é capaz de criar."

300. Lange e Fuhse, *op. cit.*, pp. 297, 27 ss.; cf. também, e de modo semelhante, *ibid.*, pp. 295, 8 ss.

301. Ficino, *Libri de vita triplici*, I, 6 (*Opera*, I, p. 498); a frase de Dürer em questão: "depois ele quer se preocupar com as influências do alto" (Lange e Fuhse, p. 297, 20) já foi aproximada por Karl Giehlow (*Mitt. d. Ges. vervielfält. Kunst*, 1904, p. 68) da fórmula de Ficino citada no texto.

302. Dürer (L.-F. 298, 1 — 295, 13):

"Pois um bom pintor está repleto de formas no seu interior, e, supondo que pudesse viver eternamente, encontraria nas Idéias interiores, de que fala Platão em seus escritos, sempre algo de novo para pôr em suas obras."

Sêneca (*Epist.* LXV, 7, cit. compl. nota 41):

"Esses modelos de todas as coisas, Deus os possui em Si...; *Ele está repleto dessas formas, que Platão chama de Idéias...*"[d]

303. Às citações de Vasari, Zuccari, Pacheco e Bellori, que poderíamos multiplicar ao infinito (cf. por exemplo Lomazzo, *Trattato*, II, 14, p. 159: "Penso que, por um simples exercício, o fraco julgamento que é o meu tornar-se-á o mais excelente e o mais *divino* que há no mundo; o que faz com que o artista acabe por se manifestar como um *outro Deus*"[c]), acrescentemos apenas duas belas fórmulas de Leonardo (*Trattato* n.º 13 e 68): "Como o pintor é Senhor e Mestre de todo tipo de gente e de todas as coisas! Se o pintor quer ver as belezas que nos cativam, ele é seu senhor e pode engendrá-las; se quer ver coisas monstruosas que são horríveis, engraçadas ou ridículas, ou de fato dignas de compaixão, *ele é o Senhor e o Deus delas* (uma outra versão propõe: o *Criador*)... e, com efeito, tudo o que se apresenta no universo como essência, como existência ou como imagem, ele tem primeiro em seu espírito, depois em suas mãos. E estas são tão excelentes que, num instante e num único olhar, engendram uma harmonia de proporções que faz existir as coisas."[c] Eis a outra fórmula — que coincide quase literalmente com a de Dürer: "*O caráter de divindade que a ciência da pintura possui faz com que o espírito do pintor se metamorfoseie a ponto de se assemelhar ao espírito divino*, e é por isso que ele tem o livre poder de discorrer sobre a 'gera-

ção' das diversas espécies e de todas as variedades de animais, de vegetais, de frutos, de paisagens e de campos..., etc.''[c]

304. Assim como o entendimento ''faz com que o mundo dos sentidos não seja nem um objeto da experiência nem uma natureza'' (Kant, *Prolegômenos*, § 38), também, poderíamos dizer, a consciência do artista faz com que o mundo dos sentidos não seja nem o objeto da representação artística nem um ''mundo das formas''[a]; cabe observar porém que essa legalidade[a] ''prescrita'' ao mundo dos sentidos pelo entendimento e através de cuja realização[a] esse mesmo mundo torna-se ''natureza'' é uma legalidade universal; em contrapartida, essa outra legalidade, que é ''prescrita'' ao mundo dos sentidos pela consciência do artista e através de cuja execução esse mundo torna-se um ''mundo das formas'', deve ser considerada como individual ou, para empregar uma expressão recentemente proposta (H. Noack, *Die systematische und methodische Bedeutung des Stilbegriffs*, Diss. Hamburgo, 1923), como uma legalidade ''idiomática''.

APÊNDICES

305. Marsilio Ficino, *Sopra lo amore o ver Convito di Platone*, Florença, 1544, *Or.* V, cap. 3 a 6, pp. 94 ss. (cf. o texto original em latim, *Opera*, II, pp. 1.366 ss.). Lomazzo, ao transcrever os capítulos em questão, procedeu a diversos cortes (em particular sobre tudo o que se relaciona à beleza acústica), fez muitos acréscimos ao texto e apresentou o que deste conservara segundo uma ordem em parte diferente. Portanto é impossível confrontar as passagens paralelas, como geralmente se faz. Nosso procedimento foi colocar entre colchetes as passagens de Ficino omitidas por Lomazzo, bem como as passagens que não figuravam previamente em Ficino. Quanto ao restante, isto é, onde Lomazzo permanece fiel a Ficino, o texto é apresentado em itálico.

306. Citado de Ficino, *op. cit.*, cap. 3, p. 94. Percebe-se que Ficino, nesta passagem, só propõe uma definição da beleza como proporção para levar ao absurdo, no sentido de Plotino, a equivalência: Beleza = Proporção[c].

307. Sobre essa expressão, ver pp. 40 ss. e nota 87.

308. Sobre essa apresentação de conjunto, cf. a passagem de Plotino (*Enéadas*, I, 6, 3), citada em parte na nota 56 e coincidindo com ela quase literalmente.

309. As proporções do corpo dadas por Ficino provêm, por um lado, do célebre cânone de Vitrúvio (por exemplo, a determinação da altura total do corpo por oito alturas da cabeça, a repartição do rosto em três comprimentos do nariz e a obrigação de igualar os dois braços, de uma ponta à outra, à altura total do corpo), e por outro lado, aparentemente, da tradição que remonta à Idade Média e tal como podemos acompanhá-la tanto nos escritos dos artistas quanto na literatura cosmológica. Dessa tradição provém especialmente a tendência a igualar volumes particulares, não obstante diferentes e discordantes, tendência que se encontra também em Pomponius Gauricus e (num outro sentido) em Leonardo. Cf. a esse respeito Panofsky, *Monatshefte f. Kunstwiss.*, XV, 1921, *loc. cit.*

310. G. P. Lomazzo, *Idea del Tempio della Pittura*, 1590, cap. 26 (e na segunda edição, da qual citamos, pp. 72 ss.).

311. No título do capítulo figura, em vez do "e", uma simples vírgula; no entanto no índice, p. XI, reaparece o "e".

312. Gio. Pietro Bellori, *Le vite de' Pittori, Scultori e Architetti moderni*, Roma, 1672, I, pp. 3-13. Encontra-se aí incluída a *Introdução à vida de Aníbal Carracci* (*op. cit.*, pp. 19-21) que, pelo conteúdo, está em estreita relação com o texto da *Idéia-Discurso*. Pensamos ter prestado um serviço ao leitor e de algum modo facilitado uma nova edição de Bellori, verificando, tanto quanto possível, as passagens do texto aqui recolhidas.

313. A expressão "*emendare*" (segundo Schlosser, *Materialen zur Quellenkunde*, IX, p. 88, trata-se de uma "expressão de escola com coloração filológica") encontra-se no mesmo sentido em L. B. Alberti (p. 121, citado nota 189).

314. Cícero, *Orator*, II, 7 ss., citado nota 20; cf. acima pp. 15 ss. e pp. 105 ss.

315. Proclo, *Comm. in Tim.*, II, 122 B.: "Mesmo se comparássemos o homem demiurgicamente produzido pela natureza com o que é modelado pela arte da estatuária, não seria em absoluto o

homem da natureza o mais venerável quanto à forma; sob muitos aspectos, com efeito, a arte possui mais exatidão.'' Bellori, provavelmente induzido a erro por Junius, foi longe demais na interpretação dessa passagem: Proclo afirma apenas que o homem natural não seria absolutamente mais belo que aquele que é objeto de uma representação artística, pois, em muitos pontos, a arte é que seria mais exata.

316. Overbeck, *Schriftquellen*, 1667-1669. Escrito freqüentemente utilizado no Renascimento, sempre que o assunto tivesse relação com a estética.

317. Cícero, *De Inventione*, II, 1, 1.

318. Máximo de Tiro, *Φιλοσοφούμενα*, XVII, 3 (ed. Hobein, p. 211) ''Operando do mesmo modo que os que esculpem estátuas, aqueles que com sua arte fazem, a fim de uma imitação única, uma síntese de diferentes corpos, esses produzem uma beleza única, sólida, bem proporcionada e em harmonia consigo mesma. Ademais não se poderia descobrir um corpo que rivalizasse em precisão, quanto à verdade, com uma estátua. O que as artes buscam, com efeito, é a beleza perfeita.''

319. Xenofonte, *Memoráveis*, III, 10, 1. Cf. acima nota 31.

320. Luciano, *Φιλοψεύδ*, 18 e 20 (''Criador de homem''[b]); Quintiliano, *Inst. Or.*, XII, 10, 9 (aqui se encontra a censura formulada, entre outros, por Alberti, e segundo a qual Demetrius teria aspirado mais à semelhança do que à beleza); Plínio, *Epist.*, III, 6.

321. Aristóteles, *Poética*, 2: ''Polignoto pintou os homens melhores, Páusias piores, Dionísio semelhantes a si mesmos.'' Plínio, *Hist. Nat.*, XXXV, 113, designa o artista com o nome de ''pintor de homens''[b], porque ''nada pintou a não ser homens''.

322. Aristóteles, *Poética*, 2 e *Política*, VIII, 5, 7.

323. Plínio, *Hist. Nat.*, XXXV, 112.

324. Plínio, *Hist. Nat.*, XXXIV, 65. Bellori, de forma característica, interpretou a passagem em sentido inverso. Seu sentido é de que Lisipo não teria representado os homens como existem, mas como parecem existir (''*quales viderentur esse*''). Daí ele ser caracterizado precisamente como ''ilusionista''.

325. Aristóteles, *Poética*, 2.

326. Cícero, *Orator*, II, 9.

327. Sêneca (o Velho), *Rhet. Controv.*, X, 34.

328. Filóstrato, *Apolônio de Tiana*, VI, 19 (ed. Kaiser, τὰ Σωζόμενα, 1853, p. 118). Cf. nota 37.

329. Alberti, *op. cit.*, pp. 151 e 153 (cf. nota 101).

330. Leonardo, *Tratt. della Pittura*, 88 e 89 (escolha de textos), *ibid.*, 53 (os "discursos" interiores do pintor consigo mesmo).

331. Cf. p. 19. A frase "O grande mestre..." é uma conhecida citação de Dante.

332. Ovídio, *Metam.*, XII, 397.

333. Ovídio, *Arte de amar*, III, 401.

334. Filóstrato, 'Ηρωικός, 725 (Kayser, *op. cit.*, p. 317).

335. Filóstrato, 'Ηρωικός, 739 (Kayser, *op. cit.*, p. 324).

336. Ariosto, *Orlando Furioso*, X, Estrofe 96 (sobre o assunto, cf. também VII, Estrofe 11 e XI, Estrofe 69 ss.).

337. Ovídio, *Metam.*, IV, 671.

338. Marino, *La galleria distinta*, Milão, 1620, p. 82.

339. Lod. Castrelvetro, *Poetica d'Aristotele vulgarizza e sposta*, II, 1 (na edição a que tivemos acesso, Basiléia, v. 1576, p. 72). "Mas se Aristóteles utiliza o exemplo do prazer que produz a semelhança da pintura para nos fazer conhecer o prazer que produz a semelhança da poesia, saiba-se que esse não é o melhor exemplo do mundo. Como a pintura é algo rebuscado, ela comporta menos prazer naquilo em que somente e soberanamente a poesia agrada, enquanto, onde a pintura agrada mais e soberanamente, a poesia não apenas não agrada como inclusive desagrada. Por isso deve-se dividir a pintura em duas partes; de um lado, quando ela representa uma coisa determinada e conhecida, por exemplo um homem determinado e especial, digamos Filipe da Áustria, rei da Espanha; de outro lado, quando procura representar algo indeterminado e desconhecido, por exemplo um homem indeterminado e em geral." A representação de uma personalidade bem definida e bem conhecida, tal é a continuação do raciocínio, provocaria, na pintura, muito mais prazer do que a representação de um "homem em geral" e indeterminado (pois, no primeiro caso, seria preciso muito mais esforço e habilidade, e uma pequena dessemelhança desabonaria o pintor, mesmo que

seu projeto fosse dos mais importantes). Em poesia ocorreria exatamente o inverso, a ponto de os princípios da "imitação", pictórica e poética, poderem ser caracterizados como diametralmente opostos. Ali: "semelhança externa, a que aparece aos olhos" — aqui: "semelhança interior, que se mostra ao intelecto"[c].

340. Sobre essa expressão platônica, cujo sentido foi mal interpretado por Junius, e igualmente por Comanini e Bellori, ver as explicações detalhadas das notas 144 e 259, bem como a p. 10.

341. Aristóteles, *Poética*, XV (1.454 *b*)

342. Fílon, *De opificio mundi*, cap. IV. Cf. acima nota 71.

343. Ovídio, *Metam.*, III, 158.

344. Tasso, *Jerusalém libertada*, XVI, 10.

345. Aristóteles, *Phys. Ausc.*, I, 8, 199: "Οἷον εἰ οἰκία τῶν φύσει γιγνομένων ἦν, οὕτως ἂν ἐγίγνετο ὡς ὑπὸ τέχνης... Se a casa fizesse parte das coisas engendradas por natureza (φύσει), ela o seria tal como é engendrada pela arte (ὑπὸ τέχνης)..." Naturalmente Aristóteles está muito longe de querer apreciar o valor da construção arquitetural no sentido que Bellori atribui aqui à "perfeição"[c]: através da comparação entre a produção natural e a produção artística, ele quer apenas provar a teleologia e a finalidade do devir natural "que se produz em vista de alguma coisa (τινος ἕνεκα γίγνεσθαι)". (Cf. também, sobre esse ponto preciso, o comentário muito instrutivo de Tomás de Aquino, Fretté-Maré, XXII, pp. 373 ss.).

346. Cf. por exemplo *Fédon*, XIX (75 a): 'Αλλὰ μὲν καὶ τόδε ὁμολογοῦμεν μὴ ἄλλοθεν αὐτὸ ἐννενοηκέναι μηδὲ δυνατὸν εἶναι ἐν νοῆσαι, ἀλλ' ἐκ τοῦ ἰδεῖν ἢ ἅψασθαι ἢ ἔκ τινος ἄλλης τῶν αἰσθή σεων "Eis aliás um ponto a mais sobre o qual estamos de acordo, o fato de não o pensarmos (ou seja, o Igual de si) e de não nos ser possível pensá-lo senão a partir de uma operação da visão, ou do tato, ou de algum outro sentido.." Naturalmente, a percepção sensível, para Platão, é somente a ocasião (*Anlass*) mas não a origem (*Ursprung*) do conhecimento, que aliás só pode ser atingido porque o espírito, libertando-se da percepção dos sentidos, volta-se para esse objeto que, sendo igual, não pode aparecer como desigual, e vice-versa; ou seja, volta-se para as Idéias.

347. Quintiliano, *Inst. orat.*, II, 17, 9: "É suficiente advertir que tudo o que a arte realiza deve sua origem à natureza."

348. Platão, *Sofista*, 236 ss. O conceito de "imitação fantástica"[b] aparece também em Bellori com uma configuração naturalmente invertida: a "fantasia"[b] para ele (exatamente como para Comanini) não é a aparência sensível mas sim a representação interior oriunda do livre-arbítrio; daí resulta que é nos Maneiristas que ele vê os artistas do tipo "fantástico" — enquanto Platão os teria identificado com aqueles que chamamos "Realistas". Mas a diferença que separa sua interpretação daquela de Comanini, qualquer que seja o modo de a enfatizarmos, consiste no seguinte fato: Bellori desaprova tanto o objetivo dos "pintores icásticos"[c] (segundo seu critério, trata-se de "simples imitação da natureza") quanto o dos "pintores fantásticos"[c].

349. Sobre Critolau, o peripatético, e suas calúnias contra a retórica, cf. Quintiliano, *Inst. orat.*, II, 15, 23 ("rotina"[b]) e II, 18, 2 ("perversão da arte"[b] e "ausência da arte"[b]); cf. mais tarde Sexto Empírico, *Contra os retóricos*, *passim*, *Zuzammenstellung in Philodemi voll. Rhet.*, ed. Sudhaus, Suppl., 1895, pp. IX ss.

350. Vitrúvio, *Sobre a arquitetura*, VII, 5, 3-8, uma invectiva que, na verdade, dirige-se apenas contra as arquiteturas pintadas do chamado estilo IV; Bellori, naturalmente, reage aqui contra a orientação especificamente "barroca" em arquitetura, tal como Boromini sobretudo a defendia.

351. Certamente: *honori* (o texto italiano registra erroneamente "*gli honore*").